交通场站
建筑设计

金　路 —— 主编

The Design
of Transport
Terminals

广西师范大学出版社
·桂林·

编委会

主　编

金　路

编写成员

孙　静　郭锦龙　徐轶男　夏梦丽　胡小雨

任珂欣　金意欣　张克霞　刘志方

序

我所在单位的业务涵盖城市轨道交通、综合交通枢纽、地下空间开发、民用建筑、市政工程、城市规划等领域，而我作为总建筑师，在 38 年的工作实践中接触和负责了大量交通场站及其建筑的规划设计工作，主持和参与了许多相关研究，负责编写了多项国家和行业标准。在多年的工作实践中，我总结了一些设计经验，也发现了很多亟待解决的问题。同时，近些年，我在国内高校担任研究生导师，研究方向也是交通建筑设计。

机缘巧合，在同学王昀教授的举荐和广西师范大学出版社的支持下，我有机会将日常研究和工作成果加以梳理和总结，联合同事和本人的研究生一起完成此书，在此非常感谢大家的支持和帮助。

根据交通方式的不同，交通场站可分为很多类型。不同类型的交通场站的设计参数与计算方法，以及布局方式，有很多相同的地方，但也有很多不同之处。尤其是近些年，随着经济和城市建设的发展，交通场站日益综合化、复合化，出现了很多新情况和新问题，需要细致研究并找出解决办法。

提升交通场站的规划设计水平，离不开创新的思维和严谨的逻辑，也离不开设计理论和方法的迭代。本书介绍了国内外的相关理论，参考了国内交通场站的相关规范和一些省市地方标准，也借鉴了本人参编的第三版《建筑设计资料集》第 7 分册中的交通建筑相关内容，并结合优秀的实际案例，对各类交通场站的基本设计原理、常用设计方法进行了梳理、分析和总结，尤其对城市综合客运交通枢纽进行了重点阐述。

本书的内容和观点来自我们编写团队的经验和对文献资料的理解，难免会有一些疏漏和不足之处，恳请读者提出宝贵的意见和建议，以便进一步完善。

● 导　言

　　《交通场站建筑设计》是一本系统介绍交通场站建筑规划设计理论、方法和实例分析的应用类图书，图文并茂地介绍了交通场站建筑基本概念、发展历程和趋势、设计原则和设计要点等内容，重点介绍了城市公共交通站、轨道交通站、公路客运站、港口客运站、铁路客运站、民用机场等城市基础设施类交通建筑规划设计的内容，同时，通过对不同交通方式的衔接、多功能集合、相互换乘及与商业一体化开发的分析研究，对综合客运交通枢纽的特点和设计要点进行了阐述。

　　本书共分为十章，第一章介绍城市交通和交通场站建筑的定义、分类和基本功能。城市交通包括城市内部交通和城市对外交通两种类型，包括空中、地面、水面、地下等各种交通方式。交通场站建筑包括公共交通站、轨道交通站、公路客运站、港口客运站、铁路客运站、民用机场等，是重要的城市基础设施，通常涵盖外部交通连接、站房、交通工具运行区域等。交通场站建筑的基本功能是连接城市、组织客流、服务旅客、保障后勤、组织交通、增强城市活力并促进城市和谐发展。

　　第二章介绍了交通场站建筑的发展历程和趋势。交通场站建筑的产生和发展、功能和形式的演变不仅依托于交通方式的变化，还与社会经济发展、技术进步和文化发展密切相关。从 20 世纪初最早出现的铁路客运，到随后的汽车、航空、铁路、港口客运共同发展，随着技术的进步，高速公路和高速铁路使客运进一步快速化和便捷化，航空客运也完善了从航空港到达市区的交通设施，从而与铁路、公路、地铁和码头等设施形成空中、地面、地下、水面多维一体的立体化交通网络。与此同时，机场、铁路、公路、公交、地铁一体化的综合客运交通枢纽也应运而生。综合客运交通枢纽通常位于城市重要节点位置，与商业中心有机结合，使客运站由单一的客流运输功能建筑转化为集合了商业、服务性内容等的多功能综合建筑。随着时代的发展和科技的进步，现代客运交通体系逐步形成并完善，由传统、单一、封闭的客运方式演变成各种交通方式分工协作，有机衔接，航空港、高速铁路、地铁、高速公路、港口交通的交叉立体衔接日臻完善，从而导致客运场站建筑趋于集约化、综合化和一体化，结构形式趋于大型化、立体化。随着设计理念和技术的进步，服务和换乘进一步趋于人性化、多元化，建筑形象则更加强调其标志性。

第三章概述了各种交通方式的交通场站建筑设计的原则和主要内容。主要设计原则包括整体平衡原则、流程便捷原则、安全舒适原则、人性化设计原则、绿色环保原则和可持续性发展原则。进行交通场站建筑设计的第一步应从调研分析基础资料入手，包括人口、经济指标、区域出行特征、环境因素等，同时对交通数据进行收集和分析，对土地使用情况进行调研等。第二步是对交通场站进行定位，确定其类型和等级。第三步进行交通场站建筑的选址和交通组织分析。第四步进行交通场站建筑的功能布局，解决好内外协同与衔接问题。第五步则要进行交通场站建筑的形象设计，体现其建筑特征，创造优美的建筑形态，优化空间体验，提升建筑的整体品质。

第四章详细描述了综合客运交通枢纽设计的原理和方法。第一，进行交通枢纽的流线分析，应以乘客人流为主要流线，避免与车流、物流交叉干扰，保证主客流优先，力求缩短换乘的步行距离，并保证足够的通行能力。第二，应研究枢纽交通换乘空间的各种问题，通过分析乘客的换乘数量、换乘时间、换乘距离、换乘设施及交通冲突程度等因素，对换乘设施进行布局优化。第三，应进行对内交通设施换乘设计，包括轨道交通与外部步行系统、慢行系统、城市公交、出租车、社会车辆的换乘等。第四，应进行枢纽对外交通设施换乘设计，铁路主导型综合客运交通枢纽的换乘包括铁路与城市轨道交通、公交、出租车、社会车辆、自行车的衔接换乘等。同时，应进行步行交通组织和各种流线设计。综合防灾也是重要的一环。

第五章分析了公共交通站设计的原理和方法。城市公交场站一般分为公交中途站、公交首末站、公交枢纽站3种类型，应针对3种不同类型的场站进行针对性设计。常见的公交中途站的站台类型主要有直列式公交中途站、港湾式公交中途站、BRT（快速公交系统）类型公交中途站，应根据场站规划和环境条件合理布置中途站点位，并配备合理的候车设施。对于公交首末站，应重点考虑选择适宜的场站位置、确定场站规模、公交场站出入口确定、交通组织及内外部道路的布置等几方面内容。公交枢纽站是较为复杂和综合性较强的公交场站，要从公交枢纽站规划选址、布局、换乘、交通及设施布置等方面重点进行设计。

第六章阐述了轨道交通站的设计原理及方法。轨道交通站是乘客集散的主要设施，是连接其他交通设施的枢纽或接口的重要组成部分，是供旅客乘降、换乘和候车的场所。设计轨道交通站时，第一，应进行站型选择；第二，应根据功能要求进行车站功能布局；第三，应对车站主体建筑进行设计，包括站厅层、站台层的布置和设计；第四，对辅助区进行设计，包括管理用房、设备用房、附属建筑等；第五，进行轨道交通导向标识系统的设计；第六，要进行综合防灾设计。近年来，站城一体化和车站周边地下空间综合开发也成为新趋势。

第七章介绍了公路（长途）客运站设计的原理及方法。公路（长途）客运站在功能区域划分上包括站前广场、站房、停车场、配套用房等。第一，应合理确定公路（长途）客运站的类别、规模和级别。第二，应进行选址、总平面及场地设计。第三，应对站房进行设计，包括站房主体的平面功能组成和布局、流线分析和组织、站房主体的建筑造型设计等。

第八章介绍了港口客运站设计的原理及方法。港口客运站根据其在航线上所处的位置可以分为枢纽站、中间站、终点站 3 种类型。在设计时，第一，确定客运站的类型、分级和规模；第二，确定选址和规划特点；第三，进行港口客运站的功能流线分析和设计；第四，进行站前广场的设计，包括人行广场、停车场、综合服务设施、道路、绿化设施等；第五，从功能分区、交通及工艺流线、建筑造型等方面进行主体站房的设计；第六，根据选址的自然条件进行码头设计。

第九章介绍了铁路客运站设计的原理及方法。以安全、高效、便捷、舒适、环保、节能为目标进行铁路客运站规划设计，遵循一体化设计理念，整合航空客运站、公路客运站、港口客运站、城市公交站等场站，形成综合客运站。第一，进行选址和布局；第二，进行交通分析和各种交通流线组织；第三，进行站前广场及站房设计，重点进行人流组织和换乘设计；第四，对铁路客运站造型及空间形态进行分析和重点设计，体现交通场站建筑特点和文化特色。

第十章介绍了民用机场设计的原理和方法。航站区规划主要包括航站楼构型、站坪机位布置、航站楼前道路系统、综合交通中心等。可针对各个机场的具体情况选取适当的标准和调整系数，对航站楼的旅客流量、主要设施布置数量、主要使用功能区面积指标等进行测算，从而量化航站楼各个功能分区及设施的需求，明确各个分区的规模，指导航站楼建筑设计。

本书在分析研究相关案例的基础上，提出了交通场站建筑的设计目标：交通顺畅、整体平衡、流程便捷、安全舒适、绿色环保、可持续发展。本书努力做到理念创新、方法创新、内容创新，力求与学科的前沿发展相结合，将已经取得行业共识的最新研究成果收录其中，以体现创新性和与时俱进的特点。

目　录

1

基本概念

第一节 城市交通和交通场站建筑的定义

交通主要是研究客运、货运的交通流的规律，并保障人流、车流的安全性和顺畅性。城市交通是城市内部及城市与外部之间的人员和物资实现空间位移的载体。城市交通包括城市内部交通和城市对外交通两种类型，两者彼此联系，相互影响。

城市内部交通是指在城市和近郊范围内，为方便居民出行，使用各种客运工具的城市交通系统，主要包括道路交通、轨道交通、水运交通。不同规模的城市的客运周转量差别很大，城市规模越大，经济越发达，客运周转量越大，对周围乡镇的影响力就越大。同时，城市流动人口也是近年来影响城市内部客运交通的重要因素，在大中城市，流动人口数量一般占常住人口数量的1/5~1/4，这种情况也是造成城市交通紧张的重要原因之一。城市内部客运交通具有明显的规律性，不同类型的出行人群都有较为固定的出行时间和出行目的地，因此，掌握不同出行人群的出行规律、特性、交通方式及流动方向非常重要。

城市对外交通是指本城市与其他城市之间以及与城市周边乡镇之间的客运交通，主要交通方式包括航空、铁路、公路、水运等。城市作为一个开放系统，客运站承担着城市对外交通和城市内部交通的连接作用，不同等级的城市具有不同的集散和过境客运交通网络，连接着相邻城市和周边乡镇。

交通场站建筑是公共交通站、轨道交通站、公路客运站、港口客运站、铁路客运站、民用机场等供人们出行使用的公共建筑的总称，是重要的城市基础设施，通常包括外部交通连接、站房、交通工具运行区域等。

交通场站建筑和人们的日常生活密切相关。城镇的发展、公众出行需求的变化、交通工具的升级、新型交通工具（如共享单车）的产生，都促使着交通场站建筑不断演变和发展。

在传统意义上，各种交通方式相对独立运行和发展，当代交通系统则趋向于不同交通方式的衔接和多功能的集合，如集合多种交通方式、实现相互转换的综合交通枢纽。与此同时，在城市土地集约化利用的发展现状下，目前建成使用的交通场站建筑，或者说综合交通枢纽，已不再是以单一的交通功能为主导、以商业等其他功能为附属的局面了，而是将交通功能与商业、办公等各种功能集于一体。这已成为当代交通场站建筑的主要建设模式。

第二节 城市交通和交通场站建筑的分类

城市内部交通根据运输对象的不同分为客运交通和货运交通两类。客运交通又分为公共客运交通和个体交通两部分。公共客运交通包括常规公共交通(公共汽车、公共电车)、快速轨道交通（地铁、轻轨）、准公共交通（小公共汽车、出租车等）；个体交通包括个体机动交通（私家车、摩托车、电动自行车、助动车等）、自行车交通（含共享单车）、步行交通等。

城市对外交通包括航空、铁路、公路、水运等交通方式。

本书中的交通场站建筑主要是指供乘客进行乘车、换乘的客运站及客运设施。交通场站建筑分类的方式有很多种，可以根据客流量、所处位置与承载的交通远近关系、交通工具等来进行划分。通常情况下，交通场站建筑大多根据交通工具进行分类，也可以按旅客流量和交通流量进行规模划分，还可以按使用性质、交通工具的规格等指标进行辅助分类。

交通场站建筑按照对应的交通工具的情况可以分为 5 大类：与道路相关的交通场站建筑、与轨道相关的交通场站建筑、与水运相关的交通场站建筑、与航空相关的交通场站建筑、综合客运交通枢纽（表 1-1）。

表 1-1 交通场站建筑分类表

分类		分类指标	规模等级分类					
道路相关	公路客运站	年均日旅客发送量（人次 /d）	一级	二级	三级	四级	五级	
			≥ 10 000	5000~9999	2000~4999	300~1999	≤ 299	
	城市公交站		中途站	首末站	枢纽站			

分类		分类指标	规模等级分类					
轨道相关	铁路客运站	最高聚集人数 H（人）	特大型	大型	中型	小型		
			$H \geqslant 10\,000$	$3000 \leqslant H$ $< 10\,000$	$600 < H$ < 3000	$H \leqslant 600$		
	城市轨道交通站	单向高峰小时旅客运量（万人次 / h）	地铁	轻轨	有轨电车			
			>3	0.6~3	<0.6			
水运	港口客运站	年均日旅客发送量（人次 /d）	一级	二级	三级	四级		
			$\geqslant 3000$	2000~2999	1000~1999	$\leqslant 999$		
航空	机场航站楼	年旅客吞吐量（万人次）	一级	二级	三级	四级	五级	六级
			<10	10~50	50~200	200~1000	1000~2000	$\geqslant 2000$
综合	综合交通枢纽	日客流量（万人次 /d）	特级	一级	二级	三级	四级	
			$\geqslant 80$	40~79	20~39	10~19	3~9	

一、与道路相关的交通场站建筑

与道路相关的交通场站建筑包括公路客运站、城市公交站等。

（一）公路客运站

公路客运站是交通运输网络中的重要节点，它依托于所在城市及区域的交通运输网。选址时，应对该区域的交通现状及未来发展进行全面、系统的分析和评估，将客运站纳入城镇总体规划，合理布局，近远期目标相结合；与外部公路、城市道路、城市公交系统和其他运输方式的站场有良好的衔接；站址便于旅客集散和换乘，有条件时可优先考虑与地铁、公交等结合形成综合交通枢纽站；具备必要的工程、地质条件；充分评估客运站对周围环境的影响。

公路客运站根据年均日旅客发送量指标来确定规模等级，共分为 5 级：年均日旅客发送量 ≥ 10 000 人次 /d 为一级公路客运站，年均日旅客发送量 5000~9999 人次 /d 为二级公路客运站，年均日旅客发送量 2000~4999 人次 /d 为三级公路客运站，年均日旅客发送量 300~1999 人次 /d 为四级公路客运站，年均日旅客发送量 ≤ 299 人次 /d 为五级公路客运站。

（二）城市公交站

公交站是乘客上下公交车、站台候车、站内换乘的场所，同时公交站内还附设公交车调度用房及清洗、维修用房。根据公交站服务功能的差异，城市公交站分为公交中途站、公交首末站和公交枢纽站3类。公交中途站设在公交车线路的沿途，常见的公交中途站的站台类型主要有直列式公交中途站、港湾式公交中途站、BRT类型公交中途站；公交首末站通常设在公交车运行线路的起点和终点，首末站站台分为行列式、周边式、岛式3种形式，其中周边式又可根据站台形状分为L形、T形、U形；在公交枢纽站公交车线路汇集较多，交通方式转换复杂，有些公交枢纽站也与商业用房一体化开发建设。

二、与轨道相关的交通场站建筑

（一）铁路客运站

铁路客运站是办理列车始发、终到或通过，供旅客乘降的场所。高速铁路客运站为办理客运业务而设置，一般由站场、站房、站前广场和各项客运设备组成。

站场客运设备主要包括站台、雨棚、地道或天桥等跨线设施及安全门等。

客货共线和客运专线铁路客运站的建筑规模，应分别依据最高聚集人数和高峰小时发送量确定，相应的建筑面积应依据铁路客运站最高聚集人数确定（表1-2）。其中，中小型铁路客运站站房建筑面积宜为 5~8 m^2 / 人，特大型、大型铁路客运站站房建筑面积宜为 8~15 m^2 / 人。

表 1-2 铁路客运站建筑规模表

建筑规模	最高聚集人数 H（人）（客货共线车站）	高峰小时发送量 pH（人）（客运专线车站）
特大型	$H \geqslant 10\,000$	$pH \geqslant 10\,000$
大型	$3000 \leqslant H < 10\,000$	$5000 \leqslant pH < 10\,000$
中型	$600 < H < 3000$	$1000 \leqslant pH < 5000$
小型	$H \leqslant 600$	$pH < 1000$

（二）城市轨道交通场站

轨道交通是城市公共客运交通的一种，主要是指在城市中沿轨道运行的乘客运输系统，包括地铁、轻轨、有轨电车等。

地铁是地下铁道的简称，但并不局限于地下运行，适合大中城市建设，也被称为"大容量轨道交通系统""城市铁路"或"快速轨道交通系统"。

轻轨是介于有轨电车和地铁之间的城市轨道交通系统，适合大中城市的边缘集团、区域内交通或中小城市的骨干交通系统。现在的新型轨道交通系统还有跨坐式单轨、磁悬浮系统等。

有轨电车是使用电力牵引、轮轨导向、单辆或多辆编组运行在城市路面线路上的低运量轨道交通系统。

与轨道相关的交通场站是随线路布设的特殊的车站，轨道交通场站包括地下车站、高架车站、轻轨车站、有轨电车车站。按照单向高峰小时旅客运量来考虑，地铁单向高峰小时旅客运量＞3万人次/h，轻轨单向高峰小时旅客运量为0.6万~3万人次/h，有轨电车单向高峰小时旅客运量＜0.6万人次/h。城市轨道交通场站有如下3种分类方式。

1. 按运行功能分类

按运行功能可分为中间普通站、折返站、换乘站、枢纽站。中间普通站仅供乘客上下车使用，功能单一，是轨道交通线路中数量最多、最常见的一种基本站型。折返站又称区域站，是设在线路中间可供列车折返、开行区间列车的车站，站内有可供车辆折返的设备，兼有中间站的功能。换乘站是在两条或两条以上城市轨道交通线路交叉点上设置的车站，除了具有中间站的功能外，它还可以通过换乘设施使乘客从一条线路上的车站转换到另一条线路上的车站。换乘站根据换乘形式可分为节点换乘、同台换乘、通道换乘。其中，节点换乘包括十字换乘、T形换乘、L形换乘，同台换乘包括叠摞平行换乘、平行双岛同台换乘，通道换乘包括单通道换乘、多通道换乘等。枢纽站位于城市轨道交通线路分岔的地方，由枢纽站分出另一条线路的车站，该站可接送两条线路上的乘客。

2. 按站台形式分类

按站台形式可分为侧式、岛式、组合式。侧式站台是指轨道在中央，站台在两侧，较为普遍；岛式站台是指轨道在两侧，站台在中间；组合式站台是多种类型站台组合使用的形式，如双岛式站台（两个岛式站台并列）、双侧式站台（两个侧式站台并列）、岛侧式站台（岛式站台和侧式站台结合）。

3. 按线路敷设形式及车站竖向位置分类

按线路敷设形式及车站竖向位置可分为地下站、地面站、高架站 3 种类型。

三、与水运相关的交通场站建筑

港口客运站是指为旅客办理水路客运业务，为旅客提供水路运输服务的建筑和设施，有很多种分类方法。

1. 按照航线分类

按航线可以分为国内航线港口客运站和国际航线港口客运站 2 类。

2. 按照使用性质分类

按使用性质可分为客运港口客运站、客货运滚装船港口客运站、客运综合体港口客运站、客货兼运港口客运站 4 类。

3. 根据其在航线上所处的位置分类

根据其在航线上的位置可分为枢纽站、中间站、终点站。

4. 根据航线的远近与各经济区域间的联系来分类

根据航线的远近与各经济区域间的联系可分为近程客运站、远程客运站、国际客运站。

5. 按年均日旅客发送量划分等级

港口客运站根据年均日旅客发送量划分为 4 个等级：年均日旅客发送量 ≥ 3000 人次 /d 为一级港口客运站，年均日旅客发送量 2000~2999 人次 /d 为二级港口客运站，年均日旅客发送量 1000~1999 人次 /d 为三级港口客运站，年均日旅客发送量 ≤ 999 人次 /d 为四级港口客运站。不同等级的港口客运站配置的用房是不同的，但一般都有候船、售票、行包、站务用房及上下船廊道等。

四、与航空相关的交通场站建筑

民用机场按照跑道长度可分为 4 类，按照使用飞机的机型可分为 A~F 6 类（表 1-3）。

民用机场按照年旅客吞吐量的规模可分为 6 级：年旅客吞吐量 ＜ 10 万人次为一级，年旅客吞吐量 10 万 ~50 万人次为二级，年旅客吞吐量 50 万 ~200 万人次为三级，年旅客吞吐量 200 万 ~1000 万人次为四级，年旅客吞吐量 1000 万 ~2000 万人次为五级，年旅客吞吐量 ≥ 2000 万人次为六级（表 1-4）。

民用机场按照航线的布局类型分类，可以分为枢纽机场、干线机场、支线机场（表 1-5）。

表 1-3 按跑道长度和飞机特性分类表

第一要素		第二要素		
代码	跑道长度（m）	代号	翼展（m）	主起落架外轮间距（m）
1	＜ 800	A	＜ 15	＜ 4.5
2	800~1200	B	15~24	4.5~6
3	1200~1800	C	24~36	6~9
4	≥ 1800	D	36~52	9~14
		E	52~65	9~14
		F	65~80	14~16

表 1-4 按旅客吞吐量规模分类表

民用机场等级	年旅客吞吐量（万人次）
一	＜ 10
二	10~50
三	50~200
四	200~1000
五	1000~2000
六	≥ 2000

表 1-5 按航线布局分类表

民用机场类型	定义	实例
枢纽机场	国内航空网络和国际航线枢纽，业务特别繁忙的机场	北京首都国际机场、上海浦东国际机场、广州白云国际机场
干线机场	以国内航线为主，有少量国际航线，运输业务较为集中的机场	武汉天河国际机场、南昌昌北国际机场、乌鲁木齐地窝堡国际机场
支线机场	分布在各省内及邻近省份的短途航线，运输量较少的机场	恩施许家坪机场、满洲里西郊机场等

五、综合客运交通枢纽

综合客运交通枢纽指城市中两种及以上公共交通系统交会，具有必要服务功能和控制设备，为城市中心和城市外围之间的交通、城市内部交通、不同公共交通系统及同种公共交通系统内部转换提供场所的综合性市政设施。它包含城市内部主要公共交通方式的节点转换，及中心城区与周边新城主要公共交通方式的节点转换；不含航空、铁路运输、航运内部交通系统，只含其与城市公共交通系统的衔接转换部分内容。

综合客运交通枢纽是指以几种交通运输方式交会，并能处理旅客联运功能的各种技术设备的集合体。综合客运交通枢纽一般位于城市的中心区或副中心区，通过枢纽强大的交通换乘组织功能，满足旅客出行需求（图1-1）。

综合客运交通枢纽与枢纽型交通场站建筑不同。枢纽型交通场站建筑（如铁路枢纽站、城市公交枢纽站、城市轨道交通枢纽站等）是由多条线路组成的单一型交通方式网络（图1-2），而综合客运交通枢纽注重的是不同交通方式之间的换乘联运。

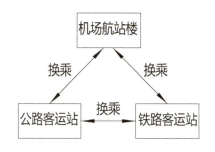

图 1-1 综合客运交通枢纽示意图

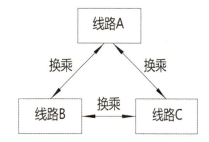

图 1-2 枢纽型交通场站建筑示意图

（一）按主体交通运营方式分类

综合客运交通枢纽有很多种分类方式，第一种分类方式是根据交通枢纽内的主体交通运营方式来划分的，一般分为3种形式。

1. 多主体城际综合交通枢纽

以机场航站楼、铁路客运站、公路客运站等城际交通中的两种或两种以上为主体交通运营方式，其他多种辅助交通方式与城市或地区换乘衔接的枢纽模式。根据条件确定哪两种或多种城际交通运营方式为主体运营方式（图1-3）。

2. 单一主体城际综合交通枢纽

以单一大型城际交通为主体交通运营方式，其他多种辅助交通方式与城市或地区换乘衔接的枢纽模式。主体城际交通场站包括机场航站楼、铁路客运站、公路客运站、港口客运站等城际交通设施（图1-4）。

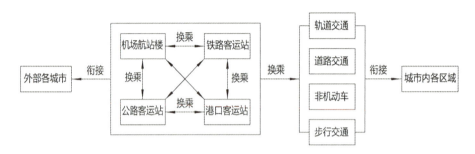

图 1-3 以两种或两种以上城际交通运营方式为主体

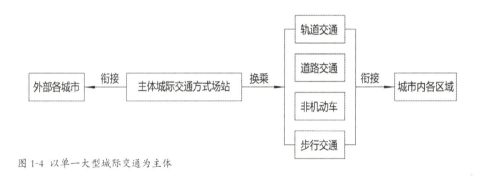

图 1-4 以单一大型城际交通为主体

3. 多主体城市综合交通枢纽

在城市中心或副中心，集合城市地面公交及城市轨道公交等多种市内交通运营方式的枢纽模式，以多种市内交通为主体交通运营方式（图1-5）。

在上述 3 种综合客运交通枢纽中，单一主体综合交通枢纽布局方式相对简单，多主体综合交通枢纽主要是以机场航站楼、铁路客运站、公路客运站为主体，其布局主要以交通换乘厅来联系，从而实现不同主体之间的换乘（图1-6~图1-8）。

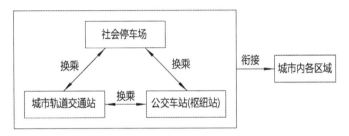

图 1-5 以多种市内交通运营方式为主体

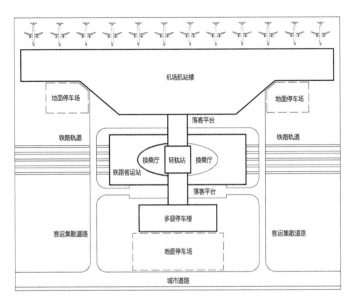

图 1-6 以机场与铁路客运为主体交通方式的某枢纽布局示意图

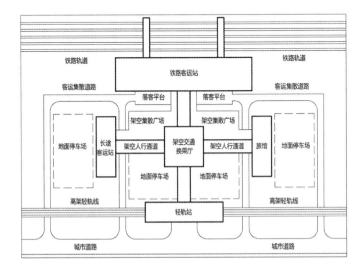

图 1-7 以铁路与长途客运为主体交通方式的某枢纽布局示意图

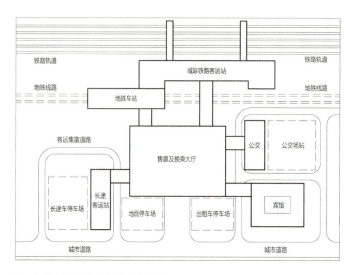

图 1-8 多主体交通枢纽布局示意图

以上海虹桥综合交通枢纽为例，其主体交通运营方式包括机场航站楼、铁路客运站两种交通方式，另外还有高速公路、地铁、公交、出租车等其他交通方式，是具有集中换乘功能的特大型城市综合客运交通枢纽。

（二）按交通功能分类

1. 按承担的交通功能与服务范围分类

按承担的交通功能与服务范围，分为城市内部交通枢纽和城市对外交通枢纽两种类型。城市内部交通枢纽是指轨道交通枢纽和快速公交系统（BRT）或常规公交枢纽，主要服务于城市内部客流的换乘。城市对外交通枢纽是指航空枢纽、铁路枢纽、公路枢纽、水运枢纽及综合交通枢纽，主要解决城市内外交通的衔接问题，或作为重要的交通吸引点承担着大量市内交通的换乘功能。

2. 按客流性质分类

按承担的客流性质，分为换乘型枢纽、集散型枢纽及混合型枢纽 3 种类型。

① 换乘型枢纽是以承担公共交通之间或公共交通与其他客运交通方式之间的换乘客流为主。

② 集散型枢纽以承担区域内集散客流为主，承担换乘客流为辅。

③ 混合型枢纽是既有大量换乘客流，又有大量区域集散客流的公共交通枢纽。

3. 按交通方式分类

按交通方式的组合，分为不同线路换乘枢纽、相同客运换乘枢纽及复合型枢纽 3 种类型。

① 不同线路换乘枢纽是指位于公共交通线路交会处，让乘客可以在不同线路之间进行换乘的枢纽。

② 相同客运换乘枢纽是指在公共交通与其他客运交通方式衔接处，让乘客可以在不同客运交通方式之间换乘的客运枢纽。

③ 复合型枢纽指兼具不同线路换乘枢纽和相同客运换乘枢纽特征的客运枢纽。

4. 按服务区域分类

按服务区域，分为都市级换乘枢纽、市区级换乘枢纽及地区级换乘枢纽 3 类。

① 都市级换乘枢纽是提供全市范围和对外交通客流的公共交通枢纽，如火车站、航空港、客运港、公路主枢纽等对外交通出入口以及城市中心区和中央商务区。

② 市区级换乘枢纽是指连接城市各区交通重心，或辐射卫星城、城市新开发区等地的公共交通枢纽。

③ 地区级换乘枢纽是指位于地区性区域中心客流集散点的公共交通枢纽。

5. 按照布局形式分类

按照布局形式，分为立体式交通枢纽和平面式交通枢纽两类。

① 立体式交通枢纽分地下、地面、地上多层，各功能区布置于不同层，通过垂直交通实现不同功能区的零换乘，一般设有换乘、商业、服务等多种综合性服务。目前，国内综合客运交通枢纽项目多数采用立体布局形式，如上海汽车南站、深圳福田综合交通枢纽、成都沙河堡综合交通枢纽等。

② 平面式交通枢纽，指各功能分区均在同一层完成，通过平面换乘联系通道实现不同功能区的有机衔接而形成的综合客运交通枢纽。这一形式的换乘枢纽又可分为地面换乘和地下换乘。北京火车站、长春凯旋路客运枢纽等均属于这一类别。

第三节 交通场站建筑的基本功能

连接城市：与城市交通衔接，包括道路、广场、各类车站、公共建筑等。

组织客流：处理旅客通行、等待或换乘，提供相应的各种功能区、通道等，并为旅客提供行李和货物运输服务。

旅客服务：除交通功能外，在旅客公共空间内提供商业、餐饮、卫生及其他类型的服务设施。

保障后勤：为保证主体功能运转的各类办公、机电设备用房以及库房等辅助功能设施。

组织交通：提供交通工具进出、停靠的区域，以及旅客通行的区域。

增强城市活力并促进城市和谐发展：随着交通场站建筑的发展，交通场站建筑周边的土地也得以升值，特别是以商业地产融合交通场站建筑的开发理念，已经是地产开发与城市建设的一大趋势。

同时，空间的多样性为功能的多样性提供了物质支持，多样的空间可以激发人们进行一些创造性的、随机性的社会活动，促进人们参与公共空间中不同形式的交往活动，从而强化空间的活力与吸引力。交通场站建筑作为一个重要的城市节点，其功能的多样化也是必然的趋势。

交通场站建筑的发展历程和趋势

城市交通系统，特别是城市客运交通的发展与城市的发展息息相关，城市客运交通作为城市交通系统的主要构成部分，是保证城市正常运转、居民正常出行的重要基础。城市客运交通由多种交通方式构成，交通建筑是城市综合运输网络的重要节点。

第一节 城市客运交通场站建筑的发展历程

一、城市客运交通工具的发展

经济发展是城市客运交通结构发展的主要动力，随着交通工具的进步，从马车、渡船到自行车，再逐步发展到公共汽车、火车、客轮，继而进入城市轨道交通、飞机等多种交通方式的发展阶段。

早期的城市的特点是城区规模较小、人口密度较高、用地紧凑、土地的复合程度较高。马车是除了人力交通之外的最主要的交通工具：1600 年，英国伦敦出现了出租马车；1662 年，法国巴黎出现了城市马拉公共班车；1832 年，美国纽约出现了第一条马拉有轨街车线，随着有轨街车的广泛使用，城市的面貌发生了很大改变。

19 世纪的时候，自行车制造技术逐步成熟，自行车开始普及，开启了以自行车为主要交通工具的时代。20 世纪上半叶，一些西方国家的自行车拥有量不断攀升，自行车成为客运交通的主要工具。但随着人们经济能力的不断提高，汽车越来越普及，逐步取代了自行车作为主要出行交通工具的地位。

英国达林顿铁路于 1825 年建成通车，随后铁路逐渐成为人们对外交流的最重要的交通工具，铁路客运站成为城市对外的门户。19 世纪初，英国第一辆蒸汽公交车出现。伦敦在 1863 年修建了第一条地铁线。此后，世界各国逐步开展了航空、铁路、城市轨道交通等交通设施的规划建设。20 世纪初，从英国伦敦到法国巴黎的第一条国际航线诞生，德国柏林也建成第一条轻轨线路。

2003 年，中国上海磁悬浮列车建成通车。2022 年底，中国高铁运营里程达 4.2 万 km。

二、交通场站建筑的发展

各种交通方式在服务对象、运营方式、行驶速度和里程上都存在很大差异，不同交通方式之间存在较多的换乘需求，因此产生了汇集多种交通方式于一体的客运枢纽站。最早出现的枢纽站是服务于城市间交通出行的对外枢纽站，如机场、火车站、长途汽车站等。当代交通场站建筑采用新技术、新工艺、新材料和新理念，更加趋向于交通场站建筑的综合化、多元化、人性化、集约化和智能化。

（一）早期古典主义与新古典主义的交通场站建筑

1. 古典主义的交通场站建筑

古典主义建筑指在古希腊建筑和古罗马建筑的基础上发展起来的意大利文艺复兴建筑、巴洛克建筑和古典复兴建筑，其共同特点是采用古典柱式。这类建筑的特征是体现人、理性与自然的结合，自然主义与理想主义的融合，追求建筑的完美比例，在场站建筑设计中强调不同站房空间的组合及站房内部空间的完美比例，艺术上强调写实主义。

2. 哥特式建筑与新哥特式建筑

哥特式风格起源于 12 世纪的法国，是一种兴盛于中世纪高峰与末期的建筑风格。哥特式建筑的特色包括尖形拱门、肋状拱顶与飞拱等。最明显的建筑特色就是高耸入云的尖顶及窗户上巨大、斑斓的玻璃画，强调庄严宏大，建筑内部洒满五彩缤纷的阳光。新哥特式建筑就是指哥特复兴建筑，建筑外立面运用哥特式建筑的表现手法，如尖塔、尖拱等，但其内部的结构功能全是现代的。

3. 新古典主义的交通场站建筑

新古典主义建筑风格产生于 18 世纪中叶的新古典主义运动，作为对洛可可风格反构造装饰的反动，以及后期巴洛克中一些仿古典主义特征的副产物。其纯粹的形式主要源自古希腊建筑和意大利的帕拉第奥式建筑。所谓"新古典主义"，首先是遵循唯理主义观点，认为艺术必须从理性出发，艺术形象的创造崇尚古希腊的理想美，注重古典艺术形式的完整、雕刻般的造型，追求典雅、庄重、和谐。新古典主义也影响了交通场站建筑的设计。

古典风格、哥特式风格在19世纪的欧洲和美洲建筑中非常流行，如英国国王十字车站。它是19世纪兴建的大型铁路终点站，位于伦敦市中心的国王十字地区，在卡姆登区与伊斯林顿区的交界线靠卡姆登区一侧，由A501、尤斯顿路和约克路连接。站台包括两组穹顶屋盖、两个跨度30m的铸铁弧形支撑构件，以及弯木构件，立面采用砖结构，属于文艺复兴建筑风格（图2-1）。

图 2-1 英国国王十字车站

又如美国纽约中央火车站，位于美国曼哈顿中心，于1913年正式启用。美国纽约中央火车站是纽约著名的地标性建筑，也是一座公共艺术馆。它是世界上最大的，也是美国最繁忙的火车站，同时它还是纽约铁路与地铁的交通枢纽。车站最鲜明的特点是挑高的候车大厅和人车分流的设计。候车大厅里的主楼梯仿照法国巴黎歌剧院的风格，大厅的拱顶绘制了黄道十二宫图，共有2500多颗星星，星星的位置由灯光标出。大厅地面以下则是最核心的交通空间——44个站台、67条铁轨。美国纽约中央火车站是纽约最重要的交通中心，不仅将长途客运、郊区通勤铁路线与市区地铁系统和街道连在一起，还是曼哈顿中城地下交通网络运行的核心（图2-2、图2-3）。

图 2-2 美国纽约中央火车站室内

图 2-3 美国纽约中央火车站

19世纪下半叶，欧洲许多大城市都进行了大规模的重建和改扩建，如英国伦敦圣潘克拉斯国际火车站、法国巴黎北站、比利时安特卫普中央车

图 2-4 法国巴黎北站

图 2-5 英国伦敦圣潘克拉斯国际火车站

图 2-6 比利时安特卫普中央车站

站、葡萄牙里斯本罗西欧火车站、葡萄牙波尔图圣本图火车站等。在亚洲，建成于 1887 年的印度孟买维多利亚车站采用了哥特建筑风格。

法国巴黎北站于 1846 年 6 月 14 日随着巴黎—里尔铁路的通车而启用。法国巴黎北站的站屋门面包含一个凯旋门式的中亭和两边各一的小亭，用大量的砖石建成（图 2-4）。英国伦敦圣潘克拉斯国际火车站于 1868 年启用，车站的正面是圣潘克拉斯宫殿，拥有宏伟华丽的哥特式外观。这座车站以建筑结构闻名——呈南北向的矩形（图 2-5）。

比利时安特卫普中央车站共分 4 层，有 14 个站台，大厅的穹顶高 75m，兴建于 1895 年到 1905 年，属于巴洛特风格的大型车站（图 2-6）。葡萄牙里斯本罗西欧火车站建于 1886 年，由建筑师何塞·路易斯·蒙泰罗设计，8 个门的宫殿和令人难以置信的装饰钟楼让人印象深刻（图 2-7）。在葡萄牙波尔图圣本图火车站，一进候车大厅，就感觉蓝白色的瓷砖画铺天盖地而来。这些瓷砖画描绘了欢乐的庆典场面或历史事件，以及早期的交通运输方式（图 2-8、图 2-9）。印度孟买的维多利亚车站是印度维多利亚时期哥特式复兴建筑的著名代表，落成于 1887 年，由英国建筑师威廉·史蒂芬设计。其引人注目的石头圆屋顶、塔楼、尖拱和不规则的地面设计吸收了印度宫殿建筑的元素，形成了孟买独一无二的新风格，成为东

图 2-7 葡萄牙里斯本罗西欧火车站

图 2-8 葡萄牙波尔图圣本图火车站室内

图 2-9 葡萄牙波尔图圣本图火车站

图 2-10 印度孟买的维多利亚车站

方和西方文化交汇的杰出典范（图 2-10）。

（二）新建筑流派的兴起与交通场站建筑

20 世纪中叶，西方建筑师提出现代主义、装饰艺术派、未来主义、极少主义等新建筑形式，交通场站建筑也受到很大影响。

1. 现代主义建筑

现代主义建筑思潮产生于 19 世纪后期，成熟于 20 世纪 20 年代。格罗皮乌斯、勒·柯布西耶、密斯·凡·德·罗，他们提倡的"现代主义建筑"强调建筑要随时代而发展，现代建筑应与工业化社会相适应；强调建筑师要研究和解决建筑的实用功能和经济问题；主张积极采用新材料、新结构，在建筑设计中发挥新材料、新结构的特性；主张坚决摆脱过时的建筑样式的束缚，放手创造新的建筑风格；主张发展新的建筑美学，创造建筑新风格。

2. 装饰艺术派建筑

装饰艺术派建筑，追求大工业时代现代设计风格与装饰美学相结合的建筑风格，因 1925 年在巴黎举办的"装饰艺术与现代工业展览会"而得名。建筑形体为简单的几何形块体组合，墙面简洁，但在建筑入口处、窗裙墙、窗间墙以及檐部常有重点装饰。装饰多为方形、三角形、圆形或螺旋形等抽象的几何图案。装饰艺术派建筑曾流行于巴黎和纽约等地，之后传播到世界各地，如中国上海、澳大利亚墨尔本等。

3. 未来主义建筑

未来主义建筑是 20 世纪初期起源于意大利的建筑形式，特点是反历史主义，多运用长线条，其流线型的形式象征速度、运动、紧迫性和抒情性。它是未来主义艺术运动的一部分。

4. 极少主义建筑

极少主义是 20 世纪 50 年代以美国为中心的艺术流派，源于抽象表现主义。在建筑上，以减少、否定、净化来摒弃琐碎，去繁从简，以使建筑最本质的元素再生，获得简洁明快的空间，而在简洁的表面下往往隐藏着复杂精巧的结构。这种风格追求的是空间的质量和对材料的体现。

受到这些建筑思潮影响，这个期间出现了很多优秀的交通建筑，例如，德国莱比锡中央火车站（图 2-11、图 2-12），1915 年由建筑师威廉·洛索和汉斯-马克斯·库恩设计，车站完全采用钢铁结构和玻璃屋顶。

例如，修建于 1932 年至 1934 年的意大利佛罗伦萨新圣母玛利亚车站，是现代主义建筑的代表作之一，车站为港湾式月台，采用大面积的釉料及简洁坚固的巨大结构（图 2-13）。芬兰建筑师沙里宁于 20 世纪初设计的芬兰赫尔

图 2-11 德国莱比锡中央火车站　　　　　图 2-12 德国莱比锡中央火车站室内

辛基火车站采用了简约的形体、灵活的空间组合，以花岗石外墙、钟楼以及两尊巨型雕像作为造型元素（图 2-14）。

美国洛杉矶火车站融合了西班牙文化和装饰艺术派风格，内部装饰金碧辉煌，拥有彩绘的木质天花板和镶嵌彩色大理石的地面（图 2-15）。土耳其锡凯尔火车站大门两侧的长条红砖和彩色玻璃是典型的新艺术派风格（图 2-16）。

除此之外，柏林中央火车站、日本金泽火车站、比利时列日-吉耶曼车站、荷兰鹿特丹中央车站等都是具有现代主义风格特色的建筑。

图 2-13 意大利佛罗伦萨新圣母玛利亚车站   图 2-14 芬兰赫尔辛基火车站

图 2-15 美国洛杉矶火车站   图 2-16 土耳其锡凯尔火车站

第二节 城市客运交通场站建筑的发展趋势

随着社会经济的发展，科技水平的不断进步，当代交通场站建筑多以铁路客运站、机场航站楼、港口客运站、大型枢纽换乘站为依托，将城市公交站、出租车站、长途汽车站、机动车停车场等集中布置，并整合在一组大型建筑群内，集合多种交通方式于一体，是具有对外和对内交通功能的枢纽场站。

一、交通场站建筑大型化、立体化

当前，随着交通场站建筑客流量逐步增加，换乘量明显增大，随着车站规模的扩大，交通场站建筑的结构形式也趋于大型化。为了适应这种变化趋势，需要对各种交通方式和场站建筑进行整合，采取综合立体化换乘模式，这便相应地带来了交通场站建筑大型化和立体化的变化。

二、交通场站建筑综合化、一体化

综合化、一体化交通场站建筑的理念，目前已成为大城市交通发展战略的共同选择。该理念最早在 20 世纪 80 年代被提出，国内外都有很多成功的探索案例，如英国的纽卡斯尔客运站、日本的东京站和大阪站等都是一体化设计比较经典的案例。随着时代的发展，交通场站建筑功能已从单一转向综合化、一体化发展，要在满足多种交通方式的接驳与换乘的基础上，进一步兼顾购物、休闲、娱乐、信息交流等功能。同时，还要考虑城市设计的因素，使建筑与城市景观一体化，以前交通场站建筑的单体设计，进一步扩展为以交通为核心的区域性整体设计。

三、换乘设计人性化

人性化设计是建筑设计的重要理念，也是必须遵循的要求。现代化的交通场站建筑应具有无障碍设施、自动换乘设施、人性化导向标识设施等，体现以人为本的思想。

四、建筑形象地标化

随着经济的发展和人们审美水平的提高，交通场站建筑的设计不再像以前那样只重视功能，较少考虑建筑形象了，而是对交通建筑的形象和品质有了更高的追求——融入现代建筑元素和理念，体现地域特征、文化传承、科技元素，展示城市形象，成为地标性建筑。

多种交通方式之间的换乘设施应实现一体化布置，缩短乘客换乘距离，各种交通方式在平面和立面布局方面高度综合化，建筑形体和外立面风格也趋于整体化。

铁路、公路等对外交通方式进入车站的位置可以是地面、地下或地上若干层，具体的平面及立面位置应根据换乘便捷的需要及周围建筑环境等条件进行选择。

在保证客流集散便捷的前提下应对车站周围空间进行综合开发。根据车站远期的集散客流规模，应优先保证并预留足够的客流集散空间；在换乘设施周围进行商业、旅游、居住等空间的开发，发挥客流集散的商业价值。

良好的枢纽布局设计是提高综合交通换乘效率的关键，对换乘站人流资源的商业价值的利用也有着至关重要的影响。我国在城市综合交通枢纽的规划设计中，应借鉴国外典型综合交通枢纽的规划设计经验，不断创新，以形成换乘便捷、经营效果好的综合交通枢纽。

五、服务功能多元化、多样化

随着枢纽规模的扩大，为了满足乘客购物和娱乐的多样化需求，一些服务功能、商业功能也被引入交通场站建筑内，尤其是枢纽站，提高了开发强度，配建了商业中心、服务中心和娱乐休闲场所，促进了枢纽站客运服务的多样化和多元化，提高了交通场站建筑的吸引力，同时也带动了场站及周边地区的经济发展，带来了可观的经济效益。

交通场站建筑设计的
原则和主要内容

第一节 交通场站建筑设计的原则

交通场站建筑设计需要综合考虑各种影响因素，包括场地内外环境、交通接驳、建筑功能及形式、换乘效率、安全舒适性、以人为本、绿色环保以及可持续性发展等问题。按照场站的特点因地制宜，遵循设计原则，才能有效地提高设计的科学性和有效性。交通场站建筑设计应遵循下列原则。

一、整体平衡原则

交通场站的正常运转必须依靠周边的城市交通网络的支持，设计时应对本区域的交通网络及客货需求状况有全面的认识。交通场站建筑的主要功能是处理旅客及货物与交通工具的流动和相互连接，依据旅客流量和交通流量的数据，通过科学测算，合理确定各种功能设施和空间的量化指标并合理布局，保证交通运行的顺畅，避免交通瓶颈或空间浪费。

二、流程便捷原则

流程设计是交通场站建筑设计的主要内容，通过优化的流程设计提高交通整体运行效率，从而提高旅客通行和换乘的效率。

三、安全舒适原则

交通场站建筑会集了大量的流动客流，其使用强度大，设计时应有整体的防灾策略，在细节上必须精益求精，努力加强使用的安全性，尽力确保万无一失。同时，在交通场站建筑的内外空间环境、建筑材料选用、导向标识系统设置等方面，应考虑其舒适性和耐用性，为旅客创造良好舒适的乘车环境，准确、及时地提供各种信息。

四、人性化设计原则

交通场站的发展应贯彻对人性的理解和思考，除主体功能外，交通场站建筑还应充分研究旅客的构成特点和行为需求，制订合理的服务标准，体现以人为本的设计理念，为旅客提供全面到位的人性化服务，拓展交通场站建筑的外延功能，最大限度地满足行人对换乘便捷、安全舒适的要求，提高设施的服务水平，便于乘客的集散和换乘。

五、绿色环保原则

绿色环保是所有建筑都应该遵循的原则，对于交通场站建筑来说尤为重要。交通场站内有公交车、出租车、地铁等交通工具，其产生的噪声、震动、尾气等会对城市环境和空气产生较大影响，这些问题在设计时都要认真考虑。大型交通场站建筑投资巨大，建设和运行将消耗大量材料和能源，并对周边环境产生较大影响，因此，应制定全周期的绿色建筑策略。

六、可持续性发展原则

交通场站建筑多采用统一规划、分步实施的建设策略。由于建筑的功能常有变化，因此，交通场站建筑设计应进行总体规划，考虑未来扩展的必要条件，并留出适应使用需求变化的弹性空间。

第二节 交通场站建筑设计的主要内容

交通场站建筑在规划设计前期应注意以下几个方面。

着力解决外部交通设计与改造：确立场站周边道路同步实施条件，核实地铁与其他各种交通方式接驳距离（是否在步行 10 分钟路程之内），核实枢纽与周边用地步行系统是否完善。

重点解决交通场站建筑内部交通设计：核实交通配套设施是否缺乏（如自

行车、P+R 配套量、过境公交的设置），核实换乘设施是否便利（自动扶梯、水平自动步道的设置），核实地铁进出站使用的检票机布置是否影响客流的快速疏散，核实换乘引导系统是否完善。

核实交通场站建筑服务设施（定位、配套内容、配套量）：休闲机能——音乐会、展示会、娱乐活动等设施完备；商业机能——吃、穿、用产品多样，采购方便；信息机能——信息提供、信息输出、信息处理、信息获取、信息共享、信息利用；便捷机能——确保换乘快速便捷，老人、小孩、残疾人等移动方便，电梯、电话、厕所、寄放箱、问询台、失物招领处、电子显示屏、行路指南图等服务设施多样；关注城市景观机能——与城市环境协调，具有标志性。

一、交通场站建筑的背景研究

（一）主要因素

交通场站建筑是各种交通方式的汇集换乘地，它的建设会不可避免地对城市的政治、经济、环境、社会活动等各个方面产生影响。各种交通需求的大量产生，也使得其所在地区具有极为重要的经济社会地位。因此，考察地区经济社会发展的情况，对辨明地区发展的深层本质，特别是建立未来发展预测的基础十分重要。在进行项目背景分析时主要考虑的因素如下。

◆ 人口密度。

◆ 经济指标。

◆ 区域出行特征、人员组成。

◆ 环境因素等。

此外，还要考虑场站规划布局的目标确定、功能定位分析、现状调查分析、场站布局的相关影响因素分析（如人口、社会经济、用地规划、城市功能分区、城市对外交通、生产力布局）等。

（二）交通数据收集与分析

对重要交通设施的交通调查有助于把握主要交通影响因素。城市交通枢纽的主要交通影响因素一般是周边市政路网评价、行人出行特征等，此外，对周边公交专项设施的现状进行调查也应该作为重点。主要内容如下。

1. 研究范围内的交通现状

◆ 交叉口及主要路段交通状况。

◆ 交通出行方式。

◆ 各主要活动区交通生成及高峰时段分布。

◆ 线路周边行人与自行车交通设施。

◆ 线路周边停车设施。

2. 研究范围内的公共交通设施与客流现状

◆ 现状相关轨道线路分布调查。

◆ 公交车线路分布调查、车辆比例。

◆ 现况公共交通断面流量调查及主要站台登降量调查。

◆ 现况公共交通行驶速度、运营线路及各条线路满载率情况。

（三）土地使用调查

土地使用与城市道路交通有着密切的关系，建立两者的关系是进行交通需求预测的基础。一方面，交通规划在道路容量的供应、道路的通达性以及出行方式的选择上会影响土地利用的需求；另一方面，不同性质的土地使用、分布及强度，可产生或吸引不同性质的交通，也影响各区交通出行及其分布。相应的调查内容如下。

◆ 土地使用性质、规模、强度等。

◆ 就业、就学岗位数。

◆ 商品销售情况等。

二、交通场站建筑的定位分析

交通场站建筑是有不同类型和等级的，其服务范围、服务对象、建设规模、配套设施及交通运输流特征都具有显著的差异。因此，应根据区位条件、交通衔接方式，结合城市交通发展、城市土地开发等来确定交通场站建筑在城市环境中的地位和作用。

三、交通场站建筑的选址及交通组织

（一）选址原则

交通场站建筑是交通运输网络中的重要节点，它依托于所在城市及区域的交通运输网。选址时，应对该区域的交通现状及未来发展进行全面、系统的分析和评估，将交通场站建筑纳入城镇总体规划，合理布局，近远期目标相结合。选址应满足城市规划的要求，结合城市社会经济发展的特点，遵循城市发展的原则，符合城市总体规划和综合交通规划的需求，满足客流集散需要。总而言之，应满足人性化、可持续发展、整体性、网络化要求。

交通场站建筑与外埠公路、城市道路、城市公交系统及其他运输方式的场站应有良好的衔接，便于旅客集散和换乘，有条件时可优先考虑与地铁、公交等结合形成综合交通枢纽站。

交通场站建筑应符合城市规划的要求，具备必要的工程、地质条件，有必要的水源、电源、消防、疏散及排污等条件，充分考虑场站布局对周围环境的影响。场站建筑与城市中交通系统应密切联系，车辆流向合理，出入方便，地点适宜，方便旅客集散和换乘。场站建筑地址不应选在低洼积水地段及有山洪、断层、滑坡、流沙、沼泽地段和泥石流扇堆积区，当场站建筑靠近江、河、湖、海或水库时，站区最低室外地坪设计标高应根据当地有关部门规定的最高水位计算。

（二）总图交通组织

科学的交通流线组织是交通场站建筑设计的重要内容，可以有效提高运营效率和安全水平。良好的流线设计可以提高运行和换乘效率，以及服务水平。尤其是规模巨大、功能复杂的枢纽站，客流量大、流向复杂，科学合理地组织人、车流线是枢纽站设计成功的关键因素。交通流线组织的核心因素包括客流量、场站规模、选址、布局等。

科学合理的场站建筑应区分各种流线的性质和目的地，进行场站设施、交通空间一体化规划设计，合理安排各种交通方式的布局和规模，实现各种交通方式之间的合理配合和衔接。规划时，应分区明确，使用方便，流线简捷，避免旅客、车辆及行包流线的交叉。站前广场必须明确划分车流、客流路线，停车区域，活动区域及服务区域等。

1. 机动车交通组织

机动车交通组织分为静态交通组织和动态交通组织两种形式。静态交通组织主要解决交通资源配置问题，包括停车布局、停车规模等。动态交通组织主要解决交通流分配及其疏导问题，包括进出车流线组织和运营调度等。交通场站建筑内需要进行交通组织的包括轨道交通、公交车、出租车、长途车、社会车辆等。

2. 客流交通组织

客流交通组织主要研究乘客的人行流线特征，分析各种交通方式换乘客流的流向和客流量，使乘客可以便捷换乘，以最短路径到达目的地。应避免流线迂回，尽量缩短乘客进出站的路线长度和站内步行距离。注重出入口的设计，避免进出站人流拥挤，同时处理好客流水平流线和垂直流线组织，大型枢纽场站还要考虑分层组织乘客流线。

日常客流交通组织包括出入口组织、售票组织、乘降组织、限流组织等。对于出入口组织，当客流量较大时，可在出入口或楼梯处设置分流设施，使进出站客流避免相互干扰。大客流是指停留的乘客超过设计许可客流量，并有持续增加的趋势，此时应采取措施，尽快疏散客流。突发事件客流组织应保证迅速疏散人员，调集应急抢险人员和物资。

四、交通场站的功能布局

（一）交通场站建筑外部功能布局

1. 与城市功能的协同

交通场站建筑的建设对城市形态会产生很大影响。轨道交通、水运、航空等交通方式的迅猛发展，促使城市由传统的单核形态向多核形态发展，形成以交通枢纽为核心节点，大运量交通线路为廊道的新型城市形态。同时，交通枢纽的出现促使人口和居住、商业用地集聚，带动周边经济发展和城市的外延，形成新的区域城市中心。

交通场站建筑的建设要与所在城市及区域的城市布局形态相结合，城市布局形态通常包括团状城市形态、带形城市形态、星形城市形态及一城多镇等。应结合所在城市的具体特点，采取相应的交通场站建筑布局模式。

团状城市形态具有以城市中心为核心，向外逐步扩展的特点。对于中小型团状城市来说，由于人口相对集中、客流集散条件较好，交通场站建筑可建设在城区及城市主要发展方向的主通道位置。对于大型和特大型团状城市来说，城市发展为同心圆向外扩展，由于人口密集、用地紧张、交通压力较大，交通场站建筑或枢纽站应选择交通便利之处，沿城市快速路或环形路均匀分布，并与连接市郊的主干道邻近。

带形城市形态由于受城市的特殊环境和地形因素、外部交通线路（铁路、高速公路等）因素的限制和影响，城市在两端进行扩展，从而形成了带形外延形态。带形城市的交通和用地延伸的方向性非常强，沿着长向的过境道路与城市主干道重合。对于中小型带形城市，可以在客流集散量大的位置或市区边缘地带设置枢纽客运站。对于大型和特大型带形城市，枢纽客运站可沿城市长向设置在城市边缘，尽量减少对城市市区的影响。

星形城市形态是以市中心为核心，由 3 条及以上轴线向外发散形成的城市形态。中小型星形城市由于城市规模不大，可将枢纽客运站设置在各条轴线上，大型和特大型星形城市可视为多个带形城市的集合，可将枢纽客运站设置在各条交通主轴附近。

一城多镇的布局形态是中心大城市和周边卫星城镇共存的形态，两者相互依存、密切联系、分工协作。一城多镇的交通联系多采用轨道交通和高等级公路。当卫星城镇客运量不大时，可在中心城与卫星城相连的交通干道附近设置同时服务于中心城和卫星城的客运枢纽站；当城镇具有一定规模时，可在中心城和卫星城分别设置客运枢纽站。

2. 与区域功能的协同

客运枢纽站的建设，提高了交通系统的运行效率，产生了客流集聚效应，可以带动所在区域经济的发展，带来可观的效益，但同时也可能会产生一些不利影响，例如，交通拥堵、噪声干扰、空气污染等。客运枢纽站的建设提高了其周边地块的可达性，加强了城市空间的集聚效应，使得本区域增加了对外联系，强化了商业服务在枢纽站周边的聚集，从而提高了经济效益。

3. 与周边用地功能的协同

客运枢纽站与土地利用进行一体化规划，可打造合理的城市空间结构，优化城市用地功能，使枢纽站及周边区域在合理配置和布局商业、办公、居住等用地的前提下提高土地利用率，形成新的城市形态。枢纽客运站与周边区域一体化开发可有效地解决交通问题，提高周边区域的商业价值。

4. 与城市交通空间的衔接

交通场站建筑（枢纽站）与城市交通空间的衔接主要是通过站前广场、高架匝道、过街通道、地下通道、下沉式广场、地下商业街等方式进行的。站前广场会集了各种交通方式的客流，可通过组织和疏导客流，实现最优化的换乘。高架匝道可有效解决不同交通层的衔接问题，疏解站前交通的压力，并实现跃层交通与城市交通路网的有机联系。地下空间由于其受气候条件影响较小，节约用地等特点，是解决枢纽站综合换乘的有效方式之一，可利用垂直交通来组织快速换乘，增加换乘层面，并连接不同交通方式站房，形成立体化的步行交通体系。

5. 与城市公共空间的衔接

交通场站建筑（枢纽站）与街道、广场、公园、地下空间等城市公共空间的衔接方式有多种，根据客流流线的特点，一般有过街天桥和地下人行通道、下沉式广场及屋顶广场、综合大厅等。

6. 与城市商业空间的衔接

交通场站建筑（枢纽站）内部及外围可根据规划的功能布局的要求，开发建设商场、餐饮、酒店、办公等设施，也可利用地下设置商业街等城市商业空间。这些城市商业空间与交通场站建筑（枢纽站）之间一般通过水平和垂直交通联系，构成了复合化、一体化的空间形态，通常有3种联系形式：（a）根据规划条件，当交通场站建筑上方有条件进行综合开发时，可在其上方布置文化娱乐、餐饮商业、办公、公寓等设施，上盖商业空间的交通组织和安全疏散系统一般相对独立，可通过枢纽站的开放空间进入商业空间；（b）在交通场站建筑的地下空间设置商业空间，与换乘大厅和站前广场的地下换乘厅相邻，引导客流进入商业空间，方便乘客，增加商业价值；（c）随着大型交通场站与商业一体化的发展趋势，场站建筑（枢纽站）与城市商业形成了综合体建筑，不仅可节约市民的出行成本和时间，还可给城市商业带来活力，但应注意交通场站建筑和商业空间要相对独立，不能让商业空间对交通功能产生影响。

（二）交通场站建筑内部功能布局

1. 功能区布局的模式

交通场站建筑内部功能区包括服务区、站台区、换乘区、停车区、管理用房区等。场站建筑内部功能区布局的模式可根据功能区分布形式分为平面式布局、立体式布局和混合式布局3种模式。

平面式布局是各交通方式、各功能区域在同一平面内布置的模式，这种模式的特点是占地面积较大，人流和车流在同一层，相互干扰问题较为突出，一般用于换乘种类少、功能相对单一的交通场站建筑。平面式布局又分为比邻式布局、分离式布局两种形式。比邻式布局是在较小的范围内集中布置各功能区的布局模式，各功能区的设施比邻设置，乘客换乘不需跨越外部道路，换乘距离相对较短，人流组织相对简单。分离式布局是在较大的范围内分散布置各功能区的布局模式，在这种模式下，各功能区之间有城市道路和建筑间隔，乘客换乘需要经过天桥、通道完成，换乘距离偏长，人流组织较为困难。

立体式布局是各种交通方式的设施垂直布置于一个多层建筑内，在不同层布置不同的交通方式，通过换乘大厅和垂直交通设施（楼梯、扶梯、电梯、自动步道等）实现各种交通方式的互通互连、紧密衔接。

混合式布局是平面式布局和立体式布局的混合模式，多用于大型城市内较大的综合性交通场站建筑。

2. 空间布局影响因素

空间布局的影响因素有很多，主要包括各种交通方式之间的换乘量、换乘成本、各功能区的面积、备选场站的特征要求等。

3. 换乘设施布局

乘客在交通场站建筑内的不同交通方式之间的换乘效率非常重要，应遵循以下基本要求：（a）换乘过程要保证连续性，为乘客换乘提供方便的交通线路和交通工具；（b）保证各种交通方式的客运设备相互匹配和适应；（c）保证客流运转的通畅性；（d）保证换乘的安全性和舒适性。

交通场站建筑内乘客换乘设施的分布有垂直交叉、斜交、平行交织等多种方式，基本形式有同站台换乘、站厅换乘、通道换乘、节点换乘、混合换乘等。同站台换乘适用于两条线路平行且采用岛式站台的车站形式，换乘距离短；站厅换乘是通过站厅将多条线路的乘客会集在同一换乘大厅进行换乘，优点是换乘便捷；通道换乘是用通道将两个或多个独立的车站通过通道连接起来形成换乘，一般在车站的站厅位置设置换乘通道，通道换乘有利于分期实施，优点是灵活性强；节点换乘是在两条线的交叉位置，将两个车站站台通过楼梯直接连通，乘客通过楼梯换乘，这种换乘方式容易造成客流拥堵，一般通过采用专业客流分析软件进行客流模拟和计算来优化和解决拥堵问题；混合换乘就是采用两种及以上方式的换乘，将不同种类的换乘方式进行组合，混合换乘方式可以灵活运用、灵活组合。

4. 安全设施布局

交通场站建筑具有空间庞大、较为封闭的特点，而且客流量较大，对安全性的要求高，合理布局安全设施是非常重要的。根据紧急事件的疏散是否具有紧迫性和对场站影响的程度，以及是否造成生命危险等，紧急事件一般分为突发公共事件和异常事件两种类型。突发公共事件包括地震、气象等自然灾害，火灾、交通事故、坍塌等事故灾害，疫情等公共卫生事件，恐袭等社会安全事件。异常事件包括场站的设施故障，行人滞留、阻塞，客流量超过常态，乘客闯入特定禁入区域，治安事件等。

交通场站建筑安全设施应按照国家及行业标准、规范的要求进行布局，应保证日常运营的安全性，遇到突发事件时最大限度地保证乘客及工作人员的安全。主要安全设施包括消防通道、屏蔽门、火灾安全门、应急指示标志等。

五、交通场站建筑的形象

交通场站建筑涵盖综合客运交通枢纽、公交车站、城市轨道交通站、公路客运站（长途车站）、港口客运站、铁路客运站、民用机场航站楼等供人们日常出行交通使用的公共建筑，而交通场站建筑站房的设计则是交通场站建筑设计的核心内容之一，也是城市形象的重要组成部分。交通场站日益成为城市发展中的关键组成部分，以车站为核心的城市交通综合体模式日渐成熟。车站建筑承担着城市门户和城市名片的角色。目前，我国车站建筑造型和风格较为雷同的现象比较普遍，应着力加强开阔思路，综合运用多种新型建材，丰富建筑形态，优化车站建筑的空间体验，提升车站建筑的整体效益。

（一）综合客运交通枢纽

城市客运交通枢纽是以公共交通为主的多种交通方式的汇集和换乘场地及设施，作为城市交通系统的重要组成部分，它实现了各种交通方式间的有效衔接和转换，并促进城市对外交通与城市内部交通的有效整合。

（二）公交车站

公交车站应布局合理，体现以人为本、功能完善、经济适用、安全环保、有地方特色和民族风情等。中途站候车亭应突出以为乘客服务为核心、广告经营为辅的原则，候车亭的风格应与环境协调，并考虑安全适用性，造型不过度夸张。站牌和广告牌与乘客行走空间及车辆行驶空间保持安全距离。候车亭应将造型、材质、功能设计与地方特色、现代气息紧密结合。

（三）城市轨道交通站

城市轨道交通站分为地下站、地面站和高架站 3 种类型，而体现城市形象的主要是地面站和高架站，以及地下站的出入口地面亭及风亭等建（构）筑物。车站地面亭的建筑形式应根据车站的环境和周围的建筑规划、建筑特点来确定。地面亭可设计为独立式、合建式两种形式。风亭应考虑周边环境及环控要求，也可设置敞口的低风井。

城市轨道交通地面站和高架站除了要与所处环境协调之外，站体本身的造型还应具有一定的标志性和可识别性，便于人们找到车站，减少行走时间。车站建筑的造型应简约，根据整条轨道交通线的特点和定位，体现交通场站建筑的特征，同时可根据当地传统和文化，提炼出建筑元素，体现历史文脉和文化传承。车站建筑还应体现可持续发展的要求，从绿色建筑、节能环保等方面提高车站建筑的内涵和品质。

材料是建筑设计的主要构成元素，不同的表皮材料彰显着不同的建筑性格。对材料的运用和组合应符合建筑自身的特点，赋予建筑特定的气质。国外的轨道交通站在建筑形体、建筑材料的运用及建筑表皮处理方面有一些新的尝试，例如，由诺曼·福斯特设计的伦敦伊丽莎白号线的金丝雀码头地铁站。车站选择了木材和 ETFE 膜作为主要建筑材料，采用了拱形木屋顶，与周边采用钢筋混凝土和玻璃建造的摩天大厦形成了鲜明的对比，营造了一个温馨怡人的场所。建筑形体概念来源于船只的造型,唤起了人们对码头往昔繁忙水运情景的记忆，使游客感受到当地独有的历史文化（图 3-1）。

（四）公路客运站

站房的布局要紧凑，室内外空间要统筹考虑，合理利用地形。公路客运站需要有良好的建筑形态来展示其城市门户的形象，立面设计和建筑造型应体现交通场站建筑的特点——简约大气、线条清晰、经济美观，防止盲目追求宏伟、奢华，造成不必要的投资浪费。

目前，公路客运站建筑形体塑造的方式主要有：（a）以候车大厅为主体，两侧分别布置附属用房，例如，湖北荆州汽车站、大连金州汽车站、淮安汽车站等，造型中心对称的布置是常规的方式；（b）整合各功能区于一个体量之内，造型简约，整体感强，如南京汽车东站等；（c）客运用房与办公用房、商业

图 3-1 金丝雀码头地铁站

空间组合，形成小型综合体，使主体有高层或多层建筑，如安康汽车站等；（d）客运用房建筑高度低于附属用房及组合建设的其他用房，应采取措施使客运用房居于主体地位，从立面处理的手法、建筑形体、表皮材质等方面进行综合考虑。广州海珠汽车客运站站房属于单一体量的交通场站建筑，形象突出，标志性较强，屋顶结构完整，一个统一的屋顶将各功能区块覆盖，飘逸的大屋顶既解决了遮雨、遮阳问题，同时又成为建筑的造型元素，建筑形体轻盈，如同一叶扁舟漂浮在珠江之上（图 3-2）。上海汽车客运总站是采用复合体量的汽车客运站站房，是客运用房与办公用房及客房组合而成的。水平方向展开的站房体量使进出站更为高效、便捷，而竖向层数较多、高度较高的办公、客房等体块又使建筑看起来更具标志性（图 3-3）。一些公路客运站建筑采取流线型动态的外观，体现交通场站建筑快捷、顺畅的特点，例如，南京小红山汽车客运站的平面为曲线，三维曲面的屋顶将建筑统合在一起，屋顶的天窗有韵律地排列着。交通场站建筑应结合地域特点，融入当地的环境，同时要结合当地的传统文化，使交通场站建筑融入城市的肌理（图 3-4）。

图 3-2 广州海珠汽车客运站

图 3-3 上海汽车客运总站

图 3-4 南京小红山汽车客运站

（五）港口客运站

　　港口客运站与其他客运站一样，也是一个城市的重要门户，是人员交流和集散的重要节点，体现了当地经济、技术、文化发展的状况，也体现了所在城市的地域特点和城市风貌。港口客运站建筑应与环境紧密结合，具有时代和地方特点。建筑造型要体现内部功能及空间的特点，力求形式和内容的高度统一，注重运用新材料、新技术，适应当地气候条件。港口客运站站房的空间布局、建筑结构的选型要有一定的灵活性，也要有通用性，要能够满足改建、扩建的要求。

　　国际上一些经济发达的国家的港口客运站尝试打破建筑界面，采取建筑空间立体流动的模式，例如，FOA 建筑事务所设计的横滨国际客运中心项目。FOA 建筑事务所研究了围合空间界面表皮的功能、面性、方向性、平衡性、不连续性、多样性和几何性这 7 种特性。横滨国际客运中心长 470m，宽 70m，高 15m，总建筑面积 43 843 ㎡。设计依照设计流线图，将表皮与"无折返图"的每一个部分相连接，将"无折返图"上每一个分叉在表皮上赋予相应的分叉点，从而得到主体建筑基本形体的韵律。建筑的界面是模糊的，打破了传统墙面、地面、顶棚的分界线；建筑的空间则是立体连续的，空间感受如同莫比乌斯环一般（图 3-5~ 图 3-10）。

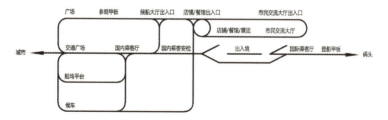

图 3-5 横滨国际客运中心项目的"无折返图"

	功能 Function		面性 Faciality		平衡 Balance		
表皮 Surfaces	地面 Ground		单一表面 Single face		连续 Constant		变化 Shifting
			多重表面 Multiple face		平行 Parallel	垂直 Perpendicular	
	覆盖面 Envelope		单一表面 Single face				
			多重表面 Multiple face				

不连续性 Discontinuity		方向性 Orientation			几何性 Geometry	
平面 Planar		定向的 Oriented		无方向的 Non-oriented	连续 Continuous	非连续 Discontinuous
波纹 Rippled		条纹式 Striated	极点式 Radial			
褶皱 Pinched					多样性 Diversification	
穿孔 Perforated					图案式 Patterned	偶然性 Contingent
分叉 Bifurcated						

图 3-6 设计手法分析

图 3-7 地面连续到屋顶的空间形态

图 3-8 候船厅室内

图 3-9 出入口

图 3-10 出入口

（六）铁路客运站

铁路客运站与城市的关系受到所在区域城市规划和铁路线路的双重影响，根据铁路客运站与城市的关系可分为郊区型、城郊结合型、城市边缘型和城市中心型几种类型（表3-1）。

环境与景观因素也是铁路客运站空间形态考虑的重要方面，站前区分为分散式和集中式两种类型（表3-2）。

表 3-1 铁路客运站类型

分类	规划要点
郊区型	应注意与城市交通的衔接，利用客运站的集约效应带动周边区域的发展
城郊结合型	应注重与城市近期、长期规划的衔接，综合处理好市内交通与外部交通的衔接
城市边缘型	应注意把客运站进出口布置在沿城市中心区一侧，可设置公交枢纽站和城市轨道交通场站
城市中心型	应注意与公交、出租、轨道交通、社会车辆的衔接，规模大时可采用立体方式组织交通，充分利用地下空间作为机动车停车场，完善人行交通体系，适当开发商业空间，保持周边地上空间的完整性和连续性

表 3-2 站前区空间形态与特征

分类	概念	特征
分散式	围绕车站广场和主体建筑布置周边城市公共建筑、车站配套建筑，共同组成建筑群体	车站广场由周围的建筑围合，形成空间界线，一般可有 U 形、"一"字形和 L 形 3 种形态
集中式	铁路客运站与城市公共空间一体化规划设计	将城市的公共功能引入客运站，实现复合利用公共空间、资源共享
	铁路客运站与各交通方式的建筑一体化规划设计	优化城市公共交通，整合铁路、城市轨道交通、公交、航空、水运、公路客运等交通方式的站房建筑，形成有机的整体，实现最短距离换乘

铁路客运站主要由售票区、进站区、候车区、出站区四大功能区组成，站房设计呈现出向通过式候车模式发展的趋势——进出站门厅与候车厅一体化，候车厅整体化，进出站功能空间与其他换乘空间进一步融合。根据乘客进出站流线的特点，分为 5 种类型：平面错开类型，高架进站、地面出站，通过通道地下进站、出站，地面进站、出站，线下综合大厅进站、出站。不同的进出站方式也影响了铁路客运站的造型和空间形态。

（七）民用机场航站楼

航站楼是民用机场的主体建筑，代表了城市形象，其造型和形象应体现时代特征、地域风貌、民族特色。机场不同的规划条件、管理模式及设计理念，会产生不同的构型。

1. 根据航站楼与空侧机位的衔接方式，可分为前列式、指廊式和卫星式等 3 种基本构型，在具体方案中可组合使用。不同的构型会使航站楼建筑产生迥异的造型

① 前列式：在航站楼空侧的边线为直线，机头朝向航站楼一字排开，旅客通过登机桥上下飞机。这种方式的航站楼进深较小，乘客步行距离较少。航站楼可沿长向扩建，这种方式适用于客运量较少的民用机场航站楼。

② 指廊式：这种布局方式就是为了延展航站楼空侧长度，将空侧向外延伸出若干条指形廊道，廊道两侧设置机门位。一般情况下，机位超过 30 个时，宜采用多条指廊。

③ 卫星式：这种布局方式就是在航站楼主体空侧布置卫星式建筑，可以是一座，也可以是多座。两者之间的联系是通过地下、地面或高架廊道进行的，卫星式建筑设置了机门位，飞机围绕其周边停放。这种方式的优点是扩展和延伸了航站楼空侧，乘客行走距离相对较少。卫星式建筑有圆形和矩形两种平面方式。

2. 根据航站楼单元组合方式可分为集中式和单元式两种

① 集中式：民用机场全部旅客和行李都集中在一个航站楼内处理。

② 单元式：一个民用机场设若干个航站楼单元，每个航站楼服务的旅客类型相对单一。

航站楼构型的选择主要包含 4 个因素：航站楼建筑功能、航站区空侧站坪、航站区陆侧交通及近远期建设。

六、规划设计的评价和优化

科学地进行交通场站建筑规划设计评价是规划设计流程中的重要组成部分，建立起科学的交通场站建筑规划评价体系，对今后的规划设计、实施和运营都具有重要意义，其建立的意义体现在"事中评价""完整系统"和"标准统一"等方面。在这个体系框架下，交通场站建筑设计方案在进行中的各个阶段均应以相对应的评价内容对其进行科学、有效的评价，以保证枢纽建成后可以顺利运营。

（一）评价基本条件

1. 功能定位

功能定位决定了其性质、服务对象、服务内容、设计标准等，是交通场站建筑评价的前提和基础。

2. 规划要求

规划部门对用地、建筑、绿化、交通等方面的基本要求有明确的技术指标。

3. 基本参数

交通场站建筑设计的基本参数包括客流量、换乘比例、上下车时间、车型参数、运营组织（停靠时间、发车间隔）、列车编组数量、满载人数等。结合具体的场站设计，采用的参数会有变化。对场站的评价要有明确的基本参数为前提条件。

（二）评价标准

设计评价以各种国家标准、规范及地方标准和所涉及的相关规定及要求为依据。

1. 场站设施方案评价

（1）场站交通运能

在交通高峰时间内，需要根据车型、发车频率、场站线路及平均载客人数等计算场站各种交通方式的运输能力是否满足客流需求。

① 公交运能。公交的设计运输能力应能满足设计条件人次到达或离开的客流量。公交的设计运输能力计算与公交车型、载客人数、到发车频率、线路运营组织等有关。

② 地铁运能。地铁的设计运输能力，是指列车在定员情况下地铁的高峰小时单向输送能力。设计运输能力根据不同的设计年限应能够满足不同的高峰小时单向最大断面客流量的需要，远期所能达到的最大运输能力应满足远期高

峰小时单向最大运输能力的需要。地铁的设计运输能力，应满足预测的远期单向高峰小时最大断面客流量的需要。

地铁设计运输能力计算与列车型号、列车编组和运行间隔等有关。而以上因素应根据各设计年限预测客流量、系统服务水平、系统运输效率等因素综合确定。

③ 出租运能。出租的设计运输能力应能满足设计条件人次到达或离开的客流量。出租的设计运输能力计算与出租车载客人数、到发车站台数量、到发车频率等有关。

④ 小汽车运能。小汽车的设计运输能力应能满足设计条件人次到达或离开的客流量。小汽车的设计运输能力计算与小汽车载客人数、停车位数量有关。

⑤ 自行车运能。自行车的设计运输能力应能满足设计条件人次到达或离开的客流量。自行车的设计运输能力计算与自行车停车位数量有关。

（2）站台停车泊位面积

站台停车泊位是在候车站台处设置的停车泊位，供车辆短时停放，让乘客完成上下车等活动。对于公共交通枢纽，站台停车泊位面积的决定因素主要是停车时间。

① 以枢纽高峰小时的公交车到达数量，除以单个停车泊位的停靠能力，即为所需停车泊位数量。

② 按照单个停车泊位长 13m，宽 3.5m 计算，即可以得出停车泊位面积。在高峰期间，由于道路拥堵和交叉口信号灯的影响，很可能出现某条线路几辆车同时到站的情况，若停靠车位不足，则车辆无法及时停靠，公交车辆可能会在通道内排成长龙等候，导致进出车通道内拥堵，延误车辆进出车站。因此，有必要预留一定量的停靠车位，以应对高峰"串车"现象，提高枢纽的整体运营效率。

地铁停车站台计算长度，以最大列车编组长度加列车停站时产生的误差为设计长度。

出租车站台以枢纽高峰小时的出租车到达数量，除以单个停车泊位的停靠能力，即为所需停车泊位数量。按照单个停车泊位长 7m，宽 3m 计算，即可以得出停车泊位面积。

（3）站台等候空间面积

计算确定站台等候面积应满足客流需求。确定候车站台面积的步骤是以站台的服务水平为基础的，根据人均占有空间的大小，将枢纽站台的服务水平分为 A~F 6 级，对于大多数公共交通枢纽来说，站台设计的服务水平选取 D 级，即等候区人群密度应能够保持在 D 级服务水平要求（表 3-3）。计算步骤如下。

① 根据所在地区情况，选择合适的服务水平，确定乘客的人均占有面积。一般不能低于 D 级服务水平。

② 以乘客的人均占有面积乘以高峰时期站台的候车人数，即为站台所需候车面积。

③ 考虑到站台上栏杆、标识等附属设施的影响，将有效候车面积乘以系数 1.25，即得到站台实际面积。站台实际面积是枢纽设计需要满足的指标。

（4）换乘大厅面积

公共大厅由于客流集中，服务水平相对较高，应能够保持在 C 级要求（表3-4）。计算步骤如下。

① 根据所在地区情况，选择合适的服务水平，确定乘客的人均占有面积，一般不能低于 C 级服务水平。

② 以乘客的人均占有面积乘以高峰时期乘客候车人数，即为换乘大厅所需候车面积。

表 3-3 站台等候空间服务水平

服务水平等级	人均占有面积（m²）
A	＞1.2
B	0.9~1.2
C	0.7~0.9
D	0.3~0.7
E	0.2~0.3
F	＜0.2

表 3-4 换乘大厅及通道服务水平

服务水平等级	人均占有面积（m²）	乘客流动的速度	
		平均速度（m/min）	单位密度单位时间内客流量[人/（m·min）]
A	≥3.3	≥79	0~23
B	2.3~3.3	76	23~33
C	1.4~2.3	73	32~52
D	0.9~1.4	69	49~77
E	0.5~0.9	46	51~92
F	＜0.5	＜46	不确定

③ 考虑到换乘大厅人数较多，且有柱子等因素影响，再乘以安全系数 1.2，即得到大厅需要设计面积。

（5）换乘通道通行能力

乘客在通道上的通行能力由乘客通行速度、乘客密度和通道宽度所决定。在乘客流量的高峰时期，通道的服务水平应该不低于 C 级。计算步骤如下。

① 确定服务水平，通道的服务水平一般应该不低于 C 级。

② 确定单方向高峰小时内 15 分钟的最大客流量。

③ 考虑乘客额外空间（如乘坐轮椅、携带物品），适当乘以扩大系数。

（6）楼梯通行能力

楼梯的通行能力受宽度影响。由于相反方向的乘客流动会对楼梯的通行能力有很大影响，因此，楼梯设计应该考虑方向性的流动。楼梯的服务水平一般不低于 C 级或 D 级。考虑到人流到达的随机性及突发性客流、长途乘客携带物品较多等原因，此时楼梯的设计服务水平应至少为 C 级。当有自动扶梯等交通设施，楼梯只作为辅助交通工具时，楼梯的服务水平可以为 E 级（表 3-5）。计算步骤如下。

① 确定服务水平。

② 确定单方向高峰小时内 15 分钟的最大客流量。

③ 用 1 分钟内设计客流量（15 分钟内的楼梯最大客流量除以 15）除以每分钟单位宽度客流量，得到楼梯总宽度。

表 3-5 楼梯的服务水平

服务水平等级	人均占有面积（㎡）	单位宽度单位时间内客流量 [人/（m·min）]
A	＞1.9	＜16
B	1.4~1.9	16~23
C	0.9~1.4	23~33
D	0.7~0.9	33~43
E	0.4~0.7	43~56
F	＜0.4	改变

如果有相反方向客流，楼梯总宽度加 0.75 m，得到楼梯需要设计宽度。

（7）自动扶梯

自动扶梯的计算宽度与扶梯的通行能力有关（表 3-6）。计算步骤如下。

① 确定单方向高峰小时 15 分钟内的最大客流量。

② 用 1 分钟内设计客流量（15 分钟内的扶梯最大客流量除以 15）除以每分钟单位宽度客流量，得到扶梯总宽度。

表 3-6 扶梯通行能力

	行进速度 (m/min)	通行能力（人 /min）
单倍 (0.6m)	27.4	34
	36.6	45
双倍 (1.2m)	27.4	68
	36.6	90

（8）电梯

电梯对活动不方便的乘客来说是很重要的交通工具，也是无障碍设计的内容。考虑到电梯故障，电梯不宜少于两部。电梯的服务水平是以乘客的候梯时间和乘客的拥挤水平为依据的。乘客在电梯处可以忍受的时间为 30 秒左右，电梯的运行时间与运行速度、距离、开门和关门时间等有关。乘客在电梯内的空间大于 0.28 m² 会比较舒服，但由于乘客在乘坐电梯时对短时间的拥挤是可以忍受的，所以占用空间不是非常重要，最拥挤空间可以在 0.17 m² 左右。

（9）出入口

枢纽内部各出入口作为进出瓶颈，其通行能力会限制通道及楼梯的通行能力，进而影响枢纽的换乘能力，其路径和宽度应重点计算和设计。出入口的通行能力由乘客通过的时间表现。进出时间应满足极限时间要求，即保证乘客的流动速度达到相应的服务水平。出入口的服务水平与通道的服务水平相同。计算步骤如下。

① 确定服务水平，出入口的服务水平与通道的服务水平相匹配，一般不

低于 C 级。

② 确定单方向高峰小时内 15 分钟的最大客流量。

③ 用 1 分钟内设计客流量（15 分钟内的最大客流量除以 15）除以每分钟单位宽度客流量，得到门的总宽度。

（10）收费系统

收费系统如售检票机、验票机、补票机等，由于限制了乘客的横向空间，并且需要额外的时间，因此限制了枢纽的总体通行能力。收费系统的通行能力应根据不同设备的通行特点单独进行计算。

（11）管理用房面积

管理用房包含管理、调度、票务、会议、宿舍、休息、保安用房等，管理用房面积与使用管理用房的工作人数密切相关，而工作人员的数量与管辖运营车辆、枢纽的规模级别及客流量有关。枢纽的规模级别越高或客流量越大，则工作服务人员越多，所需面积也越大。

（12）停车设施

停车数量和面积与枢纽的规模级别及客流量有关，停车面积需与停车数辆相匹配，并应考虑足够的回车道面积。

（13）机动车运营

运营机动车要有合理的转弯半径、停靠站台长度、通车道宽度，进出停靠站台要方便，进出口的通行能力要满足要求，司机的视线要顺畅，行车安全无风险。

2. 交通组织方案评价

交通组织方案评价分为客流交通组织方案评价和车流交通组织方案评价。

（1）客流交通组织方案评价

客流交通组织方案主要考查的有以下几种特性。

① 协调性。协调性用来考查运能不同的交通方式间运能匹配的程度。

② 顺畅性。顺畅性用来考查在运能不同的交通方式之间的换乘枢纽内，运能较低的交通方式在一定时间内将需要疏散的乘客运离场站的能力。

③ 直捷性。直捷性指标用来考查居民一次出行中换乘不同交通工具的频繁程度。

④ 便捷性。便捷性指标用来考查换乘枢纽内换乘的难易程度。

⑤ 方便性。方便性指标用来考查停车换乘枢纽内乘客停车换乘的方便程度。

⑥ 舒适性。舒适性指标用来考查换乘枢纽内环境的舒适性与换乘过程的安全性。

（2）车辆交通组织方案评价

① 通行能力评估。

A. 周边主要交叉口或路段的通行能力评估。

B. 出入口通行能力评估。

② 确定通行能力不足的地点位置。

③ 开发设施外道路系统的改进。

A. 评估道路设计是否满足车辆的要求。

B. 新的道路数量、长度、车道数。

C. 附加的过境车道。

D. 转弯车道（包括应容纳的排队长度）。

E. 加速／减速车道和支路车道。

F. 新的信号设施。

G. 现有信号设施的改进。

④ 内部道路系统评估。

A. 评估道路设计是否满足车辆的要求。

B. 所需的车道数。

C. 交通控制。

D. 专用进口车道设计评估。

3. 建筑与环境综合评价

枢纽设计应满足各种相关国家规范及地方标准，并满足航运、铁路、轨道交通、公交、长途汽车等所涉及的行业规范和要求。在此前提下，需要满足以下条件。

（1）设计理念先进

枢纽设计应有先进的设计理念、城市设计的意识，体现以人为本的设计原则，尊重历史、环境、科学，使设计综合化、立体化、网络化，促进城市发展。

（2）功能布局合理

枢纽设计应满足合理的功能布局，保证各种功能之间的相对独立和有机联系。基本功能包括车辆到发功能、停车功能、管理功能、调度功能、换乘功能、生活功能、附属功能。

（3）设施完善

根据枢纽所具备的功能，应包括以下设施及空间。

① 车辆用：进出口、进出道路、诱导路、车行道、维修、清洗、保养、加油、加气、充电等设施及空间。

② 旅客用：站台、站厅、候车厅、售票厅、换乘厅、盥洗室、公共交通及通路等。

③ 管理用：管理、调度、票务、会议、宿舍、休息、安保等相关用房。

④ 服务用：问询、广播、行包、超市、零售、休憩等。

（4）空间环境舒适

枢纽设计应满足舒适的物理和心理环境，创造宜人的换乘和服务空间。

（5）具有无障碍设计

枢纽设计应有详尽和合理的无障碍设施。

（6）标识引导系统详尽

枢纽设计应有详尽合理的标识系统。标识应清晰、准确、连贯，体现以人为本的原则。

（7）建筑风格明显

枢纽设计应体现交通场站建筑的特点，简捷、大方，能与环境相协调，体现时代特色。

（8）可持续发展

枢纽设计应体现低碳、节能、环保的理念，具体体现在建筑布局、建筑材料、运营维护管理等方面。枢纽设计应秉持集约用地、可持续发展的原则。

通过规划方案，可以得出一定数量的比选方案，结合多方面的考虑进行方案论证与决策，选出最优的方案。此过程既是对设计方案进行评价，同时也是在相关技术专家意见反馈的基础上进行方案优化。整个过程可能会根据反馈意见进行多轮的调整优化，直至最优可实施方案产生。

综合客运交通枢纽

综合客运交通枢纽，既是现代城市一体化运输的重要组成部分，又是全面接驳多种交通方式、保证旅客的集散与换乘、实现乘客便捷出行的关键节点。综合交通枢纽在交通运输层面上的主要功能是为乘客提供集散及高效、便捷、舒适的换乘方案，枢纽规划设计的重中之重便是换乘研究。枢纽设计的原则是对各种换乘设施合理布局，以缩短乘客的步行距离；正确引导乘客选择高效的换乘路线与换乘方式，以降低交通流线的交叉和干扰，使枢纽的内外交通井然有序；同时高度整合枢纽周边资源，挖掘已形成的交通设施的潜力，提高乘客换乘的舒适性、便捷性，提高枢纽的换乘效率。

第一节 综合客运交通枢纽的概念及功能

一、综合客运交通枢纽的概念

将两种及以上对外运输方式（铁路、公路、水路和航空等运输方式）与城市交通的客流转换场所在同一空间（或区域）内集中布设，实现设施设备、运输组织、公共信息等有效衔接的客运基础设施。

根据枢纽的服务范围，综合客运交通枢纽主要分为城市对内交通枢纽和城市对外交通枢纽。

二、综合客运交通枢纽的功能

在当前我国城市化飞速发展的背景下，随着人们出行距离的增加，城市交通组织与出行方式正向着多元化方向发展。为满足人们对出行需求的日益增长，增进多种交通方式有机衔接，提高现阶段我国的运输效率与服务水平，完善国家、城市、区域的交通网络，交通枢纽的建设必不可少。目前，各地政府也对综合客运交通枢纽建设越来越重视，城市对内、对外交通枢纽已成为城市运输体系的重要节点。随着综合交通枢纽从传统意义上的各交通系统平面布局逐步转换成了立体布局，综合客运交通枢纽的表现形式已不再局限于原有的单纯的交通换乘了，而是发展为集商业、娱乐、办公等为一体的综合体。

（一）交通功能

城市综合客运交通枢纽是城市交通运输体系中的重要组成部分，承载着城市日常客流的交通及换乘功能。其最基本的功能是实现不同交通方式之间的衔接与换乘。

城市综合客运交通枢纽在良好的交通位置、完善的基础设施以及现代化的管理手段的支撑下，可以满足人们多种出行方式（城市轨道交通、公共汽车、出租车、小汽车等）以及不同流向、流量的客流集散的需求。

枢纽站的管理以及各个枢纽站间的协调，各客运方式间的有序衔接，为人们提供了不同交通运输方式间、不同交通运输线路间的换乘服务，以达成各交通运输方式间"零距离"换乘的目标。

计算机和通信技术能为枢纽站的组织运营、内部管理、内外联络、乘客出行提供先进的手段和及时、准确的信息。

（二）社会功能

城市综合客运交通枢纽一般位于城市的门户或者核心区域，它同时具有多种社会功能，主要体现在以下 5 个方面。

1. 城市综合开发功能

能够促进周边地区形成功能集中、富有活力的城市空间，引导城市空间结构形态的形成，同时带动枢纽所在城市或周边区域的经济开发。

2. 休闲商业功能

可举行一些文化休闲活动，如小型音乐会、展示会及其他娱乐活动，为乘客提供吃、穿、用等餐饮购物服务，能在一定程度上满足人们日常的生活需求。

3. 防灾救灾功能

拥有紧急通道、紧急避难所及一系列完好的防灾救灾设备，还可提供一定的防灾救灾措施。

4. 辅助服务功能

为乘客提供各种方便服务（停车场、自行车存车场、公共厕所、公用电话等），为工作人员提供上班、休憩等生产生活服务，为营运车辆提供检测、保养、维修、加油、清洗等服务。

5. 景观绿化功能

城市综合客运交通枢纽作为城市大门的标志景观，起到美化环境的作用，也可给集散人流、观光人流提供适宜的驻足场所。

第二节 交通流线分析

一、交通流线的概念

在交通场站建筑设计领域，交通流线是指行人、交通工具（车船）、货物在某一区域范围（包括建筑）内集散活动形成的一定的流动过程和流动轨迹，体现了建筑功能的要求。交通流线是具有大小和方向的单向交通流，而交通流的基本要素是速度、密度和流量。设计中一般采用箭头来表示流动的方向，线条的粗细来表示流动的密度。交通流线的组成要素有：交通方式、流量（单位时间）、流向（单向、双向）、流距（流程）、流速。不同的交通方式、流量、流向、流距、流速形成了不同流线。交通流线一般有行人交通流线、车船交通流线、货物交通流线3种。其中，行人交通是以人的体力为基础的交通方式，具有速度慢、移动方式和速度不受限制、对安全距离要求不严格的特点。行人交通流线有进出站流线、上行下行人流线、换乘流线等。

二、交通流线分类

（一）根据流线形式分类

平行流线：几条流线之间平行布置，互相无影响，不同的流线可同时工作。可根据流线方向的不同分为同向平行流线和对向平行流线。

交叉流线：交通流线从不同的方向进入交叉点，然后再按不同的方向分开。

会合流线：不同方向的交通流线会合成一个方向。

分歧流线：同一方向的交通流线，在某一点开始向不同方向前进。

（二）根据功能分类

根据在枢纽站的功能，可分为内部流线和外部流线。

内部流线：枢纽内部人员、货物、车辆等活动产生的流动路线。

外部流线：进入枢纽的人员、货物、车辆等活动产生的流动路线。

（三）根据流线的目的分类

根据枢纽交通客流的目的，流线可分为进站流线、出站流线和换乘流线。

三、流线设计原则

流线设计对枢纽运营起着至关重要的作用，好的流线设计可以提高枢纽的运输效率，提供便利、舒适的枢纽环境，因此应本着"以人为本"的理念，遵循以下原则。

以乘客客流为主：在各种流线共存的情况下，应以人流为主要流线，避免与车流、物流交叉，互相干扰。

以主客流为主：保证主客流优先，同时兼顾其他客流的特殊要求。

缩短步行距离：尽量保证换乘距离最小，缩短换乘间的步行距离，减少换乘时间。

提高流线的舒适度：应尽量避免拥挤的流线出现，保证足够的通行能力。

第三节 换乘空间

一、综合客运交通枢纽换乘设施的布局模式

综合客运交通枢纽换乘设施的布局原则应以"以人为本"为首，并应强调其系统性、功能性、发展性、经济性的协调统一。

综合客运交通枢纽换乘设施的布局主要有平面式、立体式、混合式 3 种模式。枢纽内部各类交通接驳换乘布局的设计重点为铁路客运站与轨道交通、公交车、出租车及社会车辆之间的接驳方式，并在此基础上通过分析乘客的换乘数量、换乘时间、换乘距离、换乘设施及交通冲突程度等各方面影响换乘设施布局的因素，对综合客运交通枢纽的换乘设施进行布局优化。

（一）平面式

平面式换乘，指所有交通方式在同一平面上，乘客可通过过街天桥、地面步行道或地道换乘。在平面式换乘方式中，由于各类型交通方式都布置在同一平面上，因此占地面积相对较大，换乘的步行距离较小。比较常见的平面式换乘为常规公共交通之间的换乘、轨道交通地面站和其他交通方式之间的换乘等。

平面式换乘布局模式是一种枢纽内各类交通方式在同一水平面上的投影不重叠或者较少部分重叠的布局模式。根据各类交通布局的分散程度，平面式换乘又可分为比邻式、分离式两种。

(1) 比邻式布局，指各类型交通方式在小范围内设置的布局模式。此种模式在综合客运交通枢纽中是换乘最为便捷的。此种模式工程投资小，技术要求较低，因此在早期的综合客运交通枢纽设计中被广泛采用。枢纽周边开发采用以公共交通为导向的开发（TOD）模式，呈现出较高密度的综合开发，且开发的强度可随乘客步行距离的增加而降低（图 4-1）。

(2) 分离式布局，指各类功能区在一个大范围内分散布置的模式。在此种模式中，各交通类型间有建筑或者道路相隔，乘客需要通过步行道、过街天桥、地下通道或者商业街来实现各类交通方式或者交通线路间的换乘（图 4-2）。此种模式常出现于建筑或道路已经建成的区域内，多为规划条件受限情况下的综合枢纽。

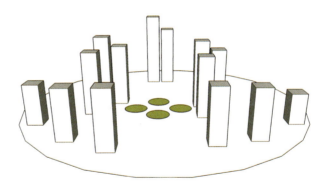

图 4-1 常见的比邻式枢纽换乘布局示意图

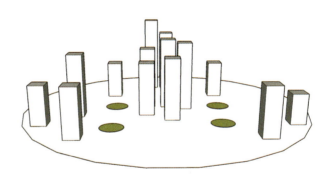

图 4-2 常见的分离式枢纽换乘布局示意图

（二）立体式

立体式换乘布局模式，指枢纽内的各类交通方式于同一水平面上的投影完全重叠或者仅有一小部分不重叠的组织模式。目前，此类型已经成为枢纽布局中最受推崇的模式，其优点是可在最小空间内实现最少时间、最短距离、最高效的多方式换乘。与平面式换乘相比，立体式换乘所占面积更小，不同层之间可通过扶梯或垂直电梯相连接，可提供较为便利的换乘路径。立体式换乘将不同交通类型在不同层面分开，可以更大限度地减轻不同类型交通方式之间的干扰，尤其是人流与车流间的相互干扰，极大地增加了安全性且提高了换乘的效率。其缺点是此换乘方式一般投资较大。

立体式布局通常处于城市较为重要的交通节点，集换乘、购物、餐饮、娱乐等多功能于一体，可实现多客运形式集中在一幢交通枢纽建筑中进行水平或垂直方向的最短距离换乘（图 4-3）。

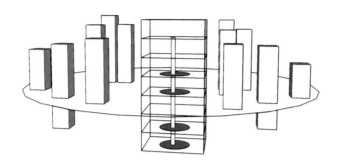

图 4-3 典型的立体式枢纽换乘布局示意图

一般情况下，一个立体式的综合交通枢纽以一个主体换乘为中心。例如，机场或火车站对外的交通换乘，是在主体的换乘大厅内部通过垂直电梯或自动扶梯满足多种交通方式的相互接驳与联系。根据枢纽中不同的交通层面设置交通方式的差异，立体式的综合交通枢纽可以分成分层独立式、分层组合式及综合式 3 种类型。

（1）分层独立式，指在立体式综合交通枢纽内，不同的交通层面上均只设置一种交通方式的形式。例如，柏林地铁的动物园站，共四层，地上两层、地下两层。地下二层为城市快速铁路车站和远程火车；地下一层有商店、银行、餐厅和车站的业务部门等服务设施；地上一层为搭车服务中心和双线路地铁站；地上二层为九路地铁站，线路的方向和地上一层的双线路地铁立体交叉。在车站内，各层可通过自动阶梯或者步行阶梯相互连通，乘客可快捷换乘其他交通工具。

（2）分层组合式，指在立体式综合交通枢纽内，不同交通层面上均设置两种或两种以上交通方式的形式。例如，香港的九龙站是机场铁路沿线规模最大的车站，连接香港心脏地带与香港国际机场，也是铁路和其他公共交通工具间的交点。为了适应城市发展密度和未来交通系统的规模，设计师从各类交通系统、空间系统、建筑布局和未来发展的接驳系统等多方面对九龙站进行了立体设计。深圳地铁老街站也是较为典型的分层独立式枢纽换乘布局模式，是地铁 1、3 号线的换乘点，为大型综合交通枢纽。地下一层是购物兼换乘层，地下二层为地铁站厅，地下三层及地下四层是地铁站台层，地上一层是公交枢纽站和综合换乘大厅，地上二、三层为餐饮设施及商业层，地上四层及以上为旅馆及相应的服务设施。

图 4-4 深圳北站交通枢纽

图 4-5 深圳北站交通枢纽地下平面图

图 4-6 深圳北站交通枢纽地上平面图

（3）综合式，指独立式加组合式的形式。例如，巴黎夏尔·戴高乐机场的 TGV 高速列车车站共五层：一层是站台层；二层是候车室，并兼有办公室及商业设施；三层为捷运系统夹层；四层是航站层，且设有进入火车站上方宾馆的入口，乘客从四层可以步行到 2 号航站楼；五层为出租车场站和巴士站平台。

设计时须根据具体情况对上面 3 种形式予以选择。由于分层独立式能将不同的交通形式在不同层面上分开，通过分流减少不同交通形式间的相互干扰，如乘客活动空间和车辆间的干扰，提高安全性的同时提升换乘效率，因此分层独立式是 3 种模式中最理想的模式。

（三）混合式

混合式布局模式是平面式综合交通枢纽与立体式综合交通枢纽结合的模式。此模式是建立在集约化、联系化的基础上，根据城市内不同功能空间的特点和需求，结合周围环境条件进行设计的开发形式，它是大体积城市高效公共交通与集约型土地使用的集中表现。现下，我国采用此布局模式较多，如常规公交站、铁路枢纽、地铁站、长途车站等。一般地铁站位于地下，铁路客运站、公交车站、长途车站等位于地面层，地上则有候车、餐饮等功能。例如，深圳北站交通枢纽便为此种布局模式（图 4-4~图 4-6）。

二、综合客运交通枢纽的换乘设施

综合客运交通枢纽换乘设施是为乘客提供交通换乘及停留功能的场站设施。根据交通设施类型，交通换乘设施可以分为步行换乘设施、城市轨道交通设施、公交设施、出租车停靠站、社会车辆停放设施、自行车停放设施6类。

（一）步行换乘设施

步行换乘设施是枢纽客流集散的场所，包含集散广场和步行通道。

1. 集散广场

集散广场承担着车站不同交通衔接设施间连通的功能，满足旅客集散的换乘需求。同时，高峰期车站聚集人数过多，站房购票和候车空间不足时，集散广场可为应急预案提供用地空间。车站集散广场的功能主要有交通功能、环境功能、城市文化广场功能等。在购票方式多元化（特别是网络购票比例不断增加后）、运输效率和准点率提高的发展趋势下，铁路客运枢纽集散广场承担滞留旅客的功能会逐渐弱化，将以满足快速交通集散功能为主，使人流、车流能够快速通过。

2. 步行通道

步行通道是为旅客提供各种换乘衔接的通道，如步道、地下换乘通道、楼梯、自动扶梯等。步行通道的设置应符合步行路径简明、步行距离最短以及步行舒适性、安全性较高的要求，同时须结合枢纽主要功能区布局、各区换乘客流需求量等因素。

（二）城市轨道交通设施

在城市轨道交通网络化运营的条件下，城市轨道的接入是支撑枢纽交通功能最为重要的因素。城市轨道交通设施通常设置于车站地下空间，分为站厅和站台层。在枢纽"上进下出"的客流组织模式下，铁路出站客流可通过换乘通道直接抵达轨道交通站台后快速疏散，进站客流需要先到达地面层再行至铁路站厅。轨道交通设施主要考虑站台、站厅和换乘通道最多容纳的旅客人数，以满足高峰期客流集散需求。

（三）公交设施

公交客运是大部分枢纽最主要的交通集散方式。公交设施承担着与枢纽衔接的公共交通线路旅客上下客换乘和车辆停放的功能，分为首末站和中途站两种类型。公交首末站可保证较高的公交运行准点率和旅客上下客集散能力，对场站设施用地需求较高，包含公交站台、旅客等候区、车行道、蓄车位等。公交中途站结合枢纽四周的城市道路设置为港湾式停靠站，对枢纽空间占用需求较低。公交车辆以通过式为主，旅客换乘须借助过街步行设施，场站的集散能力相对较低。

（四）出租车停靠站

出租车停靠站是指设置在枢纽内，为有需要的乘客提供出租车换乘的一个场所。出租车客运是仅次于轨道交通和公交客运的集散交通方式，车辆在枢纽滞留时间短，对车站空间资源占用少。由于出租车车流量较大，其设置应充分考虑车辆到达的规模。

由于进站和出站客流的分离组织，出租车上下客区应分离设置。进入枢纽的车辆完成落客后须进入出租车上客区候客，再驶离。下客区的车辆一般于车道边的临时停车泊位进行落客，上客区则包含蓄车场和上客泊位。

（五）社会车辆停放设施

换乘设施在满足地区交通容量的情况下，应设置一部分小汽车停车场，使绿色交通方式和私家车换乘得以实现，可满足人们多元化出行的需求，实现低碳交通。针对停车换乘和接送客两种类型的停车需求，停放设施有临时停车位和社会车辆停车场两种形式。临时停车位可在车道边完成旅客的上下车，停车场可满足较长时间的车辆停放需求。停车场的形式可根据需求规模设置平面停车场或立体化机械式停车场。

（六）自行车停放设施

自行车是较为灵活的交通方式，在交通集散中的作用相对较弱，主要满足本地居民购票、枢纽工作人员通勤等需求。车辆停放设施占用面积偏小，且布局设置较为简单、灵活，可充分利用枢纽各处的空余空间。自行车的类型有私人自行车与公共自行车。

三、综合客运交通枢纽的换乘方式

综合客运交通枢纽换乘方式较为多元化,一般有站前广场换乘、通道换乘、垂直换乘、层间换乘 4 种。

(一)站前广场换乘

各交通方式之间由地面广场连通,适用于对外交通场站分散布置的情况。其优点是分开设置,结构简单,施工难度相对较小。这种布置方式可以应用于新老交通场站建筑的相互衔接。

(二)通道换乘

通道换乘常用于周边环境复杂的情况。这种方式在施工方面具有较大的灵活性,在两座交通场站的施工阶段抑或施工完成后,都可以进行建设,连接不相邻的站厅。此类换乘方式的缺点在于多数情况下两座站厅之间的距离较大,因此会造成通道行走距离较长的情况。

(三)垂直换乘

垂直换乘的优势在于可有效避免各类交通间的交叉,乘客在不同类型的交通方式间转换时距离短,换乘方便,但需要将不同交通方式在规划阶段就一并考虑并集中布置。两种交通方式的线路及站厅可同步施工,也可在规划完成后预留条件,分期完成。

(四)层间换乘

层间换乘指在交通枢纽内通过多层衔接,使乘客在地下便捷集散。层间换乘适用于城市大型枢纽站,可充分发挥地上地下的空间优势,疏解分散客流、车流的交叉,并做到交通与商业无缝衔接。但此换乘方式的工程量大,须细致规划与设计,强调过程中各方面的配合。

以上所述的几种换乘方式,垂直换乘及层间换乘方式为首选,既节省了换乘距离,又能为乘客创造较为愉悦、无压力的换乘环境。

四、通道换乘的通道宽度计算

枢纽中往往包含多种交通方式，不同交通方式之间的客流换乘经常要通过换乘通道进行。乘客在通道上的通行能力由乘客的通行速度和乘客密度、通道宽度所决定（通道宽度 = 乘客密度 ÷ 乘客通行速度）；常规计算方法在不同交通场站建筑中是一致的（通道总宽度 = 客流量 ÷ 单位宽度客流量）。

考虑乘客额外空间（如乘坐轮椅、携带物品），适当乘以扩大系数。但通道单位宽度通行能力在不同行业规范中有所差异。关于通道通行能力，《地铁设计规范》中规定：1m 宽通道每小时通过人数为单向 5000 人，双向混行 4000 人，通道净高 2.4m。《城市人行天桥与人行地道技术规范》中规定：1m 宽通道每小时通过人数为 2400 人，通道净高要求 3.75m。《地铁设计规范》中单位宽度通道通行能力基本相当于约翰·J. 富勒音的行人服务水平的评价体系中的 E 级服务水平 3060~5520 人。如果达到 D 级，服务水平为 2940~4620 人 /（m·h）。结合具体设计，建议通道的宽度计算依据换乘通道的对接交通方式的性质选取基数。A~D 级服务水平的定义见图 4-7 及表 4-1。

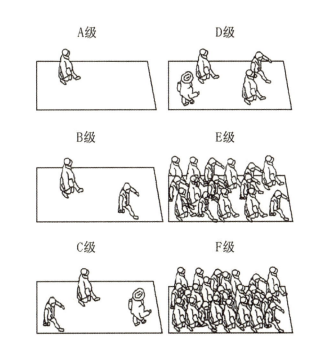

图 4-7 富勒音行人服务图示

表 4-1 富勒音行人服务水平表

服务水平	空间（m²／人）	留率（人／(min·m)）	速度（ft/s）	V/C
A	> 5.57	≤ 16	> 1.3	≤ 0.21
B	3.71~5.57	16~23	1.27~1.3	0.21~0.31
C	2.23~3.71	23~33	1.22~1.27	0.31~0.44
D	1.39~2.23	33~49	1.14~1.22	0.44~0.65
E	0.74~1.39	49~75	0.76~1.14	0.65~1.0
F	≤ 0.74	变化	≤ 0.76	变化

五、垂直换乘的楼扶梯宽度计算

目前，枢纽中楼扶梯疏散宽度计算执行的是《建筑设计防火规范》中有关人员密集场所的相关规定以及《城市客运交通枢纽设计标准》。

六、综合换乘厅的概念

层间换乘主要通过不同层面的综合换乘厅实现。换乘厅是乘客换乘不同交通工具的重要节点，是各种交通方式之间的必经之地，也是为乘客提供便利服务的重要场所。

换乘组织的原则：① 主次分明。枢纽的布置要以出行量大的为核心，以换乘量大的流线为优先。② 线路便捷。换乘距离越短越好，转弯宜少不宜多。③ 尽量少换层。当旅客需要跨层换乘时，也应该尽量减少换层的次数。④ 空间方向感。形成中心型导向。⑤ 逐级分流。人流的分流要逐级实现，不宜在一处安排过多的方向分流。⑥ 设置缓冲区。⑦ 与商业开发有机结合。应该综合考虑枢纽中人的等候特点和心理需求，进行综合开发。

七、综合换乘厅的功能组成

综合换乘厅为乘客提供以下 3 种服务。

◆ 围绕换乘的服务，如安检、信息、便捷性相关服务。

◆ 防灾，如消防联动、消防监控、广播等。

◆ 多元化服务，如休闲、商业、景观等。

前两种是枢纽必须提供的服务，第 3 种可根据枢纽的规模选择设置。

为乘客提供人性化服务是枢纽设计的宗旨。为乘客提供充满阳光和自然景观的便捷、舒适的换乘环境，同时提供休闲、购物等多元化服务已成为趋势（表4-2）。

表 4-2 综合换乘厅功能组合表

换乘厅功能组成（设置机能及细化内容）			设置要求
围绕换乘的服务	安检机能	安检机、自动检售票系统	根据交通方式要求选择设置
	信息机能	信息提供、信息输出、信息处理、信息获取、信息共享、信息利用	应设
	便捷机能	电梯、电话、厕所、寄放箱、问询台、失物招领处、电子显示屏、行路指南图等服务设施	应设
	通过机能	通过空间	应设
防灾	防灾机能	消防联动、消防监控、广播	应设
多元化服务	休闲机能	音乐会、展示会、娱乐活动等设施	根据需要设置
	商业机能	吃、穿、用品	根据需要设置
	景观机能	小品、绿化、阳光厅	宜设

八、综合换乘厅的位置设置

首先，枢纽综合换乘厅应处于各种换乘方式的核心，以便于换乘距离达到最短。最佳换乘距离应能够使乘客在 5 分钟内完成换乘，可接受换乘距离一般为 10 分钟内能完成换乘的距离。其次，换乘厅要设置在靠近主客源进出站的位置（图 4-8）。

图 4-8 换乘关系图

九、综合换乘厅的规模确定

根据综合换乘厅功能组成，综合换乘厅应设置围绕乘客的服务功能，防灾功能，根据需要设置的多元化休闲、商业功能。

（一）客流

枢纽换乘大厅的人流既有动态特征，又有静态停留的可能。规模的计算应综合考虑两种人流特点，将高峰小时的动态客流转换为阶段时间的静态客流，可参考地铁最高聚散人流，按照动态人流停留 6 分钟计算。行业习惯依据约翰·J. 福勒音的行人服务水平的评价体系计算空间面积。以乘客的人均占有面积乘以高峰时期乘客候车人数（枢纽最高聚散人数）即为换乘厅所需候车面积。公共大厅由于客流集中，服务水平相对较高一些，应能够保持在 C 级要求，即人均所占面积为 0.7~0.9 m²；考虑到换乘大厅人数较多，且有柱子等影响，再乘以 1.2 的安全系数，即为大厅需要设计面积。由于枢纽换乘大厅人流的复杂性，应用计算机模拟人流的方式验算。

（二）安检及检售票系统

是否设置安检系统直接影响换乘厅的布局及规模大小。国内目前对飞机、铁路、地铁、长途的登乘要求安检，需要根据人、包的安检需求留出安检机及排队区。

安检的速度为非高峰期 10~12s/ 人，高峰期 12~15s/ 人。安检区域的排队面积应根据人流量、安检速度及安检机个数确定。

十、综合换乘厅的形状

综合换乘厅分两类（表 4-3）。第一类是乘客进出站场所，在同层上没有大量车流换乘需求。这种类型的换乘厅，多采用矩形、鱼腹形、T 形、圆形，也有采用异形的，内部空间可再分割、变化，多用于地铁、国铁的换乘厅。

另一类是乘客换乘场所，在同层上有大量车流换乘需求。这种类型的换乘厅，周边形状取决于接驳的公交线路的多少和出租车的接驳量。其形状采用 C 形、鱼骨形的较多，多用于国铁的出站厅、接驳公交站台的综合换乘厅。

表 4-3 综合换乘厅分类

综合换乘厅		
种类	特点	形状
乘客进出站场所	同层上没有大量车流换乘需求	
乘客换乘场所	同层上有大量公交、出租车换乘需求	

第四节 对内交通设施换乘设计

城市对内交通枢纽一般以轨道交通为主体，接驳公交、长途、出租车、自行车、小汽车等各种交通工具。

一、城市轨道交通与步行的换乘设计

换乘舒适、安全和距离最短是换乘设计的总体目标。步行交通是轨道交通必选的衔接换乘模式。轨道交通与步行交通换乘设计的内容主要包括人行步道、过街设施和人车分离设施的规划设计，导向指示标志设置，步行线路组织设计等。为了便于轨道交通连接合理步行范围内的街道、住宅区、商店等设施，适宜设计独立的人行步道，并尽量与机动车流分开。在枢纽内步行道与车站站台的连接除了满足便捷的需求外，还要满足疏散的要求。

对于不同类型的枢纽，步行系统设施的设计应符合各自的功能定位与特点。

（一）枢纽站

需连接轨道交通场站的出入口和对外的交通出入口，可设置交通立体换乘平台、换乘大厅或广场。

依据交通需求设计轨道交通场站和其他类型的换乘公共通道，达到多方式换乘体系的效果；换乘空间须满足人车分行、无障碍换乘与全天候服务。

可设计铁路线上部的人行通道及两侧的交通功能设施与公共空间。

（二）中心站

可设计一体化的立体公共步行系统，既方便乘客换乘，又可扩大枢纽的服务范围。

城市核心区域形成场站群组时，应在场站之间设置地下步行街、地下通道，并结合商业一并开发，成为连续的商业步行系统并实现便捷换乘。

在非核心地区，设计应把场站与商业开发结合，建设地下步行系统穿越城市道路，使相邻街区方便使用轨道服务。

可结合轨道开发上层连廊以跨越城市道路，拓展其服务范围。设置上层连廊时，注意保证地面步行道路的畅通。

二、城市轨道交通与非机动车的换乘设计

非机动车接驳轨道交通是提高轨道交通诱增客流的一种有效途径。设置轨道交通与非机动车换乘衔接可以扩大轨道交通的服务范围，增加轨道交通的吸引力，提高客流量。

非机动车与轨道交通衔接布局规划的主要内容包括非机动车衔接停车场的规划布局，以及轨道枢纽非机动车合理交通区内行驶线路的组织设计。

与非机动车衔接原则如下。

◆ 非机动车位应根据规划用地，结合轨道交通周边环境及周边道路情况合理设计。

◆ 枢纽应提供足够数量的非机动车专用停车位以满足乘客需求，避免非机动车的停放占用城市道路空间，对其他交通产生影响。

◆ 对于非机动车换乘量大的轨道枢纽，应设置集中的专用路外停车场，且不宜相距太远，两者之间也应设置有专用的衔接换乘通道。

◆ 在非机动车合理交通区内组织好非机动车的行驶路线，将它从主、次干道上分离出来，构成非机动车专用车道系统，减少其对干道交通的影响，并为非机动车出行的乘客提供方便、安全、舒适的换乘环境。

三、城市轨道交通与常规公交的换乘

地面常规公交与城市轨道交通的换乘是最主要的衔接交通方式之一，对轨道交通与常规公交的衔接进行合理规划，可以通过常规公交扩大轨道交通枢纽的辐射吸引范围。

城市轨道交通与常规公交的衔接布局包括连接轨道车站的常规公交线网布局、车辆配备、运营组织以及车站附近公交换乘站场布局等方面。

（一）衔接布局类型

1. 集中布局式

常规公交线网主要以轨道车站为中心，呈树枝状向外辐射。换乘站场用地集中于车站邻接地区，作为各条线路终到、始发和客流集散的场所。该布局类型适合于换乘客流大或辐射吸引范围广的城市轨道枢纽。将始发线路集中设置，乘客换乘距离较短，行人线路组织相对简单，对周围道路交通的影响也较小，但换乘场站用地较大。

2. 分散布局式

常规的公交线网是由行驶线路组成，公交停靠站分散布置在轨道交通站周围的道路上。这种布局形式无须用地规模较大的换乘空间，但其运输能力有限，有些旅客的换乘距离比较长，导致旅客的线路组织可能较为复杂，换乘客流量大时，会对周边造成一定堵塞，因此适用于客流较小的城市轨道车站。

3. 综合布局式

该布局类型是上述两种布局类型的复合形式。常规公交线网由始发线路和途经线路共同组成，且集中布置一个换乘枢纽站和分散布置一些换乘停靠站。规模较大的轨道枢纽站一般采取这种衔接布局类型。

（二）衔接布局原则

城市轨道枢纽与常规公交的衔接布局应遵循以下原则。

◆ 当常规公交车辆进出换乘枢纽时，应提供公交优先通行的专用通道，以减少其进出换乘站的时间。

◆ 常规公交停靠站和站台的数量应由接驳的线路数量和换乘候车时间等决定，并应为将来线路发展留有余地。

◆ 应尽可能使人流、车流在不同层面上流动，采用地下通道或人行天桥连接集散大厅和常规公交站台，使两者互不干扰。地道和天桥的布置应符合换乘客流强度要求，均匀分布。

◆ 应尽量缩短换乘线路长度，减少换乘时间，同时应配有清晰的换乘线路信息、明确的流向组织和畅通的换乘通道。

◆ 枢纽出入口布置应尽可能减少乘客横穿街道的次数，有利于各方向乘客换乘。

（三）换乘形式

1. 常规公交路边停靠换乘

常规公交直接在路边停靠，通过人行设施与轨道车站相连（图 4-9）。

2. 合用站台换乘

常规公交与轨道交通处于同一平面，常规公交停靠站与轨道交通的站台合用，并用地下通道联系两个侧式站台，该形式能确保有一个方向换乘条件很好，而且步行距离短（图 4-10）。

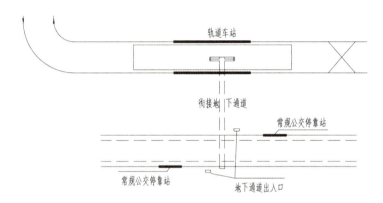

图 4-9 常规公交路边停靠换乘

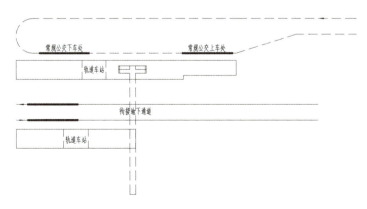

图 4-10 合用站台换乘

3. 不同平面换乘

常规公交与轨道交通站处于不同的平面层，通过长方形路径使常规公交到达站和轨道交通的出发站同处一侧站台，而常规公交的出发站与轨道交通的到达站处于另一侧站台，就近解决换乘并保证两股客流不相互干扰（图4-11）。在常规公交不太多的地方，可采用这种长方形路径，保持公交的单向车流。

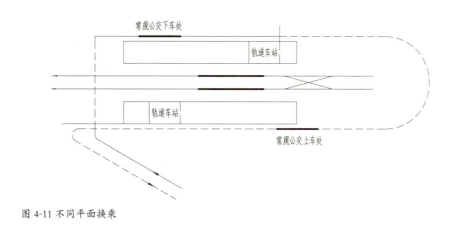

图 4-11 不同平面换乘

4. 多站台换乘

当衔接的公交线路较多时，可采用集中布局模式，形成路外有多个站台集中在一起的换乘枢纽。为避免客流进出车站对车流造成干扰，建议将每个站台以地下通道或人行天桥与站厅相连。

（四）公交停车场形式

公交换乘场站内的总体分布可采用并行排列式、岛屿集中式、周边分布式，停车位可采用平行式和斜列式。

1. 并行排列式

各线路站台平行设置，优点是车流进出站台比较方便，缺点是换乘人流与公交车之间存在冲突，可设置人行地道或天桥与站台连接以减少人车冲突。

2. 岛屿集中式

轨道和公交的换乘通过人行地道或天桥与"岛屿"连接，其优点是人车之间的冲突较小，换乘客流的平均步行距离短，换乘便捷。缺点是该布置方式需保证乘客候车区的面积。

图 4-12 所示的布局车行距离较远，转弯较多，车行路线占地大，无足够的驻场车位，但人流路线短，选择线路简单，便于枢纽人流的快速换乘，体现了以人为本的精神。同时，在第一层和第二层乘客集中的岛式站台中央设置上下连通的中庭及电扶梯和楼梯，方便客流在公交场站内完成对公交的换乘。

3. 周边分布式

如图 4-13 所示，中间部分为蓄车位，上车位和到达车位分散在周边。通过设置隔离栏等辅助设施，可以完全避免人车冲突，大大提高效率。在中央停车区设置蓄车位，泊位可以灵活地按需调整，提高公交车辆的服务水平。其特点是驻车位较多，且与上客区互不干扰，公交流线紧凑，比较顺畅；但是人流选择公交时距离较远，流线很长。

图 4-12 岛屿集中式

图 4-13 周边分布式

四、城市轨道交通与出租车的换乘

（一）出租车换乘设施布置要求

出租车换乘设施的车辆出入口宜

设置在次干路或支路上，尽量减少车辆进出对道路交通的影响。出租车停靠站宜与公交停车站分开设置。换乘客流大时，宜设置专用的步行通道与轨道场站相连。

（二）出租车上客区的设计方法

根据出租车同一时间段上客的车位数，上客区分为单上客点和多上客点两类。

1. 单上客点出租车上客区

单上客点出租车上客区，指只有最前面的泊位可以上客，其他泊位只作为蓄车泊位，此为最常采用的形式。单上客点出租车上客区设计时需在蓄车位与上客车位间设置停车线，以保障上客区空间，同时设置隔离栏分隔排队区和上客区，维持上客秩序。该设计形式能够保证乘客和出租车排队的秩序性，适合于客流量不大、用地面积狭长的空间布置。

2. 多上客点出租车上客区

多上客点出租车上客区，指有两个或以上泊位可同时上客，其他泊位作为蓄车位的设置形式。通常分为以下几种。

① 矩阵式。

多辆出租车平行布置的上客区，乘客跨越内侧的上客区到达外侧的上客区上车。布置时要在内侧的上客区设置禁停区，使乘客方便到达外侧上客车位。

如图 4-14 所示，此布局设有灯控系统控制车辆等候及发车，可一次性发车多台，乘客于等候区排队等候，出租车进到发车位后，乘客进入场站的斑马线处，分乘两侧的车辆，再统一放行车辆，车辆在离场前的通道上选择离场路线，此时下一组空载车进入发车位等待乘客。这种布局的优势是场站规模适当、车行路线紧凑、发车效率高，适合于国铁的周期性大客流。其不足之处是需在乘客等候区设管理人员组织进入上客区的乘客。

② 人行天桥岛式。

如图 4-15 所示，此布局采用岛式发车和人行天桥相结合的方式，利用建筑层高实现人车立体交通。共 4 个发车岛，合计 12 个发车位。此种布局的特点是人车流线分离、立体交通、发车顺畅，但不足之处是因受到建筑层高限制，人、车路径均有上下坡，不便于携带大件行李的乘客出行，且建筑的结构布局较为复杂。

③ 蛇形式。

如图 4-16 所示，此布局特点是出租车沿着蛇形路线排队等候，流线长，场站规模大，经模拟分析，上客区的有效上客位仅为前三四个车位，且受单一发车道影响较大，此布局发车效率低，适用于客流不大、持续性强的场所，不适用于国铁到达时间歇性高密度人流的情况。

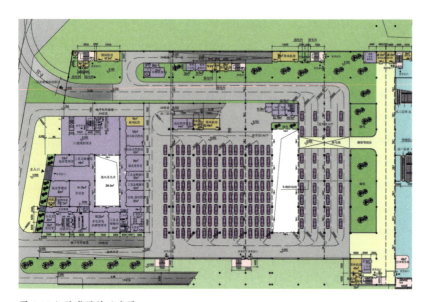

图 4-14 矩阵式设计示意图

图 4-15 人行天桥岛式设计示意图

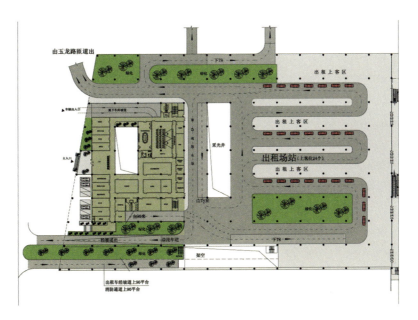

图 4-16 蛇形式设计示意图

五、城市轨道交通与小汽车的换乘

目前，越来越多的人采用小汽车和轨道交通进行换乘出行。小汽车与轨道枢纽的衔接需要考虑两种乘客需求，即接送客需求与停车换乘需求。

（一）接送客设施布置

接送客需求涉及临时停车场以及停靠设施的布局设计，该部分设施设计应尽量满足如下要求。

① 停车场设计须结合其他场站空间进行立体式布局，可布置人行通道连接停车场与轨道场站出入口。

② 停车场内通道要面向场站出入口，且应能双向行驶。停车场出入口数量应符合相关规范及设计要求，避免集中于一条道路进出，与主要人行入口及通道相分离，并与地面公交、出租汽车等车流适当分离，尽量避免流线交叉。停车场出入口处要提供足够的车辆排队空间，还可设置变道满足早晚高峰不同方向的需求。

③ 停靠设施的设计须重视行人的便利性及安全性，上、下客区的位置应满足乘客无须穿越车道，且上、下客区的人行空间净宽度要符合相关规范和法规的要求。须统筹规划临时停靠点的交通流线，以减少机动车之间的相互干

扰；临时停靠点最好采用港湾式停靠的方式，以降低对其他通行车辆的干扰；并注意临时停靠点进出口与交叉口距离等关系应符合相关规范和法规的要求；临时停靠点的车位数量须考虑客流计算的结果及常规配置的数量。

（二）停车换乘设施布置

停车换乘是指在城市中心区以外的城市轨道交通站、公交首末站以及高速公路旁设置停车换乘场地，为私人小汽车、自行车等提供免费或低收费的停放空间，并公告优惠的交通收费政策，引导乘客换乘公共交通进入城市中心区，以减少私人小汽车在城市中心区域的使用，缓解中心区域交通压力。

停车换乘方式比较适合位于城市周边地区和高档居住小区的轨道枢纽。而位于城市中心的轨道枢纽，由于用地紧张，难以设置规模适量的停车场，而且车辆进出停车场会对本已拥挤不堪的道路交通带来更大的影响，因此不建议采用此方式。

轨道交通停车换乘方式的衔接布局规划需要满足以下要求：

采用停车换乘方式的轨道枢纽必须提供足够规模的停车设施，停车面积的大小必须满足停车换乘的需求。

停车设施应力求靠近轨道车站，并与车站集散大厅之间设置规模合适的专用衔接换乘通道，避免停车换乘乘客穿越城市道路或者与其他人流混杂而给换乘造成不便。

应建立适当的停车场收费政策和管理措施，停车换乘收费力求低廉，以鼓励乘客转乘轨道交通和公共交通。

为力求减少停车场的建造对周边用地规划、道路交通以及其他客运方式造成的不良影响，必须进行车辆行驶线路的组织设计，并设置明确的行车线路指示标识。

为方便车辆进出停车场，宜对周边道路的瓶颈路段和交叉口采取一些加宽措施，减少乘客出行过程中的延误，缩短出行时间。

第五节 对外交通设施换乘设计

对外交通设施换乘设计指对外交通系统（飞机、火车、长途汽车等）与城市内部交通系统（中低运量公交、地铁轻轨、出租车等）间的换乘。

一、衔接布局原则

铁路客运枢纽站与其他交通方式换乘的原则须体现城市交通系统发展的整体性、协调性、便捷性、政策性和合理性，使各种交通方式能有机地结合在一起。衔接布局方式应遵循以下原则。

◆ 高效换乘：尽量减少换乘的距离，使人流可迅速分解。

◆ 空间布置立体化：在铁路有大量人流的情况下，将换乘和交通广场进行立体化组织和整合，使换乘更加方便高效。

◆ 功能融合：单一功能的使用空间已经不能满足未来枢纽综合体的发展趋势，空间功能综合化是未来枢纽发展的趋势。

◆ 使用空间人性化：枢纽布局的原则是以人为本，总体布局强调流线设计，满足功能需求，强调旅客的安全性和高效性。

◆ 综合统筹地下空间：地下空间在大型枢纽立体化组织中的地位举足轻重。地下空间可有效地解决人车分流的问题，并可将轨道交通站、地下停车场、地下商业在地下有机结合，连接周边建筑的地下空间，避免大量人流过街时对地面交通产生影响。

二、城市轨道交通与铁路换乘

根据城市轨道交通站建立与铁路综合车站主楼的关系，轨道车站与铁路客运枢纽的衔接主要有 4 种布局类型。

◆ 在铁路客运枢纽站前广场的地下单独修建轨道交通站，站厅通道的出入口直接设置在站前广场，再通过站前广场与客运站衔接。

◆ 轨道车站的出口通道直接通到客运站的站厅层，乘客出站后就能进入客运站的候车室或售票室。

◆ 由轨道车站的站厅层直接引出通道至铁路客运枢纽的月台下，并通过楼梯或自动扶梯与各月台相连，乘客可以通过此通道在轨道交通与铁路客运之间直接换乘，只是换乘步行距离较长。

◆ 轨道交通与铁路客运联合设站。联合设站的最佳衔接方式是实现两种客运方式同站台换乘。这种形式依据两者站台的设置方式可分为两种情形：两者的站台平行设置在同一平面内，再通过设置在另一层的共用站厅或者连接两者站台的通道进行换乘；轨道车站直接修建在铁路客运枢纽的站台或站房下，乘客通过轨道车站的站厅就能在两者之间换乘。

三、公交与铁路换乘

公交是城市铁路综合客运交通枢纽内外交通换乘衔接的重点，适合于客流不大的中短距离出行。在一些城市，轨道交通不能成为铁路客运枢纽中的主体集散方式，这个任务只能由中低运量的公交来承担。两者之间的衔接设计必须保证换乘过程的连续性、客运设备的适应性和客流过程的舒畅性3个系统条件，这个中转换乘应是一个完整的连续过程。

（一）基本衔接换乘

铁路综合客运交通枢纽周边地区中低运量公交线网由始发线路和途经线路共同组成，其布局可集中布置一个换乘枢纽站或分散布置一些换乘停靠站。两者之间换乘的必要条件是保证在列车密集到达时，城市公交可在短时间内将乘客疏散。从城市中低运量公交线网和枢纽换乘站场的布局模式来看，两者之间主要有以下3种衔接模式。

1. 集中布局

此方式适用于换乘客流较大的客运专线中心站。在车站邻接地区集中设置一块用地用作换乘枢纽站场，作为各条线路客流集散的场所。这种方式公交线路多，运输能力强，乘客换乘便捷，且缩短了步行距离，人行线路较为简单，对周边道路交通的影响比较小，但需要较大的换乘枢纽站场用地。

2. 分散布局

这种方式适用于换乘客流比较小的枢纽。公交线网由运行线路组成，停靠站分散设置在铁路客运站周边的道路上。此种布局不需要设置集中用地的换乘枢纽站场，但线网运输能力较小，部分乘客换乘步行距离较长，行人线路组织相对复杂，若组织不好容易对周围道路交通有一定的影响。

3. 综合布局

此种布局模式是上述两种布局模式的复合形式，线网由始发线路和途经线路共同组成，且集中布置一个换乘枢纽站，并分散布置一些换乘停靠站。规模较大的对外客运枢纽一般采取这种衔接布局模式。

3 种衔接模式的共同特点是，铁路客运枢纽的到达客流是通过枢纽周围的公交线网向城市各个方向扩散的。密集的人流对城市公共交通的影响主要集中在站前广场，人流对广场和公交站点容易造成集中性的拥挤。公交车辆在站前广场过于集中，会对枢纽地区的交通造成较大影响。

（二）与公交的衔接方式

1. 公交中途站

公交中途站有直列式和港湾式两种。公交中途站选址应充分考虑乘客上下车和与客运专线中心站换乘的方便程度，宜选择在客流集散点进出站通道附近。公交中途站通过站前广场或利用地下通道、天桥与客运专线中心站衔接。

2. 大型始发接驳站

考虑到铁路人流量大，为了能迅速疏散客流，宜采用大型始发接驳站的方式。站内形成多个站台，每个站台均通过地下通道与客运专线中心站相连接，其方式又分为分设和合设两种。

四、出租车、社会车辆与铁路换乘

出租车、社会车辆和铁路客运枢纽共有 3 种衔接方式：一是停车场布置在站前广场的地下层；二是停车场布置在站前广场的地面层；三是社会车停车场和出租车停车场分别布置于站前广场的地面层或地下层。

1. 停车场布置在站前广场的地下层

这种方式可满足如今铁路主导型综合客运交通枢纽发展的趋势，提高换乘效率，节省用地。在这种设置方式下，乘客在进站口下客后通过匝道进入地下停车场，上车后再通过匝道到达地面，离开客运站。

2. 停车场布置在站前广场的地面层

这种方式对站前广场占地面积有更高的要求，站前广场为单层面布置，没有地下空间或高架开发。出租车停车场应靠近站房，下客区位置尽量靠近进站口，上客区位置尽量靠近出站口。社会车停车场位置靠近进站口，从而缩短旅客进站距离。

3. 停车场分别布置在站前广场的地面层或地下层

此方式适用于地下面积不充裕的情况，须结合站前广场、停车需求量、车站站房布局、与城市主干道连接形式等特点来综合布置停车场。

大型铁路主导型综合客运交通枢纽也可以不设置出租车专用的停车场，而采用接、送客合用站台的形式，如广州站只设接送乘客区，接客区为凹型，候客车辆需要排队进入，若接客区已停满，则后面的出租车不得进入。而流量很大的大型铁路主导型综合客运交通枢纽，通常会把出租车停车场、接送客区区分设置，原因是出租车受转弯半径和上下坡的控制较小，在大型综合客运交通枢纽内可以利用地下坡道或高架匝道把出租车的上、下客区放在更靠近进出站的位置，形成立体交通方案。

五、自行车与铁路衔接换乘

在城市铁路主导型综合客运交通枢纽内，自行车应与机动车一样，从设计到管理进行全面、专门的筹划。设置原则有以下几个方面。

◆ 自行车停车场的选择一般比较单一，均设置在地面上。

◆ 停车场面积要根据自行车容量来考虑，尽量在满足要求的同时节省用地。

◆ 自行车停车场的位置选择要根据铁路综合客运交通枢纽布局、自行车停车需求，以及主干道衔接方式等因素综合考虑。

◆ 结合用地情况来布置出入口位置，消除或降低自行车的进出对其他车辆或行人的影响，避免自行车与其他交通方式产生的冲突。

◆ 自行车停车场要明确界线，防止越界停车对行人和其他交通产生干扰。

◆ 提倡对自行车停车实行免费政策，指派专人看管，为自行车换乘的安全提供保障。

六、步行交通组织设计

步行交通是铁路主导型综合客运交通枢纽核心区范围内最主要的接运方式，通过步行的接驳可实现交通设施之间良好的衔接与换乘。

步行空间体系是由步行空间要素组成的具有层次结构的系统。步行空间要素根据不同的功能分为界面空间、联络空间、停留空间 3 类。

界面空间是指步行交通流向其他交通工具的集散空间，也是换乘设施间转换的步行媒介，如火车站站前广场、地铁站厅、火车站高架步行平台、铁路站出站口的下沉式广场、公交车站站台等，它是承担通过性人流功能的步行空间。

联络空间是指联系车站及建筑物之间的非停留性空间，包括地下、地面、高架 3 个层面，满足交通枢纽地区一体化衔接换乘及实现枢纽地区空间结构的一体化。

停留空间是指可以供公众停留和使用的空间，如各种类型的步行街、广场等，可以举行城市公共活动。其特点是使用频繁、功能多样。

铁路综合枢纽的步行空间是以人行步道为主干的公共空间体系。衔接规划布局的内容包括枢纽合理步行区内的人行步道系统、过街设施和人车分离设施的规划设计，导向指示标志设置以及步行线路组织设计等。

铁路主导型综合客运交通枢纽的步行联络空间设计有以下要点。

① 安全性。将旅客人流与非旅客人流、通过性人流与停留性人流分离；将步行空间立体化、系统化，对地下、地面、高架进行整体规划，形成独立的步行网络，实现完全的人车分离。分离措施有很多种，目前，我国采用的方法是用绿地阻隔，或用不同的高程、地面铺装、栅栏、行道树等设施来分离步行通道与机动车道，或者多种方式综合运用。

② 连续性。旅客从出站到换乘的交通工具场站，再到上车的过程中，都需要有明确的人行通道供乘客步行。其中，在穿越马路时要根据流量大小来施划人行横道标线的宽度或设置人行地道和过街天桥,给乘客过街提供便利条件。

③ 舒适度。步行通道的路面需宽敞、平整、明亮。在艳阳天或下雨天，应减少乘客在步行过程中受到的日晒雨淋。在不同层面间换乘或有上下楼梯时，应有自动扶梯或垂直电梯帮助有需求的乘客完成换乘。

七、铁路主导型综合客运交通枢纽流线设计

流线设计指的是对特定范围的人流、车流加以分类、组织、引导，形成有秩序、有目的的流动线路。随着综合交通枢纽从传统意义上的各交通系统平面布局逐步转换成立体布局，综合交通枢纽的表现形式已不再局限于原来单纯的交通换乘，而是发展为集商业、娱乐、办公等为一体的综合体设计，各种流线类型及换乘组织关系更加复杂和多元化，对流线组织的要求也越来越高。

（一）流线设计原则

铁路主导型综合客运交通枢纽的流线设计须结合枢纽主体建筑布局及各类流线特点，当枢纽空间从平面布局进入站房、广场和站场的立体化阶段，与之对应的流线组织也从二维转变为多维，站前广场通过设置高架落客平台等途径实现交通组织立体化；进、出站的流线分层设置，有多向进口和出口，避免与人流的相互干扰。利用高架、地面和地下 3 个层面的组织流线，使各类车辆的客流换乘衔接点尽可能靠近车站出入口，缩短旅客换乘距离，满足即到即走的客流需求（图 4-17、图 4-18）。流线设计的总体原则有以下 3 个方面。

1. 立体换乘，互不交叉

流线设计应避免各种流线相互交叉、干扰，充分考虑进出站的流程和需求特点，采用立体疏解、人车分离、互不交叉的组织方式。

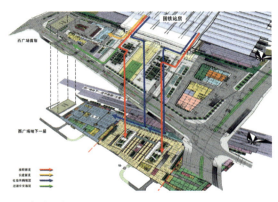
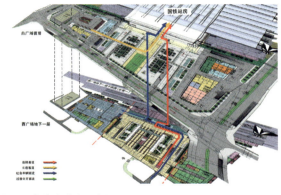

图 4-17 高铁站出站人流组织　　　　　　图 4-18 高铁站进站人流组织

2.短捷合理，避免迂回

换乘距离短捷合理是流线设计的基本要素，应最大限度地缩短旅客换乘中的走行距离，避免迂回绕行，交通衔接设施采取水平贴临设计。

3.明确清晰，易于识别

铁路主导型综合客运交通枢纽占地面积广，换乘距离相对较长，对于流线较长且复杂的情况，流线设计的重点应放在明确、清晰上。

（二）行人流线构成及设计要点

1.行人流线构成

枢纽内行人流线包括进站、出站客流流线两种。

进站客流是由各种交通接驳方式汇聚的客流。客流由各种交通方式换乘会集到候车厅，其到达过程较为连续、均匀，且客流提前到达时间较短。因此，铁路主导型综合客运交通枢纽进站客流多为通过式，等候滞留时间短，可由接驳交通直接进入候车厅，流线更加简捷。

出站客流是指从铁路出站到换乘其他衔接交通的客流，人流具有密度大、集中、步行速度快的特点。出站旅客除直接换乘其他接驳交通工具外，还可选择在枢纽综合体进行购物、休闲、餐饮等活动。

2.行人流线设计要点

铁路主导型综合客运交通枢纽行人流线设计的要点包含以下几个方面。

① 应以铁路旅客进出流线为主导，各种流线各行其道，尽量避免各种流线间的相互交叉干扰。

② 大型枢纽应考虑进站旅客流线与出站旅客流线相互分离，以及与枢纽集散客流、市内交通转换客流、商业等其他非交通换乘客流的流线分开。

③ 最大限度地减少乘客站内步行距离，避免流线的迂回，减少乘客进出站路径。

④ 尽量避免出站人流的拥挤，大型枢纽须布置多个旅客出口，提高高峰旅客疏散能力。

⑤ 流线须强调灵活性，既要分析日常客运流线组织，也要注意春运、节

假日、暑运等特殊情况下的客流组织；既要分析正常乘客的需求，也要注意各类特殊人群的需求。

⑥ 应考虑枢纽进出口与城市地铁、轻轨、周边核心建筑的布置，处理好主要客源点与行人流线的衔接。

铁路综合客运交通枢纽大部分为地上、地面和地下多层立体布局，旅客进出站采取"上进下出"的组织方式，进站口位于地面二层，出站口位于地下层。在进站过程中，小型车辆，如出租车、社会车辆在高架二层车道下客，旅客直接进入候车厅。公交场站进站流线须通过平面加垂直的方式到达进站口。城市轨道交通的停车换乘位于地下层，与地面二层进站口换乘距离相对较长，流线须跨越多个立体层面。出站过程基本采用"下出"的组织方式，旅客在出站口到达地面层和地下层，乘坐城市轨道交通、公交、出租车和社会车离开枢纽。

（三）车辆集散流线组织要点

铁路综合客运交通枢纽车辆集散流线包括公交车、出租车、社会车和非机动车流线，各方式组织要点如下。

1. 公交车流线组织

公交车辆接入枢纽内部，流线组织应简短、明晰。公交接驳功能组织区采用地面层设置，与步行广场相结合。公交车辆在周边道路的流线宜采用线路较为顺直的组织方式，避免线路曲折迂回。在车辆通行量较大的情况下，左转或右转将对交叉口产生较大的交通负荷，并干扰和影响其他类型车辆的通行。

2. 出租车和社会车流线组织

出租车和社会车由于交通性质类似，其交通流线组织基本相同。大型枢纽多采取立体化分层交通组织，出租车和社会车分别在地上二层和地下层进行衔接，站内车辆运行需从二层高架通过匝道到达地下层。同时，出租车和临时停靠上下客的社会车流线要比停车换乘流线更靠近车站主要旅客出入口。

3. 非机动车流线组织

非机动车流线组织宜与枢纽的慢行道路系统相结合，流线应尽量避免与机动车交通流线相互交叉和干扰。枢纽内部非机动车流线宜在地面一层平面或在地下夹层进行组织，外出入口设置时宜与机动车出入口相分离。

第六节 流线设计案例

　　本案例是结合高铁站建设，集轨道交通、城际铁路、高速铁路、公路客运、快速公交、常规公交、社会车辆、出租车、慢行交通等各种交通换乘形式为一体的大型综合交通枢纽（图 4-19）。

图 4-19 大型综合客运交通枢纽效果图

　　枢纽以铁路站房为核心，根据交通条件和枢纽功能，形成以站房中轴为主轴，同时与周围地块开发相结合的交通综合体。场站布局考虑与高铁、轨道交通、长途客运、出租车、公交与城市道路系统的高效衔接，显现出以人为本、零换乘的规划设计理念。枢纽的功能区布局主要有北广场、南广场、西线下、东线下、综合运营管理中心及长途汽车站六部分。

◆北广场：以交通换乘、大型社会停车库、配套商业等交通功能为主。

◆南广场：与北广场相同。

◆西线下：设大中型汽车停车场、社会停车场、出租车场站。

◆东线下：南北线公交场站。

◆综合运营管理中心：枢纽的运营和管理中枢。

◆长途汽车站：该地最大的长途汽车枢纽站。

一、车流交通组织分析

为了避免各类交通过于集中引发的诸多弊端，本案例中的高铁和长途客运都有自己的出租车和社会车辆到发体系。同时，为了使高铁和长途客运换乘公交更加便利，公交上客区设置在高铁站房东侧地下一层。南广场南侧增设了地铁车站和出入口，减少了长途换乘至轨道时的绕行距离，同时缓解了换乘大厅的人流压力。

出租车、社会小汽车车型、性能接近，为便于统一规划停车场布置及车流组织，同时也利于乘客换乘组织，将出租车和社会小汽车布置在车站西侧。但由于出租车和社会小汽车进入枢纽地下空间的接客流程和行车路径有所差别，因此将出租车和社会小汽车地下车库的入口流线分离，出租车从北侧进，社会小汽车从南侧进。而出租车和社会小汽车在出站时并无显著差异，同时也为了满足乘客和驾驶员对路径走向选择的需求，车站北广场和南广场西侧各有一个出租车和社会小汽车出口。

将社会大型客车、旅游大巴等接送团体乘客的大型车辆与公交车安排在同一侧，并将其上客区与公交上客区北侧通过天桥连接，实现行人步行系统的完整与连续，避免人车冲突。

为了方便乘客换乘公交，满足公交换乘需求，体现公交优先，将公交线路引入了枢纽站，其中北侧公交18条，南侧公交9条。

公交车布置在线下同侧，与出租车和社会车流分隔，一方面便于车流交通组织，避免不同类型车流的干扰；另一方面也便于乘客的换乘，缩短换乘距离，同时公交占据东侧整个线下空间，也体现了公交优先的理念。这样不仅便于高铁到达乘客的换乘，也便于长途到达乘客的换乘（图4-20）。

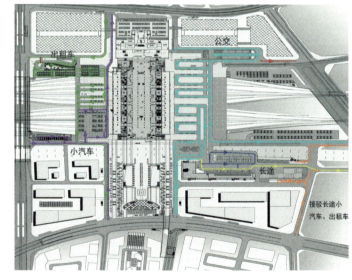

图4-20 枢纽内部车流交通组织总览

（一）公交

1. 常规公交进出枢纽站的流程

周边路网→枢纽公交场站入口→落客区→蓄车区→上客区→枢纽出口→周边路网。

枢纽站内公交车出入口、落客区、蓄车区和上客区的布置应根据公交车行进流程布置，使流线顺畅，并尽量减少车流冲突，合理利用广场及地下空间。公交车出入口的布置总体体现出"北来北进、南来南进"的理念，减少不必要的绕行，同时尽量减少对周边路网的影响，使进出有序，方向明确。同时还考虑了车流应急疏散需求，利用周边路网和用地布局增设车辆应急出口。

为了引导公交出行，强化公交优先，沿枢纽周边路网建立了公交专用环廊，赋予公交较大的通行权，在很大程度上保证了公交车流的通畅。

同时，为了缓解可能出现的北侧公交落客区满位而导致入站公交车流阻塞道路，在落客区相应路段增设了公交临时停靠区，用以处理短时间内到达多辆公交而产生的落客区停车位紧张的情况。

为便于日后快速公交进入枢纽站上下客，枢纽站预留了专为 BRT 设置的落客区、蓄车区和上客区。

2. 北侧公交流线组织

北侧公交进站时通过北广场西侧规划路入口进入北广场地下夹层落客区，待落客完成后进入东侧公交蓄车区等待调度指令，待接到调度室准备发车的指令后，启动车辆到达车站东侧地下一层本线路上客区等待上客，发车指令发出后，公交车离开上客区，通过东侧高架平台下方道路离开枢纽站，进入城市路网。

3. 南侧公交流线组织

南侧公交进站时通过南广场东侧规划路入口进入长途汽车站北侧公交落客区，待落客结束后，进入蓄车区，该蓄车区既用于公交蓄车，同时也作为公交进入上客区的绕行环岛，大大减少了不同公交车流间的冲突。南侧公交上客区采用同北侧一致的形式，极大地方便了乘客的辨识和候车，也便于人流的组织。由于南侧公交线路较少，仅为北侧公交线路的一半，因而其进出可共用一条道路（图 4-21）。

（二）出租车

进入地下蓄车区的出租车分为两部分：一部分来自高架平台送客完成的出租车，另一部分来自周边其他区域的出租车（图4-22）。

另外，除枢纽内部设有专门的出租车候客区域外，在其他的地块，出租车以过路招手即停的服务方式为主。在开发地块主出入口或商业区域建议设置可临时停靠少量出租车辆的候客港湾，为人群活动集中的区域提供服务。

出租车进出枢纽地下蓄车区的流程：

周边路网（与西侧高架落客平台）→出租车专用入口通道→蓄车区→上客区→枢纽地下小汽车出口通道→周边路网。

（三）社会小汽车

社会小汽车一部分来自从高架平台下来的送客车辆，一部分来自直接停车换乘车辆，还有一部分为接站车辆。

站房西侧地下社会小汽车停车场分为两层，夹层停车场除了与地下一层停车场内部连通外，本身还设置了单独的入口和出口，分别与高铁站和道路连接。

社会小汽车进出枢纽地下车库的流程：

周边路网→社会车专用入口通道

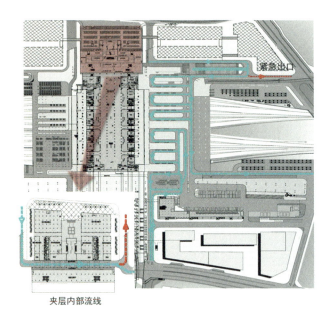

夹层内部流线

图 4-21 枢纽内部公交车流交通组织

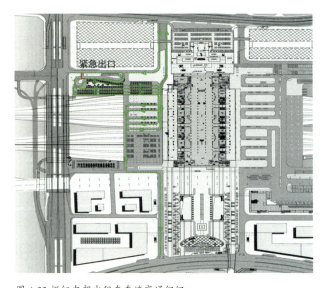

图 4-22 枢纽内部出租车车流交通组织

→停车场→上客区→枢纽地下小汽车出口通道→周边路网。（图4-23）

（四）社会大型客车、旅游大巴等大型客车

社会大型客车、旅游大巴等大型客车进出枢纽地下车库的流程：

周边路网→大型客车专用入口→停车场→上客区→大型客车出口→周边路网。

社会大型客车、旅游大巴一部分来自送客车辆，另一部分来自直接接站车辆。

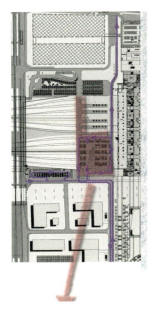

图4-23 枢纽内部社会车车流交通组织

二、人流交通组织分析

本枢纽区所有乘客换乘各类交通方式的主要流量流向，如高铁、长途、轨道、公交、出租、社会车辆以及旅游大巴等，都能通过便捷的人行通道到达，各步行设施将枢纽内主要人行区域连成整体，形成完整的人行系统，实现主要人流与车流空间分离。由于高铁换乘大厅是各类交通方式间转换的主要节点，通过设置导向标识和发布引导信息，引导客流前往正确方向，减少人流交织，提高人流的有序性和安全性，可以实现各类交通方式的无缝衔接。规划区内将步行规划和开发地块空间形态进行充分整合，配合高铁、长途、轨道交通和公共交通，建立一个以大容量交通为主导的富有魅力的步行公共活动场所。整个步行系统通过地面人行步道、地下通道和人行天桥将周边开发地块以及长途枢纽和高铁换乘中心连成一体。

北广场通过两座人行天桥与北侧地块连接，使北广场与北侧地块连为一体。南广场通过两条人行地下通道与南侧地块连接，使南广场与南侧地块连为一体。这样整个枢纽与周边地块、车行与人行紧密衔接，融为整体，较大程度地满足了人们的通行需求。人行天桥和地下通道将枢纽核心区与周边地块融为一体，极大地提升了地块开发潜力（图4-24~ 图4-31）。

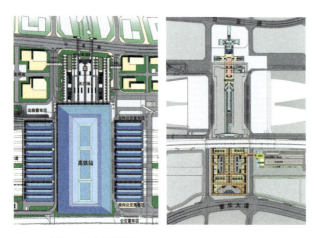

图 4-24 枢纽内部人行交通组织

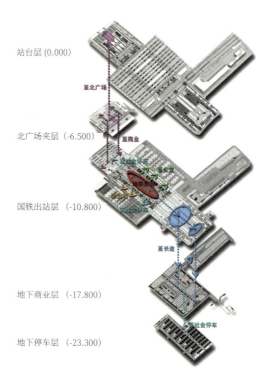

图 4-25 高铁到站换乘人流组织

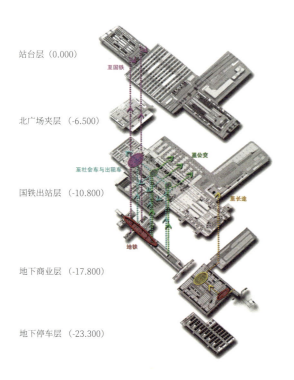

图 4-26 地铁到站换乘人流组织

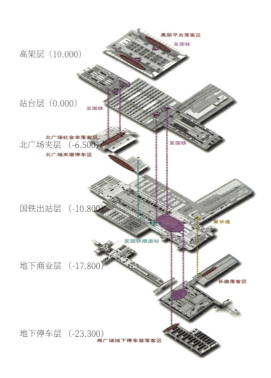

图 4-27 公交车到站换乘人流组织

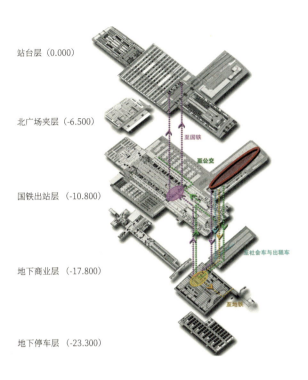

站台层（0.000）

北广场夹层（-6.500）

国铁出站层（-10.800）

地下商业层（-17.800）

地下停车层（-23.300）

图 4-28 长途车到站换乘人流组织

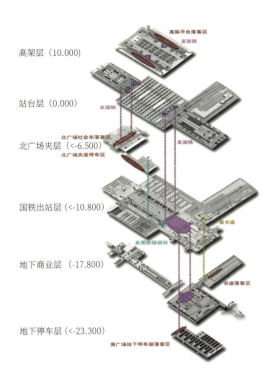

高架层（10.000）

站台层（0.000）

北广场夹层（<-6.500）

国铁出站层（<-10.800）

地下商业层（-17.800）

地下停车层（<-23.300）

图 4-29 小汽车到站换乘人流组织

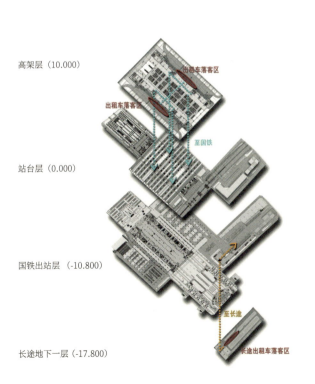

高架层（10.000）

站台层（0.000）

国铁出站层（-10.800）

长途地下一层（-17.800）

图 4-30 出租车到站换乘人流组织

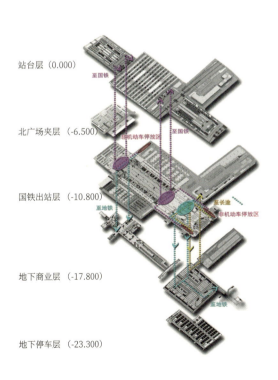

站台层（0.000）

北广场夹层（-6.500）

国铁出站层（-10.800）

地下商业层（-17.800）

地下停车层（-23.300）

图 4-31 非机动车到站换乘人流组织

三、非机动车交通组织分析

自行车和电动车作为绿色可持续发展的交通模式，在规划区内也应该被认真考虑。枢纽规划充分考虑了非机动车的出行及换乘需求，在轨道和公交集中换乘点附近设置了非机动车停车场，满足非机动车行车和停车换乘的需求。另外，区域内除枢纽机动车专用道路外均设置自行车道，并对自行车双向开放，作为公共交通系统的重要接驳和补充方式（图4-32）。

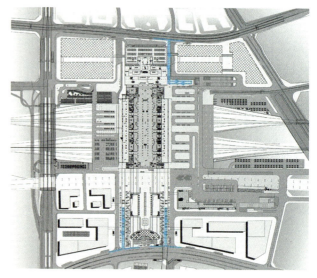

图 4-32 枢纽内部自行车车流交通组织

第七节 防灾及运营管理

综合交通枢纽灾害事件的特征包括以下几点。

◆ 突发性：时间、地点具有不可预见性；

◆ 高度扩散性：易发生次生灾害；

◆ 具有一定社会性：对公共安全有重要影响。

综合交通枢纽防灾设防水准如下。

◆ 小灾不乱；

◆ 中灾不停；

◆ 大灾不坏。

根据防灾水准，对不同灾害类型从风险等级角度确定其对应关系。

一、枢纽消防

通过对火灾作用机理的研究分析，明确综合交通枢纽火灾受灾区域及部位，如票务大厅、地铁站厅、站台、进站大厅、换乘大厅、高铁车站、停车场。

消防性能化是借用消防安全工程学的方法和手段，在对具体建筑物的火灾风险、火灾发展状况及主动和被动防火措施的实际效果进行个案评估的基础上，确定该建筑所需要的消防措施的设计方法。具体措施如下。

设置防火隔离带。在不同的功能大厅之间设置一定宽度的区域，该区域严禁设置任何可燃物，并通过辐射模型来计算隔离带需要的有效宽度。

设置防火舱。防火舱设有坚实的顶棚，顶棚下安装自动报警、喷淋、排烟系统。大空间通过防火舱概念指导消防设计，包括办票岛、商店等。防火舱有开放舱和封闭舱两种形式。开放舱顶部类似排烟罩，四周敞开；封闭舱全封闭或一面平时敞开，在发生火灾时防火卷帘门自动落下。

燃料岛的保护。将售货亭及办公区域当成一个个孤立的燃料区，只要限制可燃物之间的距离，用人行通道区域形成天然的防火隔离带即可。

使用防火单元。防火单元用防火隔墙进行保护，隔墙上的门窗采用乙级门窗，防火单元面积控制在 2000 ㎡。

疏散设计相关概念，包括分阶段疏散和准安全区。分阶段疏散指首先疏散受火灾直接影响的区域，根据事先制定好的应对措施有序地疏散人群。由于综合交通枢纽的面积和空间较大，人员不可能在短时间内直接疏散至室外，针对这种情况，准安全区的引入能较好地缓解人员疏散时面临的压力。准安全区是指在大体量、大空间建筑内，由于各区功能的不同，彼此可作为一个疏散避难的区域，区域间通过防火墙、防火卷帘门、防火门、防火隔离带来分隔。

二、防洪和防涝

防洪和防涝的重点部位是低洼处、地道、道路低点、地下空间等。

枢纽防洪设计措施包括：防洪设防标准要适当提高；减少不透水硬质地面的比例，采用浅层蓄渗；增加绿地面积；规划水系水位的保障措施；提高重点区域排水标准；地下敞开空间周边加强防护，地下空间周边防护高度大于区域地坪平均标高加上设计重现期 P=50 年时的积水深度，再加上安全高度

（200mm），地下空间周边防护高度大于周边道路或绿化标高加上安全高度（200mm）；地道、地下空间出入口防水设施。

三、防风

交通枢纽建筑通常为高大空间，存在大量对风荷载敏感的结构和构件，风灾对大型交通枢纽结构及构筑物造成破坏的类型主要有钢结构屋顶变形过大，玻璃幕墙损坏，屋面材料局部破损或被风卷起，雨棚、广告牌、指示牌脱落等。

抗风设计及减灾技术措施包括对钢结构连廊、钢结构屋顶、雨棚、幕墙等进行抗风设计。

四、防震

震灾后，灾害主要体现在地基基础破坏、机场跑道及铁路轨道破坏、地下结构破坏、地上结构破坏、相关的次生灾害等。枢纽的重要结构部位包括地下铁路联络线、地下换乘空间、高架结构系统、幕墙系统等。先进的抗震技术可以应用于防震，包括 BRB 的应用、防屈曲支撑，以及液体黏滞阻尼器的应用。

五、反恐安全

常见恐怖袭击手段有常规手段（爆炸、枪击、纵火等）和非常规手段（核袭击、生化袭击、网络袭击等）两类，交通枢纽反恐怖袭击主要关注人员集中场所、主要控制设备室以及能影响其他重要设施的薄弱位置。

具体薄弱部位包括：

◆ 站厅层的安检前区、地下通道、到达大厅、出发大厅、购物场所等。

◆ 高架及道路区、停车场。

◆ 设备机房（控制室、重要机房）。

◆ 枢纽内的连接及换乘通道等。

反恐设计要求及减灾技术措施包括：

◆ 通过场地规划增加安全距离。

◆ 采用防撞墙、防撞门及防撞杆系统。

◆ 采用进入探测控制设施。

◆ 采用安全分区防护。

◆ 提供通道控制及监控。

◆ 防连续倒塌措施。

◆ 提供安全照明。

◆ 提供受保护避难所。

六、枢纽运营管理中心

枢纽运营管理中心简称 HOC（Hub Operating Center），负责枢纽核心建筑的日常运营管理和应急指挥，包括运营管理中心和应急指挥中心。图 4-33 为虹桥综合交通枢纽系统整体概念性结构图。

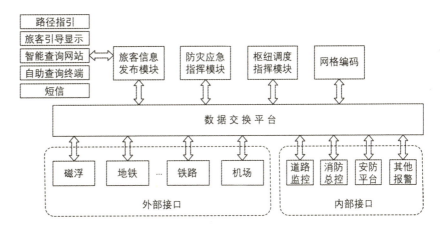

图 4-33 虹桥综合交通枢纽系统整体概念性结构图

（一）日常运营管理职能

负责日常监控、预警信息的采集；与各种交通方式的协调工作，包括警情的再确认和通报；枢纽的调度工作，包括防控措施的协调落实和联动处置。

（二）应急指挥管理职能

应急调度人员和领导应能集中处理重大事件，同时不影响运营指挥中心的其他工作。应急指挥室内具有全部的枢纽客流管理调度手段，有大屏幕显示灾害信息和决策信息。在应急指挥室内通过内通系统可以与各种交通方式及政府应急处置部门协调。枢纽运营管理中心常见平面布局如图 4-34 所示。

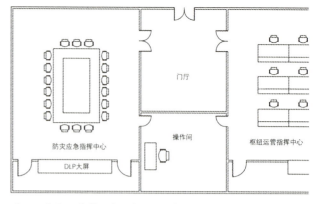

图 4-34 枢纽运营管理中心常见平面布局

枢纽运营管理中心包括运营中心大厅、应急会商室、操作室、休息室、机房 5 个功能区域。具有的功能为运营指挥中心功能（日常监视、调度、协调）、应急指挥救援功能（发布警情、指挥决策）、操作室功能（对音响、大屏、集控、视频等系统进行操作）、休息室功能（VIP 和运营中心工作人员休息）以及机房功能。

枢纽防灾应急指挥中心为整个枢纽的神经中枢，它既是各种交通方式的信息汇聚地，也是信息的发布中心。其功能和席位既要满足当前需要，也要考虑可扩展性。

枢纽客流管理系统平台的组成，能够为旅客提供引导和信息服务，为枢纽客流管理提供信息化调度手段，为枢纽各交通方式提供信息交换与共享服务。

第八节 案例分析

一、工程概况

本项目为某火车站的配套工程，总用地 24 3000 ㎡，东西长约 890m，南北宽约 300m，整块用地呈长方形，场地地形平整。枢纽的交通疏散条件十分优越，根据控制性详细规划，枢纽周边有 3 条城市快速路，断面形式均采用主辅型，便于与各主次干道衔接。

　　用地内根据规划定位分为三大片区，自西向东分别为综合交通枢纽站、站前景观广场及东侧为预留发展用地（游客接待中心），如图4-35~图4-37所示。

图 4-35 用地总平面图

图 4-36 用地总平面图分区图

图 4-37 效果图

二、设计特点

综合交通枢纽站的用地布局呈"南长途北公交，东站房西停车"的"十"字形结构，解决了换乘量最大的城市长途车站和公交的规划难点，并利用地下空间布局社会车辆及出租车，合理规划地铁站位，做到了流线简单快捷，互不交叉，枢纽高效便捷运行。

三、总平面设计

主体建筑在公交和长途客运站用地东侧，面向火车站房南北方向设置，主要安排客流量最大的城市公交换乘站和长途客运站，两者的站房建筑合为一体设置，使它们之间以及它们与铁路站之间的换乘能够在地面进行，避免了人流在换乘时的长距离穿越，减少出行换乘时间，提高换乘效率（图 4-38）。

主体建筑与火车站房呼应，共设置 3 层：一层为公交、长途的候车及换乘大厅，并设置站区派出所用房及广场管理用房等；二层为公交、长途办公区；三层为公交、长途住宿区。考虑到东西大道的沿街景观及长途、公交乘车站台的需要，在主体建筑的西侧设置 U 形建筑与主体建筑围合成站台，并在主体建筑西面设置公交、长途停车场及维修附属用房。沿东西大道设置两层建筑，其他建筑为一层。长途、公交的站台采用轻型结构的雨棚形式。

场地内设置 5 处地面的车行出入口，分别是长途车出入口、公交车出入口、社会车入口、出租车入口、地下车库出口（出租车 / 社会车），合理控制各个出入口之间的距离，避免相互干扰（图 4-39）。

　　考虑到项目的可持续发展，在用地东侧预留发展用地，用作游客接待中心，包括游客集散、旅游服务、商业娱乐、住宿餐饮等多种功能，既保持了与火车站及枢纽站的有机联系，便于游客的到达，又相对独立于人流集散的主要场所，保持独特的旅游环境。

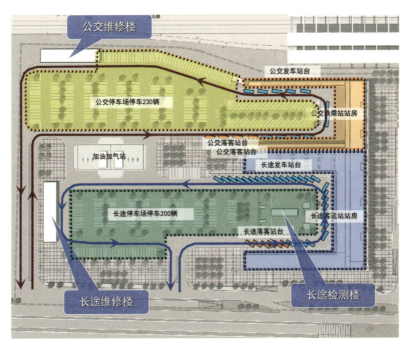

图 4-38 枢纽总平面图

图 4-39 枢纽出入口示意图

四、枢纽建筑方案设计

综合交通枢纽分地上、地下两部分，地上部分包括长途客运站及公交换乘站，地下部分包括出租车候车站台及社会车停车库。地上、地下部分的紧密结合，可以提高火车站的运营效率，缩短乘客的换乘距离。

在地上部分，将长途车和公交车设计为岛式换乘，车行与人行不交叉；地下采用人行天桥和岛式发车相结合的布局，实现人车立体交通，使整个站区形成立体的换乘（图4-40）。

图4-40 枢纽站房效果图

（一）地下一层平面设计

地下一层总建筑面积为 20 800 ㎡，主要包括社会停车场、出租车停车场以及人防用房、变电所等设备用房。其中，社会停车场面积为 8800 ㎡，设置机动车位 239 个；出租车停车场面积为 2060 ㎡，设置出租车停车位 51 个。出租车候车站台采用岛式发车和人行天桥相结合的布局，利用建筑层高实现人车立体交通。出租车候车站台共设有 3 个发车岛，25 个发车位。布局做到了人车完全分离，立体交叉，发车顺畅（图4-41）。

（二）首层平面设计

枢纽站首层面积包括长途客运站 10 800 ㎡，以及公交换乘站 2800 ㎡。

长途客运站房包括候车站台、候车休息区、换乘大厅、行包托运等服务用房以及广场管理用房和站区公安派出所。长途客运站台设计 8 个落客车位，26 个发车车位，长途落客区布置在南侧，发车区布置在北侧，减少人流交叉，方便换乘。长途客运站在主体建筑西侧布置内部食堂及厨房，满足住宿的司售人员生活需要。

公交换乘站房包括候车站台、换乘大厅及服务用房。公交换乘站台设计 4 个落客区，10 个发车区，公交落客区与长途发车区布置在一侧，平层换乘，发车区布置在北侧，减少人流交叉（图 4-42）。

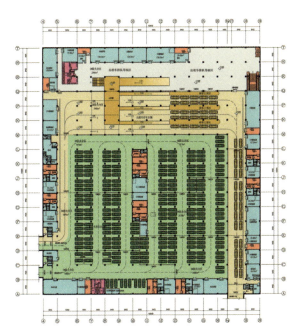

图 4-41 地下一层平面图

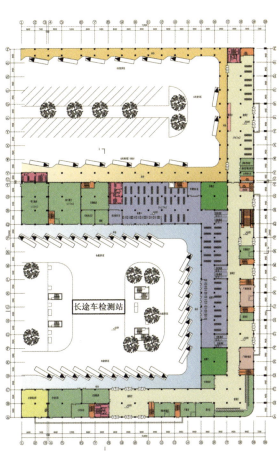

图 4-42 首层平面图

（三）二层平面设计

枢纽站二层为长途及公交的办公区。长途办公区建筑面积为 4990 ㎡，公交办公区建筑面积为 1370 ㎡，内部采用带形走道两侧布置办公室的方式，提高办公用房率。东侧办公室均设置阳台，既丰富了立面空间，又改善了办公环境（图 4-43）。

（四）三层平面设计

枢纽站三层为长途及公交的住宿区。其中，长途住宿区建筑面积为2330㎡，配120个床位；公交住宿区建筑面积为1380㎡，配86个床位。宿舍均为带卫生间的公寓式宿舍，顺应立面要求分段设置开放式休息厅，同时二层屋顶设置花园屋顶，营造良好的住宿环境（图4-44）。

图 4-43 二层平面图　　　　　　　　　　　　　图 4-44 三层平面图

五、交通组织设计

（一）交通组织原则

◆ 合理布设交通出入口，根据周边地块性质、进出车辆类型对出入口进行功能划分，主次分明，功能清晰，实现多通道集散、多层次疏解。

◆ 对高铁站地块交叉口合理规划，保持合理间距，提高集散效率。

◆ 为常规公交、长短途巴士、出租车、社会车的集散设计合理的出行线路，保证高铁站枢纽地区的交通便捷畅通和安全有序。

◆ 以人为本，公交优先，尽可能缩短公交客流的换乘距离。

◆ 组织单向交通减少车流冲突。

◆ 到发分离，人车分离，上下客分离。

（二）枢纽总体布置

1. 站前街的设计与人车分行

根据平面设计，枢纽站房的西侧主要是公交和长途车的到发区域，以车流为主。枢纽站房的东侧为枢纽站前广场，与火车站前广场形成步行区。进高铁站房的车辆从匝道上通过，不与人流形成交织（图4-45）。

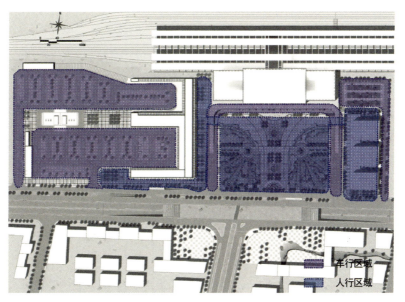

图 4-45 枢纽空间人车分离图

在站前广场的南侧设置一条站前街，宽11.5m，与东西大道的北侧辅路平行布置。站前街的设置使交通枢纽和东西大道之间有了一个宝贵的缓冲区，让进入枢纽的公交、长途、出租和社会车辆可以先进入站前街交会，再分别进入各自所属区域，避免了外部交通对枢纽的冲击。反之亦然。

2. 近远期平面布置

根据枢纽平面布局主要分为三大区域：中部铁路站房区和行人广场、西部高铁站交通配套区域、东部配套商业区域。

近期由于站前东西大道仅实施部分路段，火车站西侧不能实现规划，且两个掉头匝道不在近期道路实施范围内，针对这一情况，需将站前南北大道与站前东西大道交叉口设置为"十"字形灯控路口，车辆可以利用此路口进出火车站枢纽。

远期站前东西大道全部实施后，进出枢纽的车辆可以利用东西两侧的掉头匝道完成车辆的进出。为了便于交通组织和管理，将站前南北大道与站前东西大道的交叉口设置为右进右出的路口，站前东西大道隔离带不断开。

3. 基地出入口确定

东部配套商业区域：设置一个出入口（1号出入口），解决东侧地块酒店商业配套地块车辆的进出问题。

中部铁路站房区和行人广场：设置一组出入口（2号入口和3号出入口），其中2号入口服务于上枢纽二层平台送客车辆。站前东西和南北大道交叉口处的出入口（3号出入口）满足高铁站二层平台送客车辆进出与这两条道路各个方向的连通性。为了便于交通组织和管理，远期将取消3号出入口。

西部高铁站交通配套区域：设置一组出入口（4号入口和5号出口）。4号入口为高铁站交通配套地区的主要入口，分别服务于长途和公交车。5号出口服务于所有右转至东西大道东向西辅道流向车辆。

出入口总体布局功能清晰、合理，实现了多通道疏解、避免交通集中的目标（图4-46）。

4. 地下空间出入口确定

地下空间内主要停放小汽车，故其出入口位置根据小汽车换乘其他交通方式以及接送客的组织流线进行设置。总共设置两个入口和一个出口。

入口（A和B）位于长途车站入口广场前南侧和东侧，服务于高铁站二层平台下客后进入停车场以及直接进入停车场的车辆。出口（C）位于东西大道北侧分隔带中，这样可以使小汽车快速疏散到枢纽外，避免与其他车辆发生过多干扰和交会（图4-47）。

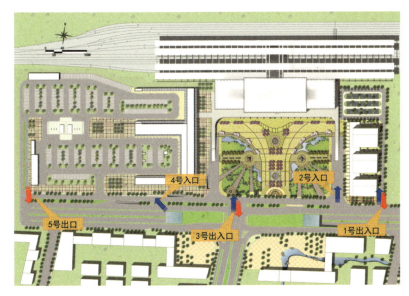

图 4-46 基地出入口分布图

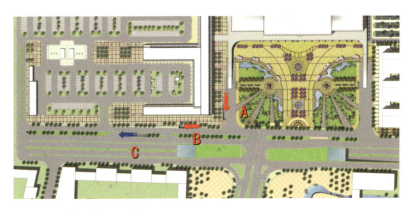

图 4-47 地下空间出入口分布图

六、近期交通及人流组织（图 4-48）

（一）公交车流组织

◆进场：公交车从长途车站广场东侧 4 号入口进入枢纽。

◆落客：下客区位于公交枢纽南侧，靠近长途汽车站候车厅，共 4 个泊位。

◆蓄车候客：公交车在枢纽西侧蓄车区集中蓄车。

◆上客：公交车枢纽上、下客区分开设置，上客区共 10 个，乘客于候车站台上客。

◆离场：离开的车辆由 5 号出口驶入东西大道东向西辅道，在站前东西大道近期实施终点掉头离去。

交通组织特点总结：公交枢纽站采用锯齿形停靠站台，上下客分离，乘客通过 U 形站台区以及连廊完成与高铁和长途车的换乘，实现公交优先和人车分离的理念。

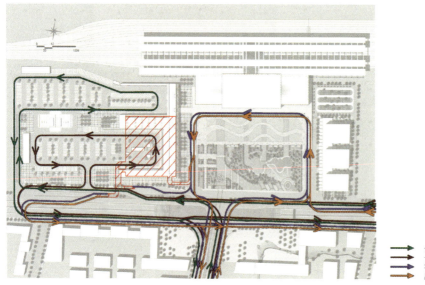

图 4-48 近期交通流线组织分析图

（二）出租车流组织

1. 送客

① 进场：到高铁站送客的出租车通过 2 号入口和 3 号出入口上二层平台进场；到长途站送客的车由 3 号出入口进场。

② 落客：到高铁站送客的车辆上二层平台落客后直接进入站屋，到长途车站送客的车辆于站前广场下客区落客，均靠近相应的进站口，乘客步行距离短。落客后，车辆可以直接通过 B 入口进入地下空间接客。

③ 离场：到高铁站和长途汽车站送客后直接离开的车辆通过内部辅道于 5 号出口离开基地。

2. 接客

① 进场：送客后继续接客的车辆通过地库 A 入口进入蓄车区，其他空车由 A 和 B 入口进入地下蓄车区。

② 蓄车候客：出租车蓄车候客位在地下层，交通配套区北侧，车辆采用

矩阵式排队模式。

③ 上客：出租车上客区位于蓄车区东侧，靠近站屋出口，乘客换乘距离短，体现以人为本的原则。

④ 离场：离开的车辆由 C 出口出发至站前东西大道辅路，在站前东西大道近期实施终点掉头离去。

交通组织特点总结：出租车蓄车候客区设置于地下层，下客靠近高铁和长途的进站口，接客靠近高铁出站口，乘客步行距离短，体现以人为本的理念。

（三）社会车流组织

1. 送客

① 进场：到高铁站送客的社会车通过 2 号入口和 3 号出入口上二层平台进场；到长途站送客的车由 3 号出入口进场。

② 落客：到高铁站送客的车辆上二层平台落客后直接进入站屋，到长途车站送客的车辆于站前广场下客区落客，紧靠相应的进站口，乘客步行距离短。

③ 离场：到高铁站和长途汽车站送客后直接离开的车辆通过内部辅道于 5 号出口离开基地。

2. 接客

① 进场：社会车停车库位于地下空间，接客车辆从长途广场前出库 B 入口进入停车场。

② 蓄车候客：社会车于地下车库进行蓄车和候客。

③ 上客：由高铁站或其他交通方式换乘社会车辆须进入地下车辆库上客。

④ 离场：离开的车辆由 5 号出口驶入东西大道东向西辅道，在站前东西大道近期实施终点掉头离去。

交通组织特点总结：社会车下客靠近高铁站和长途车站进站口，地下停车场位置合理，乘客步行距离短。

（四）长（短）途车流组织

① 进场：长（短）途车从长途车站广场东侧 4 号入口进入枢纽。

②　落客：下客区位于长途枢纽东侧，靠近连廊，方便与公交、高铁进行换乘。

③　蓄车候客：长时间蓄车的车辆于枢纽西侧蓄车区集中蓄车，短时间候车的车辆于上下客区广场内候车。

④　上客：长途枢纽上下客区分开设置，上客区共 30 个，乘客于候车站台上客。

⑤　离场：离开的车辆由 5 号出口驶入东西大道东向西辅道，在站前东西大道近期实施终点掉头离去。

交通组织特点总结：长途枢纽站采用港式斜列式停靠方式，上下客分离，乘客通过 U 形候车区以及连廊完成与高铁和公交之间的换乘，实现公交优先和人车分离理念。

（五）人流组织

1. 高铁站进出人流组织

①　进站：乘坐小汽车或出租车到达的乘客，可直接至二层平台下车进入高铁站，避免广场上车流与人流的交叉。

②　由长途或短途客车和公交车换乘高铁的乘客，可从枢纽下客大厅经南北方向行至连廊到达高铁站区，再从地面层进入站屋。

③　乘坐轨道交通、非机动车和步行的乘客经站前广场进入高铁站屋。

④　出站：高铁站到达客流需经西侧地面层出站，换乘公交、出租、轨道、长（短）途的客流通过连廊进入各自的上客点，不仅保证人车分离，还控制了换乘距离。其中换乘距离最短的是出租及公交，其次是短途和长途客车。

2. 长途车站进出人流组织

①　进站：由出租车和小汽车换乘长途汽车的客流直接在长途汽车站前广场的下客点进行转换，方便且换乘距离短。由公交换乘长途汽车的客流可直接通过站房进行转换。由步行、非机动车和轨道交通换乘的乘客通过建筑以及连廊进入长途汽车站。

②　出站：短途线路的乘客从长途车站站屋北侧出口出站，长途线路

的乘客从站屋南侧出口出站。出站人流通过长途车站站屋东侧的长途站前广场西北角换乘公交和出租。其中换乘距离最短的是公交，其次是出租和高铁站。

3. 排队方式

① 公交车：排队区域主要位于站房内，以直行排队为主。

② 长短途车：由于发车频率较低，提供等候休息区，以直行排队为主。

③ 出租车：出租车发车频率高且排队空间有限，以蛇行排队为主，提高通行效率。

七、远期交通及人流组织（图 4-49）

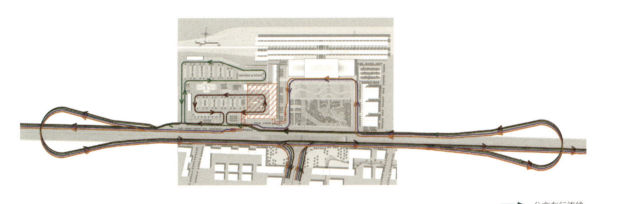

图 4-49 远期交通流线组织分析图

（一）公交车流组织

主要交通组织方式与近期交通组织方式相同，主要是离开的车辆经由 5 号出口进入站前东西大道辅路，西去车辆直接汇入主路，南去和东去车辆需要利用匝道掉头。

（二）出租车流组织

1. 送客

① 进场：到高铁站送客的出租车通过 2 号入口上二层平台进场，到长途站送客的车由 2 号入口进入站前街。

② 落客：到高铁站送客的车辆上二层平台落客后直接进入站屋，到长途车站送客的车辆于站前广场下客区落客，均靠近相应的进站口，乘客步行距离短。落客后，车辆可以直接通过 A 和 B 入口进入地下空间接客。

③ 离场：到高铁站和长途汽车站送客后直接离开的车辆通过内部辅道于 5 号出口离开基地。

2.接客

① 进场：送客后继续接客的车辆通过地库入口进入蓄车区，其他空车由 3 号入口进入基地，然后通过站前街的地下入口进入蓄车区。

② 蓄车候客：出租车蓄车候客位于地面层的交通配套区北侧，车辆采用队列式排队模式。

③ 上客：出租车上客区位于蓄车区东侧，紧靠站屋出口，换乘距离短，体现以人为本的原则。

④ 离场：出租车接客后经 C 出口至站前东西大道辅路，西去车辆直接汇入主路，南去和东去车辆需要利用匝道掉头。

（三）社会车流组织

1.送客

① 进场：到高铁站送客的社会车通过 2 号入口上二层平台进场；到长途站送客的车由 2 号入口进入站前街。

② 落客：到高铁站送客的车辆上二层平台落客后直接进入站屋，到长途车站送客的车辆于站前广场下客区落客，均靠近相应的进站口，乘客步行距离短。

③ 离场：到高铁站和长途汽车站送客后直接离开的车辆通过内部辅道于 5 号出口离开基地。

2.接客

① 进场：社会车停车库位于地下空间，接客车辆从长途广场前出库入口进入停车场。

② 蓄车候客：社会车于地下车库进行蓄车和候客。

③ 上客：由高铁站或其他交通方式换乘社会车辆须进入地下车库上客。

④ 离场：离开的车辆经 C 出口至站前东西大道辅路，西去车辆直接汇入主路，南去和东去车辆需要利用匝道掉头。

（四）长（短）途车流组织

主要交通组织方式与近期交通组织方式相同，主要是离开的车辆经由 5 号出口进入站前东西大道辅路，西去车辆直接汇入主路，南去和东去车辆需要利用匝道掉头。

（五）人流组织

人流组织与近期交通组织相同。

八、春运期间交通组织

（一）交通组织原则

① 优先保证大量人流有足够的滞留空间。

② 保证公交优先，鼓励乘客乘坐公共交通工具。

③ 限制出租车和社会车辆进入广场，消除可能造成交通堵塞的隐患。

（二）春运期间措施

根据中国历年来春运的经验，春运期间将会有大量的旅客滞留在铁路车站，车站的交通量会急剧增加（主要是个体交通方式，包括出租车和社会车辆）。为了避免大量人流与车流的相互冲突，以及在极端高峰情况下，交通负荷超过设施容量造成拥堵和危险，建议在春运极端高峰出现时，关闭二层高架平台。鼓励乘客采用公共交通方式，有条件地限制出租车和社会车辆进入枢纽。

同时考虑将作为停车库的地下空间作为滞留旅客的休息和候车场所，以避免恶劣天气对枢纽运营带来的不利影响。

（三）公交车流组织

公交车流组织与常态相同。

（四）出租车流组织

1. 上下客区

为长（短）途车站服务的上下客区设置在长短途建筑的南侧。为铁路客流服务的出租车上下客区域移到地面上，设置在预留区域的北侧、铁路站房的东侧。

2. 进出长（短）途车站流线组织

各个方向进出长途车站的出租流线与常态基本相同。

3. 进出高铁站流线组织

沿站前东西大道自东而来的出租车从 1 号出入口进入东侧的预留商业用地区域，沿区域内部道路单向行驶，在区域北侧、高铁站建筑东侧下客，再沿地块内部道路单向行驶，从 1 号出入口驶出，通过站前南北大道和站前东西大道交叉口向各个方向疏解。

（五）社会车流组织

1. 上下客区

春运期间，由于客流急剧增加，建议将社会车地下停车库临时改为有人流集散功能的区域，取消社会车辆的上客区域；社会车辆下客区域同春运期间的出租车下客区设置在同一位置。

2. 进出长途车站流线组织

各个方向进出长途车站社会车流线与常态基本相同。

3. 进出高铁站流线组织

春运期间，各个方向进出高铁站的社会车流线与春运期间进出高铁站的出租车流线相同。

（六）长途车流组织

长途车流组织与常态相同。

（七）人流组织

与常态基本相同，不同之处在于二层平台出租与社会车的下客区改设在地面，位于高铁站站屋的东侧，该部分旅客自东侧进入高铁站站屋或者站前广场候车。

九、人流组织设计

（一）火车站换乘综合交通枢纽站

由火车站换乘公交、长途的客流通过地面平层完成换乘，由火车站换乘出租车的客流通过综合交通枢纽站地面层内的专用楼梯下至地下出租车候车站台，由火车站换乘社会车的客流通过东西大道前的专用楼梯下至地下社会车停车场（图4-50）。

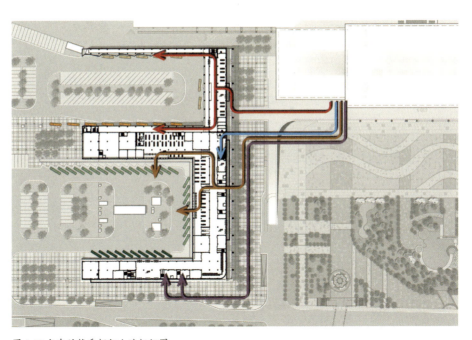

图4-50 火车站换乘枢纽人流组织图

（二）综合交通枢纽站换乘火车站

由公交、长途换乘火车的客流在地面通过火车站前广场内的楼梯上至火车站二层完成进站。出租车、社会车换乘火车的客流通过火车站前广场内的汽车匝道直接上至火车站二层完成进站（图4-51）。

（三）综合交通枢纽站内部换乘

公交与长途的换乘在枢纽站首层大厅内完成。公交、长途与出租车的换乘通过枢纽站首层大厅内的专用楼梯完成。公交、长途与社会车的换乘通过东西大道前的专用楼梯完成（图4-52）。

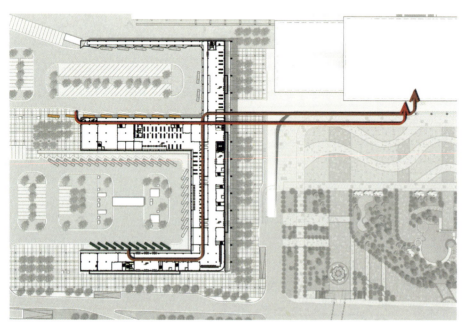

图4-51 枢纽站换乘火车人流组织图

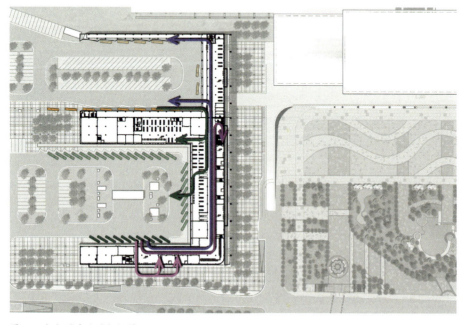

图4-52 枢纽站内人流组织图

CHAPTER

5

第 五 章

公共交通站

城市公共交通一般是指城市内除了轨道交通之外的常规公共交通，常规公共交通一般包括公共汽车、公共电车等交通方式。城市公共交通场站简称公交场站，公交场站应结合城市规划的要求进行合理布局，按照合理化、科学化、规范化的要求，保证其规划设计和建设经济合理、安全便捷、交通顺畅，满足城市公共交通现代化运营组织及管理的需求。

公交场站的规划设计应以当地城市综合交通规划为依据，结合各种专业规划、交通组织、城市景观、环境保护等要求进行综合布局，并适度进行各种功能的配置（表5-1）。

公交场站是乘客上下公交车、站台候车、站内换乘的场所，同时公交场站内还附设了公交车调度、清洗和维修用房。根据公交场站所处位置及服务功能的差异，一般分为公交中途站、公交首末站和公交枢纽站3种类型。

公交中途站设在公交车线路的沿途，主要设施包括乘客的候车平台、候车廊（含站牌、区域地图、候车座位、广告牌等）。公交首末站通常设在公交车运行的起点和终点，主要设施包括站台及候车廊、公交车驻车场及回车道、调度及管理室、监控及办公区、司机休息室、小修和清洗设施等，有些大型首末站还设有公交加油加气站。公交枢纽站一般规模较大，公交车线路汇集较多，乘客集散量大，交通方式转换复杂，有些公交枢纽站还包含多种交通方式的换乘，有些公交枢纽站也与商业用房一起进行一体化开发建设。

表5-1 公交车站功能配置表

功能	说明	中途站	首末站	枢纽站
上落客功能	供乘客上下车	◎◎	◎◎◎	◎◎◎
到发功能	公交车到车、发车	无	◎◎	◎◎◎
便民功能	提供问询、商业、餐饮等便民服务	◎	◎◎	◎◎◎
换乘功能	乘客多线路、各交通方式换乘	◎	◎◎	◎◎◎
调度功能	指挥调度公交车运行	无	◎◎	◎◎◎
管理功能	场站运营、行政、安全管理及服务保障	无	◎◎	◎◎
停车功能	公交车短时停放、长时驻车	无	◎	◎
维修养护功能	维持公交车良好状态	无	◎	◎

注：◎弱，◎◎普通，◎◎◎强。

城市公共交通场站的选址应纳入城市总体规划，同时选址要方便与其他客运交通方式的换乘。

为了衡量各类型公交车辆占用设施资源的情况，一般采用公交标准车的概念。公交标准车是指选取一种标准车型作为基准车型。公交汽、电车标准车的尺寸基本一样，尺寸为车身长 12m，宽 2.5m，高 3.3m。

第一节 公交中途站设计

一、公交中途站基本类型

常见的公交中途站的站台类型主要有直列式公交中途站、港湾式公交中途站和 BRT 类型公交中途站。

（一）直列式公交中途站

直列式公交站台通常布置在有公交专用道的城市主干道、次干道和城市支路的路边，公交车直接停靠在城市道路车行道上，临时性占用行车道，道路在此处也没有弧形内凹空间。直列式的公交站台一般设置在人行道、道路绿化带或公路侧分带（机动车道两侧与非机动车道之间的绿化分隔带）中，这种公交站台的宽度最小是 2m，长度最短为 15m，站台的地面高度要高出车行道路路面 15~20cm。直列式公交中途站平面如图 5-1 所示。

（二）港湾式公交中途站

港湾式公交站台通常设置在城市快速路和没有公交专用车道的城市主干道旁，以及车流量大的城市次干道的路边，为了不影响城市道路的通行能力和服务水平，其设置借鉴了港口停靠船舶的模式，道路在此处局部向外拓展，人行道处弧形向内凹陷，沿着内凹弧形设置公交车站台。公交车进站后在此空间停驻，不影响道路其他直行车道车辆的正常行驶，减少了公交车进站、出站、停靠时对城市交通流的干扰。港湾式公交站台的平面形式是在人行道一侧内凹宽度约 3m、长度 90m 左右的泊车港湾。港湾式又分为单港湾式和双港湾式两种形式，如图 5-2、图 5-3 所示。

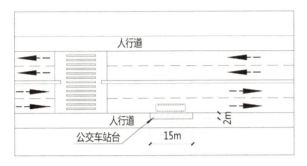

图 5-1　直列式公交中途站

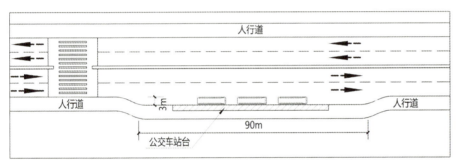

图 5-2　单港湾式公交中途站

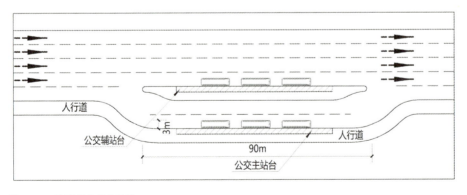

图 5-3　双港湾式公交中途站

（三）BRT 类型公交中途站

快速公交系统 (Bus Rapid Transit) 简称 BRT，是一种中运量的交通方式。其采用的公交车是改良型的公交车辆，行驶在公交专用道路上，享有专用路权，且在城市道路交叉路口拥有优先通行权。专用车道有很多类型，包括中央式专用车道、侧双向专用车道、两侧专用车道、逆向专用车道、高架路下专用车道等。这种交通方式既有城市轨道交通的特性，同时又具有容量大、灵活便利、运行快速的特点。

BRT类型公交中途站站台有两种，分别是岛式站台和侧式站台。岛式站台通常设置于快速公交专用行车道的道路中央位置，站台两侧分别为对向公交车行道，乘客通过过街天桥、地下人行过街道和地面人行横道穿越车行道。岛式站台把站台集中设置的优点是管理上比较方便，站台利用率高，方便乘客中途折返；缺点是公交车同时到达时乘客容易乘错方向。侧式站台通常设置于快速公交专用行车道的道路侧面，乘客可直接上下车，也可通过过街天桥、地下人行过街道和地面人行横道穿越车行道到达对侧站台。侧式站台的优点是上下行人流不交叉，不致乘错车。缺点是站台利用率低，管理效率降低，乘客中途折返不便（图5-4、图5-5）。

BRT类型公交中途站设非付费区和候车站台，站台采用栏杆半高封闭式隔离。站台宽度通常设置为5~6m，站台的长度为60~80m，可以同时有三四辆公交车停靠。

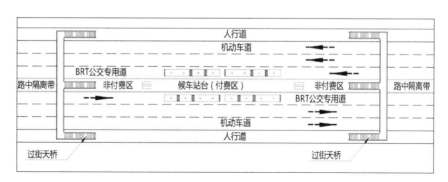

图5-4　BRT类型公交中途站岛式站台

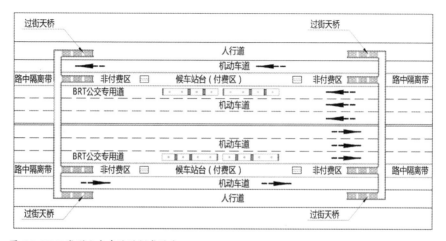

图5-5　BRT类型公交中途站侧式站台

二、公交中途站场站布置

公交中途站是在公交首末站、公交线路走向确定后进行规划的，公交中途站一般沿道路边缘布置，站址应选择在公交车进出和停泊便利的地方，应方便乘客的上下车和换乘，优先设置在公交线路沿线客流比较集中的集散点附近，并与城市道路规划、交通工程建设相协调。

（一）公交中途站场站布置

根据公交中途站所处位置的不同，一般包括 3 种类型：设置在道路交叉口上游的公交中途站，设置在道路交叉口下游的公交中途站，设置在两个道路交叉路口之间的基本路段的公交中途站。

在城市道路交叉口上游设置中途站时，公交车在到达十字路口之前停靠，常用于设有公交专用道的道路，便于公交车发车，避免公交车在红绿灯处二次排队等候。在城市道路交叉路口的下游路段设置中途站时，公交车在通过交叉路口后会立即进入车站，公交车和右转车辆的交叉较少，利用道路减少了公交车的减速距离。在两个道路交叉口之间设置中途站时，公交车停靠在两个路口之间，能保证有充分的车站长度和候车空间，减少对社会车辆和行人的视线遮挡（表 5-2）。

表 5-2 公交中途站场站布置位置

场站布置位置	优点	缺点
设置在道路交叉口上游的公交中途站	公交车在到达十字路口之前停靠，常用于设有公交专用道的道路，便于公交车发车，避免红绿灯处公交车二次排队	当车辆完成停靠离站时，如果信号相位为红灯，将会阻碍后面的排队公交车进站停靠；车站将占用一定的道路宽度，对交叉口进口道通行能力造成一定影响；对于路侧型公交站，公交车进出站台将与右转车辆产生冲突
设置在道路交叉口下游的公交中途站	公交车在通过交叉路口后会立即进入车站，公交车和右转车辆的交叉较少，利用道路减少了公交车的减速距离	公交车在遇到交叉口红灯时，不能利用红灯相位时间上下客，并会造成公交车在车站排队，影响交叉口的交通组织；当公交车在绿灯时间到达交叉口，而交叉口出口道的车站又处于饱和状态时，车辆将不得不在进口道等待进站，并可能因此遭遇二次红灯排队
设在两个交叉路口之间的基本路段的公交中途站	能保证有充分的车站长度和候车空间，减少对社会车辆和行人的视线遮挡	容易导致行人直接穿越街道，阻碍交通流正常运行，存在安全隐患；增加了行人通过交叉口的步行距离

（二）公交中途站的站距

公交中途站多采用每 500~800m 设站，在城市中心地带的站距一般是 500m 左右，在城市郊区可结合当地公交运营的需要，按照 800m 左右站距设站。如果几条公交线路在同一路段有重合，为了提高换乘效率、节约投资，在条件具备时，可以把不同线路公交车的中途站合并设置。

（三）公交中途站与道路平交路口的距离

在城市道路交叉路口附近设置中途站时，一般设在交叉路口 50m 之外。在大型城市的主干道上设置中途站时，一般设在交叉路口 100m 之外。在城近郊区一级公路路边设置中途站时，车站应设在与道路平交路口距离 160m 以外的地方。在二级及以下等级的公路路边设置中途站时，车站应设在与道路平交路口距离 110m 以外的地方。

（四）公交中途站换乘距离

在公交车同一行驶方向设公交中途站时，不同线路的中途站之间的换乘距离原则上不超过 50m；不同方向设站的换乘距离一般不超过 100m；如果公交中途站在道路两侧相对设置，要在公交车行驶的前进方向错开约 30m 的距离。当公交中途站在城市道路立体交叉口设置时，换乘距离可以适当增加，但考虑到乘客换乘的便捷性，换乘距离一般情况下不宜大于 150m，特殊情况下不应大于 200m。

（五）公交中途站停泊区尺寸

公交中途站停泊区宽度应不小于 3m。在大中型城市和公交车密度较大的路段设置的中途站停泊区，当行车间隔较长时，停泊区的长度通常为 30m 左右；当行车间隔在 3 分钟以内时，停泊区长度一般为 50m 左右；如果几条公交线路共用一个公交中途站，则车站的停泊区域长度为 70m 左右。公交中途站停泊区车道设计参数计算如表 5-3 和图 5-6 所示。

表 5-3 公交中途站停泊区车道设计参数表

驶入段	停靠段	驶出段	泊车港湾长度 L（m）
≥18m	$(L_v+3)+(L_v+1.5)\times(n-1)$	≥12m	$\geq(L_v+3)+(L_v+1.5)\times(n-1)+30$

注：L_v 是公交车长度；n 是车站泊位数。

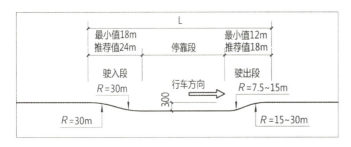

图 5-6 公交中途站停泊区车道设计图示

注：图中"R"表示道路转弯半径。

三、公交中途站的候车设施

公交中途站配备的候车设施包括候车站台、候车亭（候车廊）、座椅等，此外还有站牌、标识牌、广告牌、垃圾筒、照明设施、无障碍设施等。

（一）候车亭（候车廊）设计

候车亭（候车廊）是公交中途站的明显标志，其造型应结合当地的气候条件、文化、周围环境来设计，并体现时代特点。

候车亭一般造型比较简约，多采用方形和直线作为造型元素。结构多采用钢结构系统，顶棚采用实体的铝板或玻璃材质，视线通透，空间开放。部分候车亭顶棚采用弧形顶棚造型。国外一些候车亭采用了抽象的手法，使其具有未来感（图 5-7~ 图 5-9）。

1. 建筑体量及造型

候车亭或者候车廊的体量应结合车站的规模及空间特点，体现功能性与美学的高度融合，使车站能够发挥最大的作用，方便人们出行。为体现交通场站建筑简约快捷的特质，线条应简洁流畅。

图 5-7 候车亭（钢结构与玻璃顶棚组合）

图 5-8 候车亭（钢结构与铝板顶棚组合）

图 5-9 国外抽象造型的候车亭

2. 建筑色彩

候车亭（候车廊）的色彩可以结合当地的文化，采用比较柔和的颜色，但也要尽量做到足够醒目，且能够被乘客所接受。各种标志信息的颜色应该严格遵守国家相关标准规范的要求。

3. 建筑材料

选择候车亭（候车廊）建筑材料的原则是首先必须保证安全，采用环保无污染的材料，其次是经济合理、节约成本。应采用新材料、新技术，体现时代气息。结构构件和顶棚可采用不同的材料进行合理搭配，如钢材、铝板、玻璃材料等。适当加入一些艺术元素，可以突出不同的质感和视觉效果。

4. 文化元素

候车亭（候车廊）的设计要体现出当地的文化传承，融入一些当地的文化元素，与当地建筑风格相协调。

5. 气候条件

当地的气候条件和地理环境对候车设施的空间布局、建筑造型、材料选择、色彩搭配等有很大的影响，应适应当地环境的特殊条件。在多雨和炎热的地区，公交车站台应设置顶棚遮阳和防雨。应结合当地实际情况考虑顶棚的高度和覆盖面积、采取的遮挡方式、顶棚材质的选择等问题。

6. 以人为本

乘坐公交车出行的乘客中有很大比例是老年人，应充分考虑完善无障碍设施，体现以人为本的设计理念，同时也要兼顾其他候车人群的要求。

7. 采光照明

灯光的主要功能是照明，同时也有相应的装饰功能，合理的灯光设计能够使乘客更好地了解交通及车次信息，满足乘客的夜间活动需要，同时可以衬托建筑的美，体现功能与形式的完美结合，为城市添彩。

（二）座椅休息区

公交中途站的座椅休息区可独立设置，但更多的是结合候车亭或候车廊组合设置，合理地安排座椅的数量和摆放的位置，可使座椅利用率更高，能更好地为乘客服务。座椅也是车站建筑造型设计的一个构成元素，设计精巧的座椅可使公交中途站更有趣味性和美观性（图 5-10）。

（三）站牌

公交中途站的站牌也是车站非常重要的功能设施，站牌设计应标识清晰，指示明确，能够使乘客方便、快捷地找到自己需要乘坐的车辆。站牌上的文字要清晰，颜色要醒目，字体大小要适宜，线路信息和方向标示要明确易懂。同时，要考虑站牌的夜间照明，使乘客在光线条件不好的情况下也能看清车牌信息。

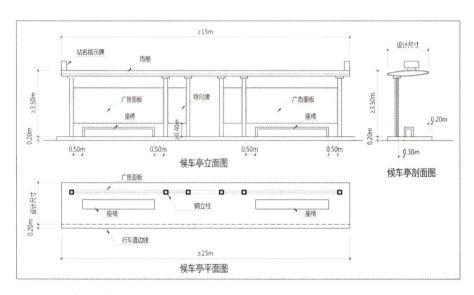

图 5-10　候车亭、座椅示意图

第二节　公交首末站设计

公交首末站是公交车辆（主要是普通公交车和电力公交车）运行的起点站和终点站，承担客流集散功能，提供司乘人员的后勤服务，进行公交车辆的运营调度、检修清洗。规模较大的首末站还配备加油设施和充电设施，一些首末站还可提供公交车辆的夜间存放场地。通常，多条公交线路共用一个首末站，此时首末站应提供良好的换乘条件。

一、公交首末站规划内容

公交首末站规划的内容主要包括选择适宜的场站位置，确定场站规模和公交场站出入口，交通组织及内外部道路的布置等几方面内容。

（一）公交首末站场站选址

公交首末站一般选址在人口比较集中、乘客流量较大的地方，尤其是周围有较为集中的交通设施和公共设施的地方，例如，在高铁站、长途汽车站、城市公园、文化或体育设施附近设置。

公交首末站应尽可能与道路客流主要方向同侧设置。

公交首末站站位选址应根据 OD 调查来确定，尽量使公交首末站与城市主要客流流向的 OD 点重合，避免不必要的短距换乘。OD 调查即交通起止点调查，又称 OD 交通量调查。OD 交通量是指起点至终点之间的交通出行量。"O"来源于英文"Origin"，指出行的出发地点；"D"来源于英文"Destination"，指出行的目的地。

公交首末站在城市核心区域或商业及居住地块区域的选址，应保障用地使用效率，在公交车辆进出公交场站运行顺畅的前提下，公交首末站宜选址在远离高层建筑的区域，尽量减少公交场站对周边商业和居住建筑的商业价值、商业氛围和居民生活环境、生活品质的影响。

当公交首末站的上部有商业开发建筑时，可结合上盖建筑的类型、建设用地地块的形状、场站和上部开发的各自交通流线组织、交通接驳、公交场站设施等内容，灵活选择场站的位置和布局形式。公交场站内设施应按照人车分离、车流顺畅和紧凑布局的原则进行设置。

（二）公交首末站场站规模的确定

首末站一般需要占用较大的场地，每处用地面积不宜小于 1000 ㎡，最大不宜超过 5000 ㎡。其规模是根据运营的公交线路数量和配备的公交车辆总数来确定的，一般按照每公交标准车配备 100~120 ㎡用地来考虑。有的地区按照公交首末站影响区域内服务人口的数量来确定场站的规模，以不小于 10 标台 / 万人的公交车辆配置标准确定公交首末站的配车规模，进而确定建设规模。配车总数大于 50 辆标准车的首末站为大型场站，25~50 辆的为中型场站，小于 25 辆的为小型场站。首站有夜间驻车时，其用地面积按全部运营车辆考虑；没有夜间驻车时，其用地面积可按全部运营车辆的 60% 考虑。末站用地面积可按全部运营车辆的 20% 考虑。在高寒地区的公交场站应设置公交车停车库，公交车入库率应不低于 45%。

公交首末站内建设用地一般分为公交车室外运行场地、场站建筑用地和场区绿地 3 种。通常情况下，3 种用地的占比为：公交车室外运行场地占 70%~80%，场站建筑用地占 5%~10%，场区绿地占 10%~25%。其中停车坪、回车道用地面积可依据场站夜间驻车需求来确定，停车坪用地指标通常为 55~70 ㎡/标准车，回车道用地指标通常控制在 10~15 ㎡/标准车。在有条件的公交首末站，可利用屋顶、建筑墙体等设置场区绿地，使场区绿化立体化，从而增加绿地面积，改善公交场站环境品质。

（三）公交首末站出入口位置确定

公交首末站出入口位于主干道上时，与相邻道路平面交叉口停止线距离不应小于 100m；当公交首末站出入口位于次干道上时，距平面交叉口停止线不应小于 80m；当公交首末站出入口位于支路上时，附近有这条支路与主干道或次干道相交的平面交叉口，距离这个平面交叉口的停止线不小于 50m；当出入口所在的支路与另一条支路相交时，公交场站出入口距离相交的平面交叉口的停止线不应小于 30m。

公交首末站与车库相邻设置时，公交场站出入口与车库出入口的最小距离应不小于 15m。

公交首末站出入口建议设置在城市次干道、城市支路上，最好将出口和入口分开设置在不同路段上。在场站条件受限时，也可将出入口合在一起，并设置在同一路段上，但要保证同一路段上的出口和入口中心线之间的距离大于 30m。如果受场地条件所限，只有城市快速路和城市主干道相邻，则要将场站出入口设置在主干路和快速路的辅路上，如果直接将公交场站出入口设在主干路或快速路上，则会带来一系列的问题。

公交首末站出入口和站内道路应相对独立设置，不应与社会车、非机动车共用道路。

公交首末站出入口不应设置在弯道处，若因条件限制而不得不设置在弯道处时，应满足公交车辆转弯半径和行车视距的要求。

公交首末站出入口的有效宽度不应小于 7m；若合并设置，有效宽度不应小于 12m。

公交首末站出入口距人行横道、人行天桥、人行地道（包括引道、引桥）的最近边缘线不应小于5m。

公交首末站出入口距地铁出入口、公共交通站台边缘不应小于15m。

公交首末站出入口距公园，学校及有儿童、老年人、残疾人使用建筑的出入口最近边缘不应小于20m（图5-11）。

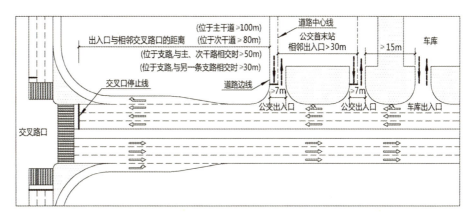

图5-11　公交首末站出入口与相邻交叉口及出入口之间的距离示意图

（四）公交首末站交通组织

1. 公交首末站设计思路

首末站位置与其他交通方式（铁路、轨道交通、航空港、长途汽车场站等）或城市交通枢纽站邻近、合建时，应考虑进行有效的交通衔接，并设置交通标识和导向标识；首末站的设置要考虑回车场地。郊区的首末站应考虑设置一定的非机动车停放场地。

公交首末站宜设置在靠近客流集散地和道路客流主要方向的同侧，从而减少过街人流量。

与首末站相连的道路出入口应布置在较为开敞的道路上，避免接近平面交叉口，必要时出入口可设信号控制，以减少交通干扰。

公交首末站出口和入口分开设置时，宜沿行车方向采用"右进右出"的组织形式，先设置入口，后设置出口。出入口合并设置时，应避免进出车流交叉，也宜采用"右进右出"的组织形式。在用地比较局促的地方，回车道无法在场站内完全安排时，应与当地交通主管部门协商，安排利用就近街道回车。当受规划条件或外围道路条件等限制时，出入口可采用"左进左出"的组织形式。

2. 公交首末站出入口转弯半径控制

① 当公交首末站入口和出口分开设置，出入口采用"右进右出"的组织形式时，车辆右转弯内侧的路缘石转弯半径不应小于12m，另一侧的路缘石转弯半径不应小于3m，如图5-12所示。

② 当公交首末站入口和出口分开设置，出入口采用"左进左出"的组织形式时，车辆左转弯内侧的路缘石转弯半径不应小于8.5m，另一侧的路缘石转弯半径不应小于3m，如图5-13所示。

③ 当公交首末站入口和出口分开设置，出入口采用"右进左出"的组织形式时，车辆右转弯内侧的路缘石转弯半径不应小于12m，另一侧的路缘石转弯半径不应小于3m；车辆左转弯内侧的路缘石转弯半径不应小于8.5m，另一侧的路缘石转弯半径不应小于3m，如图5-14所示。

④ 当公交首末站入口和出口分开设置，出入口采用"左进右出"的组织形式时，车辆左转弯内侧的路缘石转弯半径不应小于8.5m，另一侧的路缘石转弯半径不应小于3m；车辆右转弯内侧的路缘石转弯半径不应小于12m，另一侧的路缘石转弯半径不应小于3m，如图5-15所示。

⑤ 当公交首末站入口和出口合并设置，出入口采用"右进右出"的组织形式时，车辆右转弯内侧的路缘石转弯半径不应小于12m，如图5-16所示。

⑥ 当公交首末站入口和出口合并设置，出入口采用"左进左出"的组织形式时，车辆左转弯内侧的路缘石转弯半径不应小于8.5m，可满足公交车转弯半径12m的要求，如图5-17所示。

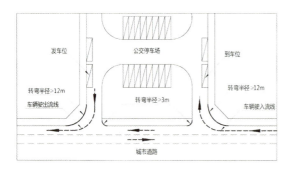

图5-12 "右进右出"出入口的路缘石转弯半径示意图

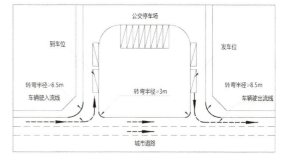

图5-13 "左进左出"出入口的路缘石转弯半径示意图

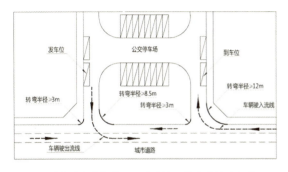

图 5-14 "右进左出"出入口的路缘石转弯半径示意图

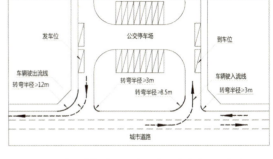

图 5-15 "左进右出"出入口的路缘石转弯半径示意图

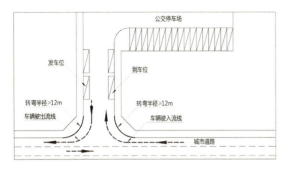

图 5-16 "右进右出"出入口的路缘石转弯半径示意图

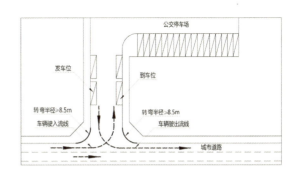

图 5-17 "左进左出"出入口的路缘石转弯半径示意图

3. 公交首末站安全设置

公交场站出入口应设置明显的交通标识，提醒司机减速或停车，以保障车辆出入时的安全。出入口处应设置减速带、道闸等设施。完善限高、限速、禁停、禁止鸣笛和禁止社会车辆入内等标志标线。

公交场站出入口必须保障良好的通视条件，保障公交车司机在视点位置可以看到站内或站外的车辆和行人。在出入口后退 2m 的公交车运行中心线两侧各 60°范围内，应能看到站内或站外的车辆和行人，如图 5-18 所示。

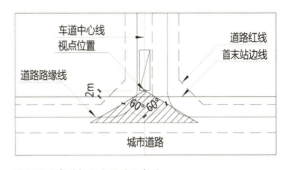

图 5-18 公交司机视点位置示意图

二、首末站站台基本形式

首末站站台形式分为周边式、岛式、行列式 3 种，其中周边式又可根据站台形状分为 L 形、T 形、U 形，如图 5-19 所示。

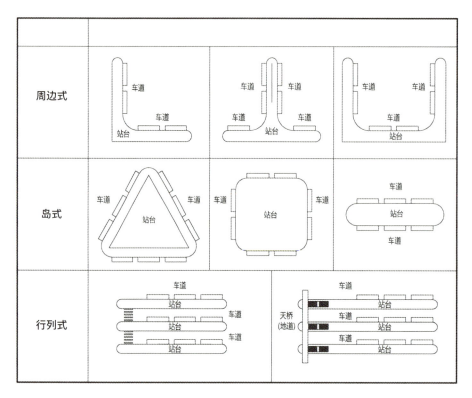

图 5-19 公交首末站站台基本形式

（一）周边式站台

周边式站台适合线路间换乘量较大的车站，采用与其他交通方式水平或垂直方向上的换乘，适用于发车位数 8 辆以下的站台，否则换乘距离偏长。这种方式可实现人车分流，使人与车相互干扰少。

（二）岛式站台

岛式站台适用于客流集中、换乘量大的车站，多采用垂直换乘，当车次不多时，也可用于水平换乘。这种方式可实现人车分流，无相互干扰。岛式站台的到发车次不宜过多。

（三）行列式站台

行列式站台适合换乘量不大的车站，适合垂直换乘，同时在车次较少的前提下也可以水平换乘。行列式的优点是占地较少，换乘距离较短，缺点是当采用水平换乘时，会有人车交织的现象，应注意做好运营过程中的交通引导和安全管理。行列式采用垂直换乘时，可使用天桥或地下通道避免人车干扰的问题，但行走距离偏长。

（四）首末站站台到车位和发车位

首末公交站台的到车位和发车位的布局一般有两种方式，分别为直列式和锯齿式。直列式优点较多，应优先选用直列式。直列式到 / 发车位尺寸为15m×3.5m，车位纵向安全间距为 2.5m，如图 5-20 所示。锯齿式到 / 发车位宽度为 3m，车位纵向安全间距为 4.5m，如图 5-21 所示。到 / 发车位应设置在直线、平坡段，不宜设置在曲线段和坡道上。若条件受限，应设置在坡度不大于1.5%的坡道上，并做防滑耐磨等工程处理。车辆进出到 / 发车位应采用"顺车进、顺车出"的组织形式，且车辆停靠时车身应全部进入到 / 发车位。

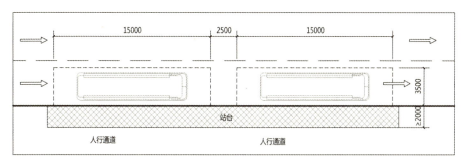

图 5-20 直列式到 / 发车位布局示例图 (单位：mm)

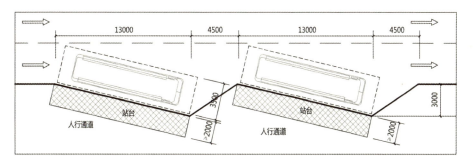

图 5-21 锯齿式到 / 发车位布局示例图 (单位：mm)

三、首末站主要设施

公交首末站主要包括公交车辆运行，乘客客流集散，公交调度管理，后勤保障服务和车辆充油、充电等功能区。

（一）公交车辆运行功能区

公交车辆运行功能区包括公交场站出入口、公交车到／发车位、公交车停车坪（包括停车位、回车道）等。

1. 公交场站出入口

公交场站出入口位于坡地时，出入口处的直线坡道坡度不能太大，应满足公交车顺畅通行的需要，一般直线段坡度（i）不大于 6%，坡道曲线段的坡度（i）不应大于 5%。根据公交车行驶的要求，车道在变坡点（道路纵断面上两相邻坡度线的相交点）处应设缓坡段。缓坡段是指当坡道坡度较大时，为避免公交车的底部在坡道两端碰擦地面而设置的缓和坡段（L），曲线段的坡道处还要设缓和曲线、弯道超高并适当加宽。由于在变坡点处处理不当会造成公交车底盘刮蹭现象，因此应在变坡点处设水平长度（L）不小于 6m 的缓坡段，如图 5-22 所示，其中 R 为曲线半径。

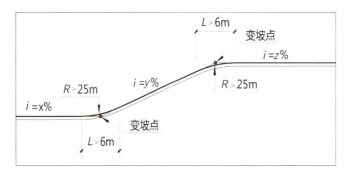

图 5-22　公交车运行出入口缓坡段设置示意图

2. 公交车停车坪

停车坪是公交站内供车辆行驶、停放的场地，公交车停车坪须设置停车位及回车道。

（1）停车位

停车位是为停放公交车划分的独立车位，车位的尺寸是公交车的长宽尺寸加上四周所需的安全距离。回车道是公交站内供公交车行驶、转弯和进出停车位时所使用的公交场区内道路。到车位是供公交车辆到达和落客的车位；发车位是供公交车辆发车和上客的车位。停车位和通道的最小宽度详见表5-4，图5-23和图5-24。

表 5-4　停车位和通道的最小宽度

停车方式		垂直通道方向的停车位最小宽度（m）	平行通道方向的停车位最小宽度（m）	通道最小宽度（m）
平行式	0°	3.5	17.0	7.0
斜列式	30°	9.6	13.1	7.0
	45°	11.7	11.7	8.0
	60°	13.1	9.6	11.0
垂直式	90°	13.0	3.5	14.0

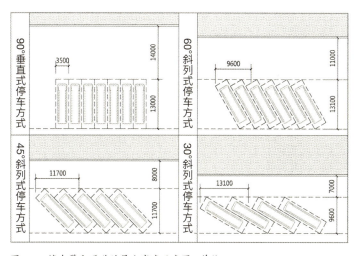

图 5-23　停车带和通道的最小宽度示意图（单位：mm）

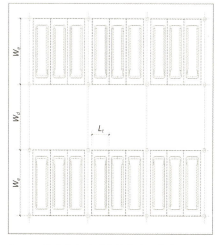

图 5-24　停车带和通道宽度符号示意图

注：W_d 为车行道的宽度，W_e 为垂直车行道方向的停车带最小宽度，L_t 为平行车行道方向的停车位最小宽度。

（2）回车道

回车道指公交场站内供车辆进出、移位、回转方向使用的道路。回车道直线段净宽不应小于 7m；转弯段净宽应适当加宽，回车道车道中心线的转弯半径不应小于 12m。回车道应按照车辆运行的回转轨迹划定，直线段宽度应满足高峰时段 2 辆车并排行驶或后续车辆超车的要求。转弯段和连续转弯段宽度应结合机动车参数（如最小转弯半径、最大转向角、轴距、轮距、前悬、后悬等）、环形车道内径和机动车最大转向角等因素适当加宽，并应进行轨迹模拟。在综合理论计算结果、实际调研和设计经验的基础上，建议连续转弯段的环形车道中心线半径不应小于 12m，内径和外径的设计应满足轨迹模拟运行要求。

最小转弯半径（r_1）是指机动车回转时，当转向盘转到极限位置，机动车以最低稳定车速转向行驶时，外侧转向轮的中心平面在支撑平面上滚过的轨迹的圆半径，表示机动车能通过狭窄弯曲地带或绕过不可越过的障碍物的能力。

机动车环形外半径（R）是指以回转圆心为参考点，机动车回转时其外侧最远端循圆曲线行走轨迹的半径。

机动车环形内半径（r）是指以回转圆心为参考点，机动车回转时其内侧最近端循圆曲线行走轨迹的半径。

环形车道外半径（R_0）是指以回转圆心为参考点，机动车回转时其外侧最远端循圆曲线行走的轨迹半径加上机动车最远端至环形车道外边的安全距离。

环形车道内半径（r_0）是指以回转圆心为参考点，机动车回转时其内侧最近端循圆曲线行走的轨迹半径加上机动车最近端至环形车道外边的安全距离。

安全间距 x、y 是指机动车环形时最外侧与环道边之间的间距，宜大于等于 0.5m，如图 5-25 所示。

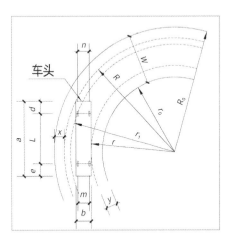

图 5-25 机动车环形车道平面图

（3）停车位布局方式

停车位布局方式分为斜列式、平行式和垂直式 3 种。站内停车位布局方式宜采用斜列式或垂直式，边角地块视情况灵活使用。应按排列紧凑、通道短捷、出入迅速、保障安全和与柱网相协调的原则布局停车位；车辆进出停车位宜采用"倒车进、顺车出"的组织形式。斜列式按实际情况选择角度，其中 30°、45°和 60°是最常用又具代表性的，各停车方式在设计时需注意停车位与柱子的净距（图 5-26）。

根据作图法，在停车数相同的条件下，平行式停车坪较垂直式停车坪面积增加 25%；在垂直式停车中，"倒车进、顺车出"较"顺车进、倒车出"的组织方式的通道更窄，所需停车坪面积更小（图 5-27、图 5-28）。

按满足绝大多数车型车辆的停车要求，停车位尺寸应取 13m×3.5m。在明确有其他特殊车型停放时，应根据需求进行调整。

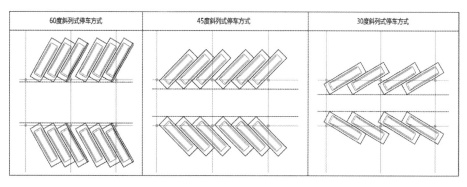

图 5-26 斜列式停车位布局示意图

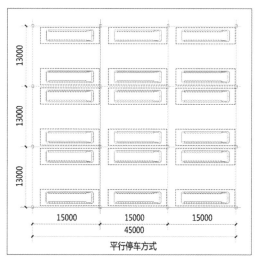

图 5-27 平行式停车位布局示意图（单位：mm）

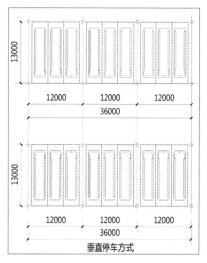

图 5-28 垂直式停车位布局示意图（单位：mm）

在满足一次顺畅进出车位和防火要求前提下，参考《车库建筑设计规范》的规定，明确停车位与柱、墙、护栏及其他构造物间净距均不应小于 0.5m，如图 5-29 所示（净距指最近距离；当墙、柱和其他构造物有凸出物时，从其凸出部分外缘算起）。

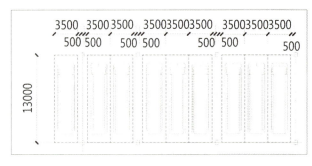

图 5-29　停车位与柱、墙、护栏间布局示意图（单位：mm）

（二）乘客客流集散功能区

乘客客流集散功能区是为乘客提供上下公交车、换乘公交车、候车等服务的区域。客流集散设施包括公交站台、公交候车区及候车廊、人行通道、无障碍设施等。

1. 公交站台

公交站台的形式要根据场地的具体条件来确定，还要考虑乘客客流的情况、运营管理的需要和场站建筑的结构形式及柱网尺寸等因素，通过优化比选后确定合理的站台形式。公交站台的净宽一般不小于 2m，站台的地面应高出车行道 0.2m 左右。每一个到车位或发车位对应的站台长度一般小于 15m。公交站台通常结合人行通道设置，人行通道的净宽一般不小于 2.5m。乘客下车区和上车区宜分开布置，下车区宜布置在靠近公交首末站的入口处，上车区宜布置在靠近公交首末站出口处。上、下客区均应布置 1~2 个停车位，最多不宜超过 3 个。公交站台与登车面之间应设置隔离护栏，保障候车安全并使乘客有序乘车。站台应预留至少 1 个上车口，上车口宽度通常不小于 1.5m（图 5-30）。

2. 公交候车区及候车廊

露天的公交候车廊应配备防雨和防晒的遮阳顶棚、夜间照明、乘客休息座椅、线路指示牌等设施。候车廊最好靠近出入口靠边布置，以缩短乘客步行距离，避免乘客对车辆正常运行形成干扰。公交候车区应设置在靠近发车位的人行通道上（图 5-31），不同规模建筑配建公交首末站的候车区最小面积应符合表 5-5 的规定。

3. 人行通道及无障碍设施

公交首末站在公交车出入口的侧面应设置行人出入口，并通过人行通道连接下车区和上车区，从而为乘客换乘及候车提供便利条件。公交中途站内应设置无障碍候车位（单个轮椅候车位的面积不小于 2 ㎡）、盲道、无障碍坡道等

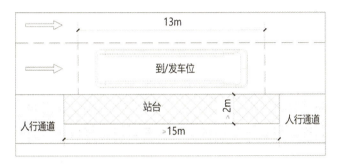

图 5-30 站台布局示意图

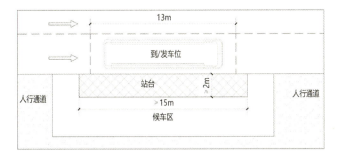

图 5-31 候车区布局示意图

表 5-5 不同规模建筑配建公交首末站的候车区最小面积

序号	建筑面积（m²）	候车区面积（m²）
1	＜ 1500	37.5
2	1500~2199	75.0
3	2200~2899	112.5
4	2900~3599	150.0
5	3600~4299	187.5
6	4300~4999	225.0
7	≥ 5000	建筑面积每增加 700m²，候车区面积增加 37.5m²

无障碍设施。站内人行横道净宽不应小于 3m，应设置连续的人行通道与站内客流集散区、行人出入口、外部衔接道路、人行设施（天桥、过街地道、人行横道等）、上盖建筑人行出入口等相连。站务用房之间应用人行通道或人行横道进行连接，步行流线应连续畅通，保障工作人员使用的安全性和便利性。建筑物内部宜设置楼梯、扶梯或电梯与站内候车区域相连。人行出入口宜单独设置，当与车行出入口设置在一起时，应采用物理隔离设施进行分隔。

不同规模建筑配建公交首末站的人行通道最小净宽应符合表 5-6 的规定。

表 5-6 不同规模建筑配建公交首末站的人行通道最小净宽

场站面积（m²）	客流集散区域人行通道最小净宽（m）	站台设置区域人行通道最小净宽（m）	站务用房区域人行通道最小净宽（m）
＜5000	2	2.5	1.5
≥5000	3	3	2

注：有乘客通行的人行通道属于客流集散区域人行通道。

（三）公交调度管理功能区

公交调度管理功能区主要为站务及司乘人员提供调度、管理、办公等场所，包括调度室、监控室、管理室、办公室、会议室、岗亭、道闸等。

调度管理用房应紧邻公交站房，调度室和监控室应设置在视野开阔的位置，便于管理人员观察公交场站的整体运行情况并进行管理和调度（图 5-32）。一般调度室、监控室、办公室的使用面积多为 10~30 m²。调度管理用房的净高通常不小于 2.7m，不宜大于 4m；设备室、变配电室净高根据设备专业的要求来确定。

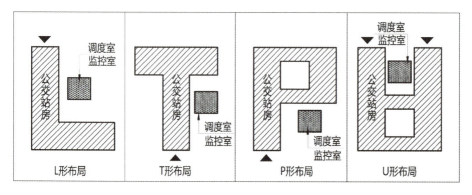

图 5-32 监控室 / 调度室布局示意图

（四）后勤保障服务功能区

后勤保障服务设施包括餐饮室、司机休息室、卫生间及母婴室、设备室、消防控制室、清洁室、茶水间、淋浴室、小型维修车间、洗车区等。后勤保障服务设施用地应优先选择公交首末站较为偏僻的地方，以减小对车辆到发和客流集散的影响。后勤功能区主要指针对司乘人员和管理人员，供公交员工交接班、就餐、休息，供管理人员起居的场所和设施。

公交首末站的维修车间应配置维修地沟，维修车间的长宽尺寸一般为17m×6m。公交车洗车区的尺寸可参照一个公交车停车位面积的1.5~2倍来设置。洗车区的宽度一般不小于4.5m，长度不宜小于13m，同时应设置隔水槽和污水沉淀池。

（五）车辆充油、充电功能区

车辆充油、充电功能区包括加油设施、充电桩、充电监控室、变配电室等。当公交首末站建筑面积大于1500 ㎡时，需要配建充电设施；当小于1500 ㎡时，也可根据需要配建充电设施（图5-33）。不同停车位规模对应的充电桩和变配电室的最小规模应符合表5-7的规定。

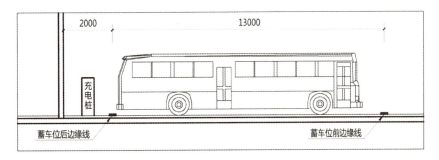

图 5-33 预留建设充电桩的空间剖面示意图（单位：mm）

表 5-7 不同停车位规模对应的充电桩和变配电室的最小规模

停车位规模（个）	充电桩最小规模（个）	变压器总容量（kV·A）	变配电室最小规模（宽×长）
≤10	5	800	3.8m×11.3m
10~20（含）	10	1600	5.0m×12.7m
20~40（含）	20	3200	7.5m×12.7m
40~60（含）	30	4800	7.5m×13.9m
＞60	与停车位的配置比例不应小于1∶2	结合具体情况设置	结合具体情况设置

（六）其他设施

公交首末站同时还要配备站牌、地图及线路图、公交时刻表、公共信息牌等设施，以及照明、监控、消防等设备系统。公交首末站的站牌具有非常重要的功能，站牌设计应标识清晰，指示明确。站牌应设置在登车口处，不得妨碍行人通行。站牌、公共信息牌应有灯光照明装置，站牌上的文字要清晰，颜色要醒目，字体大小要适宜，路线信息和方向标示要明确易懂，使乘客能够方便快捷地找到自己需要乘坐的车辆。

出入口处应结合实际需求设置排水沟，且出入口坡道处的排水沟应设置在直线下坡段；到、发车位周边的排水沟应设置为暗沟。

站内应设置与公交首末站规模相适应的集中调度管理系统、智能信息系统。智能信息系统包括LED动态信息显示系统、电子监控系统、公交信息查询系统、广播系统、安全防范与应急处置系统等。

（七）公交首末站净高控制

考虑到车辆维修需求（设置0.6m高的维修空间），结合消防通道净高要求，公交站内车辆运行区（包括进出场道路，到、发车位，停车坪等区域）的净高应不小于4.0m；若需停放双层巴士，站内车辆运行区的净高不宜小于4.8m（图5-34）。

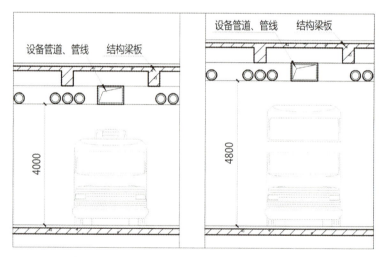

图 5-34 场地净高要求示意图（单位：mm）

第三节 公交枢纽站设计

一、公交枢纽站基本类型

公交枢纽站是较为复杂和综合性较强的公交场站，按照场站到、发公交车的线路数量，可将枢纽站分为 4 类：公交车线路为 2~4 条的是小型公交枢纽站；公交车线路为 5~7 条的是中型公交枢纽站；公交车线路为 8 条以上的是大型公交枢纽站；场站内有多种交通方式，乘客需进行多种交通方式之间换乘的枢纽站是综合公交枢纽站。

二、公交枢纽站的布局、交通及设施布置

（一）公交枢纽站规划选址

公交枢纽站在规划选址阶段应根据需要进行交通影响评价分析工作，并将分析结果作为规划设计的重要依据。

与公交首末站一样，公交枢纽站选址要满足城市总体规划和交通规划的要求，公交枢纽站应和其所在的区域路网、公交车线路紧密结合，一般选址在人口比较集中、客流集散量较大的地方，尤其是周围有较为集中的交通设施和公共设施的地方，例如，在高铁站、长途汽车站、城市公园、文化或体育设施附近设置。乘客步行距离宜控制在 350m 半径范围内。

当公交枢纽站的上部有商业开发建筑时，可结合上盖建筑的类型、建设用地地块的形状、场站和上部开发的各自交通流线组织、交通接驳、公交场站设施等内容，灵活选择场站的位置和布局形式。公交场站内设施应按照人车分离、车流顺畅和紧凑布局的原则进行设置。

（二）公交枢纽站的交通

公交枢纽站一般设置在城市道路用地之外，同时要方便与城市道路的联系，方便人流、车流的集散。

公交车进出车道应分离设置，场地出口和入口应分开，并设置明显的标志。出入口宽度一般为 7.5~10m，当站外道路宽度小于 14m 时，进出口宽度应增

加 20% ~25%，如图 5-35 所示。

公交车停车场的公交车宜采用垂直或斜列式停放，无轨电车采用平行式停放。铰接车和无轨电车采用"顺车进、顺车出"方式。

车辆宜采用"右进右出"的方式。公交枢纽站内设停车区、小修区、发车区，各分区之间要有明显的分区标志和安全通道连接，回车道宽度不小于 9m。

当枢纽站内同时有汽、电车时，应布置电车的避让线网和越车通道。枢纽站出入口处道路宜设公交专用道路。

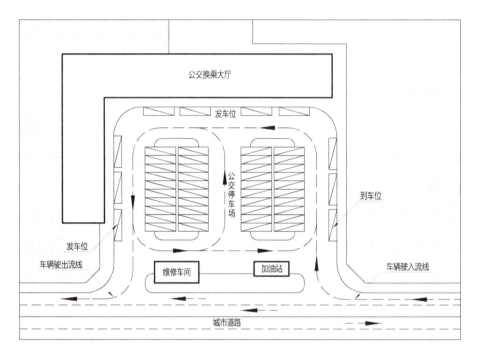

图 5-35 公交枢纽站的出入口设置

（三）公交枢纽站的站内设施

站内的运营管理设施包括场站管理室、线路调度室、智能监控室、运营办公室、司机休息室、卫生间、餐饮间、小修和低保车间、洗车和加油设施、公交停车场、回车道等。

乘客使用设施包括候车廊及候车空间、站台、换乘大厅、乘客卫生间、非机动车存放处、无障碍设施等。信息设施包括站牌、地图及线路图、公交时刻表、公共信息牌、实时动态信息等设施。安全及配套设施包括照明、监控、消防、绿化等。

站内宜配备适量的停车场地，应配备必要的办公用地，小型枢纽站不少于45 m²，中型枢纽站不少于90 m²，大型枢纽站不少于120 m²。

大型枢纽站和综合枢纽站应设置公共信息导向系统和电子信息显示服务系统。

由于站内公交线路之间、各种交通方式之间的乘客换乘非常频繁，因此一般均配备一定规模的公交换乘厅。公交换乘厅是枢纽站的重要组成部分，一般设置在核心位置，有利于合理组织乘客流线，方便乘客使用各种服务设施，如图 5-36 所示。

公交枢纽站的公交换乘厅有两种方式，分别为平面换乘和立体（垂直）换乘，如图 5-37 所示。

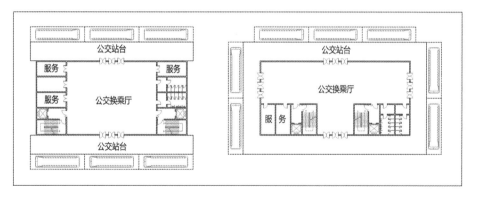

图 5-36 换乘厅平面示意图

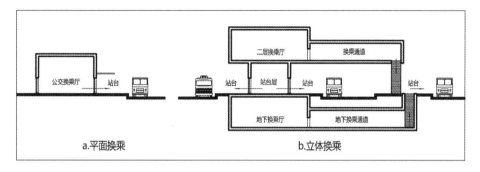

图 5-37 平面换乘及立体换乘示意图

第四节 综合防灾

公交首末站是多条公交线路的换乘节点，而公交枢纽站集中了多条公交线路，有些公交枢纽站还有其他交通方式汇集，是多条线路和多种交通方式的换乘节点。公交首末站和枢纽站的主要功能是客流的疏散和换乘，是人流集聚的地方，也是多设备系统共存的中转空间。

公交场站灾害事件的特征明显：具有突发性，时间、地点具有不可预见性；具有高度扩散性，易发生次生灾害；具有一定的社会性，对公共安全有重要影响。公交场站防灾设防应根据防灾水准，对不同灾害类型从风险等级角度确定其对应关系。

一、公交场站的选址与防灾

公交场站应注意防火、防洪防涝、防风、防震与结构安全、防恐等问题，应该按照国家和地方现行有关规范、标准来进行防灾设施的设置。中途站选址应选择安全、无地质灾害的环境；首末站和枢纽站的选址应远离有害物质危险源，远离化工厂和危险品储存用房。公交站选址应尽量避开地势低洼的地方。上部有上盖开发的公交中途站和枢纽站应解决好下部交通空间与上部居住、商业空间的有效防火隔离。

二、公交场站的消防与疏散

（一）消防通道

停车坪和站务用房周边应设置宽度不小于4m的消防通道，并确保其通畅。消防通道的设置应结合建筑后退红线的距离设置，以节约用地。

（二）公交场站的安全疏散

公交首末站、公交枢纽站的候车及换乘空间位于建筑物内时，其安全出口应直接通向室外，安全疏散出口及每跑梯段净宽度不应小于1.6m，安全疏散出口要设置明显的疏散标识，并配备事故应急照明设施。换乘大厅安全出口的数目不应少于2个。

（三）防火分区

公交场站建筑与其他建筑合建时，应单独划分防火分区，并能满足独立疏散的要求。

三、公交场站的防洪与防涝

公交场站在设计前应充分了解站址周边环境资料，避免不良自然条件对建筑物的破坏和影响。公交场站场地标高应有足够的高度，避免受到周边场地雨水的影响。公交场站防洪防涝的重点部位是低洼处、地下通道、道路低点、地下空间等。

地下通道、地下空间出入口应设置截水沟、防淹挡板等防水设施。

四、安全监控中心（监控室）

公交场站安全监控中心或监控室根据公交场站规模的大小设置不同的功能空间，负责公交场站的日常运营管理和安全监控。其主要合理职能包括：日常监控、预警信息的采集；与各种交通方式的协调工作；防控措施的协调落实和联动处置；应急调度人员和领导集中处理重大事件；应急指挥室内具有全部的客流管理调度手段，有大屏幕显示灾害信息和决策信息；在应急指挥室内可以通过内通系统与各交通方式及政府应急处置部门协调。

第五节 案例分析

一、北京宋家庄公交枢纽站

北京宋家庄公交枢纽站是集市区公交、轨道交通、长途客运等多种交通方式于一体的公交枢纽站，站内还包括社会车停车库、出租车站位、自行车等多种交通方式。宋家庄公交枢纽站总用地面积约为 31 300 ㎡，总建筑面积 52 600 ㎡，是一座集轨道交通、市区公交于一体，包括自行车等多种方式相互衔接的综合客运交通枢纽，是以地铁与公交换乘功能为主的大型交通枢纽。枢纽设置换乘功能厅、配套商业、枢纽停车设施、枢纽业务用房等。地下一层为地铁车站及商业，首层为公交站台及换乘大厅，二层及以上为办公管理用房（图 5-38~图 5-40）。停车数量：公交车 40 辆，非机动车 2000 辆，小轿车 101 辆（含临时停车 45 辆）。

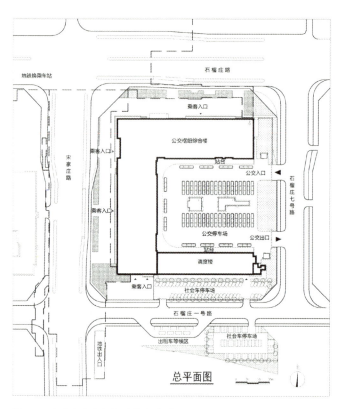

图 5-38 宋家庄公交枢纽站总平面图

（一）北京宋家庄公交枢纽站的特点

◆ 公交、社会停车、自行车均采取分层集中设置，使换乘更为便捷。

◆ 公交、社会停车分层设置，实现车流不交叉。

◆ 公交采取岛式换乘实现人车分流，安全有效。

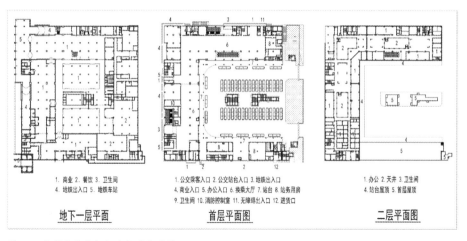

1. 商业 2. 餐饮 3. 卫生间
4. 地铁出入口 5. 地铁车站

地下一层平面

1. 公交乘客入口 2. 公交站台入口 3. 地铁出入口
4. 商业入口 5. 办公入口 6. 换乘大厅 7. 站台 8. 站务用房
9. 卫生间 10. 消防控制室 11. 无障碍出入口 12. 进货口

首层平面图

1. 办公 2. 天井 3. 卫生间
4. 站台屋顶 5. 首层屋顶

二层平面图

图 5-39 宋家庄公交枢纽站各层平面图

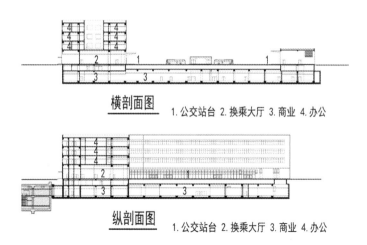

横剖面图　　1. 公交站台 2. 换乘大厅 3. 商业 4. 办公

纵剖面图　　1. 公交站台 2. 换乘大厅 3. 商业 4. 办公

图 5-40 宋家庄公交枢纽站剖面图

◆ 社会停车、自行车设于地下，便于乘客与其他交通方式的换乘，尤其是自行车与轨道交通的换乘最便捷。

◆ 充分利用周边路网中负荷度较小的道路（宋家庄路、石榴庄七号路、石榴庄一号路）组织车辆出入枢纽。

◆ 主体建筑布局紧凑，体量适中舒展，使城市空间不因枢纽的建立而变得拥挤，尽量少遮挡周边居民的视野。

（二）北京宋家庄公交枢纽站的公交车辆交通组织

公交车可通过宋家庄路向西过石榴庄路，右转入石榴庄七号路后向南，由枢纽西侧向东进入枢纽。驶离枢纽的公交车右转入石榴庄七号路，再右转入石榴庄一号路向东进入宋家庄路（图 5-41）。

二、北京一亩园公交枢纽站

北京一亩园公交枢纽站是集地面公交（公交终点站）、地铁、社会车辆、自行车等多种交通方式于一体的公交客运综合枢纽站。北京一亩园公交枢纽站位于圆明园西南角。用地内有万泉河高架路斜向穿过。颐和园路的南侧有地铁 4 号线在此设站。圆明园西路的西侧是同庆街商业步行街。北京一亩园公交枢纽站总建筑面积 19 700 ㎡，地上建筑面积 11 000 ㎡，地下建筑面积 8700 ㎡，建筑高度 11.8m。本工程地上两层，地下一层，首层设有换乘大厅、站台及公安、站务用房，二层为业务用房及办公用房，地下层有地下换乘通道、自行车库、地下汽车库、物业用房及设备用房等（图 5-42~图 5-45）。

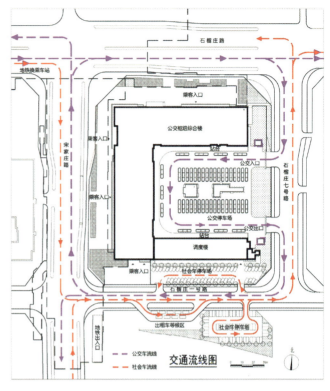

图 5-41　宋家庄公交枢纽站交通分析图

图 5-42　北京一亩园公交枢纽站鸟瞰图

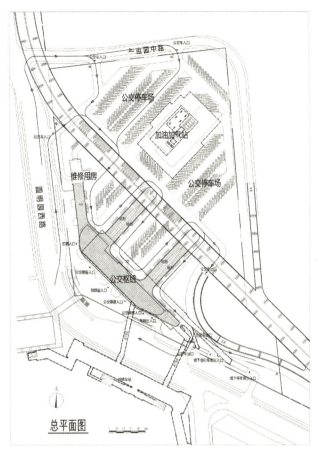

图 5-43　北京一亩园公交枢纽站总平面图

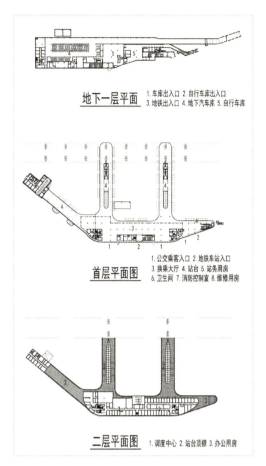

图 5-44　北京一亩园公交枢纽站各层平面图

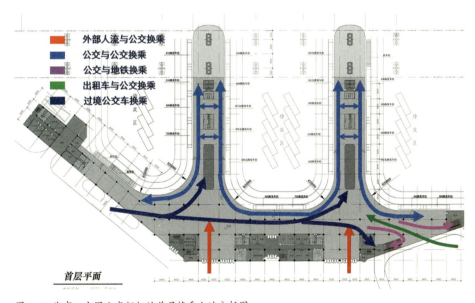

图 5-45　北京一亩园公交枢纽站首层换乘人流分析图

（一）一亩园公交枢纽站客流量对比（表5-8、表5-9）

表5-8 各阶段早高峰小时枢纽站与地铁之间的换乘对比（单位：人）

	2010 年		2020 年	
	工作日	双休日	工作日	双休日
公交换乘地铁	2146	918	3050	1779
地铁换乘公交	460	345	678	323
双向合计	2606	1263	3728	2102

表5-9 各阶段早高峰小时枢纽站与其他交通方式之间的衔接

	2010 年				2020 年			
	工作日		双休日		工作日		双休日	
	人数	车数	人数	车数	人数	车数	人数	车数
步行	1692	—	3137	—	3167	—	3838	—
自行车	108	—	141	—	202	—	173	—
出租车	87	58	158	105	162	108	194	129
小汽车	37	24	3	2	68	46	4	3

（二）北京一亩园公交枢纽站的特点

◆ 采取半岛式换乘形式，实现人车分流，使大部分乘客实现平层换乘。

◆ 由于主体建筑的集中设置，便于集中布置公交停车场和绿地，实现空间的完整性。

◆ 地铁4号线在颐和园路北侧的地下通道直接进入枢纽，换乘便捷，换乘厅的位置迎向客流，使换乘距离最短。

◆ 入口宽敞、醒目，换乘厅视野通透，充分体现了交通场站建筑的特征，易于识别。

◆ 站台宽6m，比较宽阔，适合不可预见的突发客流。

◆ 同层换乘，使公交车运营简单，给规模巨大的枢纽（18条线）的调度留有灵活性。

◆ 在与主干道相邻的用地范围内开辟公交专用道，给过境公交创造有利条件。

◆ 在入口设坡道，在与枢纽相连的地铁通道出口设残疾人电梯，实现无障碍设计。

◆ 由于紧邻圆明园风景区，为了更好地与北京古貌相融合，采取了弱化建筑体量和色彩的手法。

三、北京动物园公交枢纽站

北京动物园公交枢纽用地位于北京市西直门外大街南侧，东临京鼎大厦，西迄天文馆，北起西直门外大街，南至西直门外南路，东西长 217.74m，南北方向东部宽 30.48m，西部宽 85.32m，总用地面积为 14 750 ㎡。本项目设计包括地下一层换乘大厅、站务用房、综合控制室、卫生间、无障碍出入口、自行车库、地下汽车库，首层为公交站台、公交管理调度用房、商场出入口、车库出入口、货物出入口、卫生间等，二层以上为换乘大厅及商业开发用房，规划公交线路为 10 条（图 5-46~ 图 5-52）。

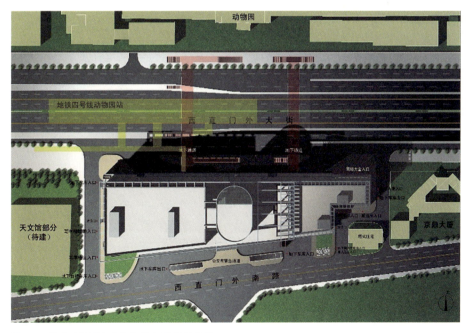

图 5-46 北京动物园公交枢纽站位置总平面图

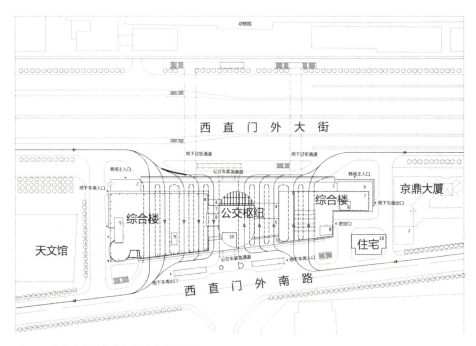

图 5-47 北京动物园公交枢纽站总平面图

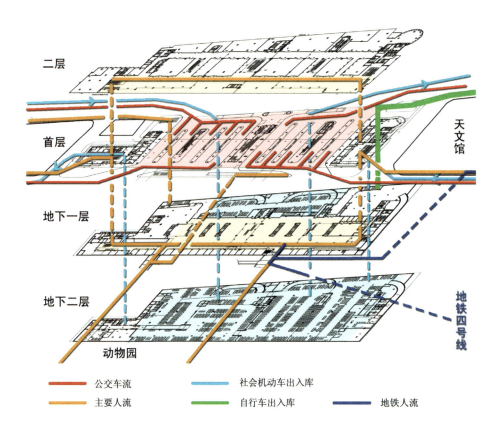

图 5-48 北京动物园公交枢纽站交通分析图

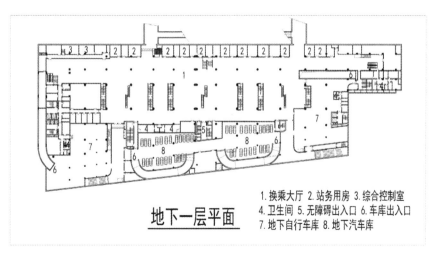

1. 换乘大厅 2. 站务用房 3. 综合控制室
4. 卫生间 5. 无障碍出入口 6. 车库出入口
7. 地下自行车库 8. 地下汽车库

图 5-49 北京动物园公交枢纽站地下一层平面图（换乘大厅）

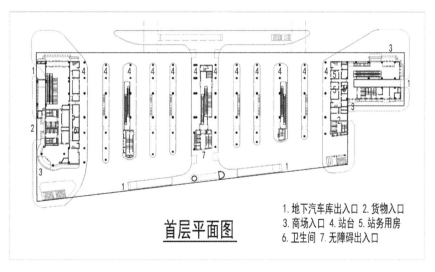

1. 地下汽车库出入口 2. 货物入口
3. 商场入口 4. 站台 5. 站务用房
6. 卫生间 7. 无障碍出入口

图 5-50 北京动物园公交枢纽站首层平面图（站台层）

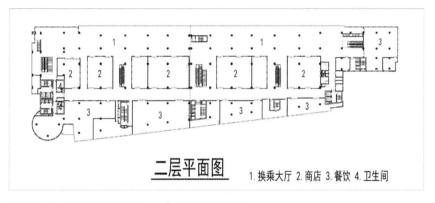

1. 换乘大厅 2. 商店 3. 餐饮 4. 卫生间

图 5-51 北京动物园公交枢纽站二层平面图（换乘层）

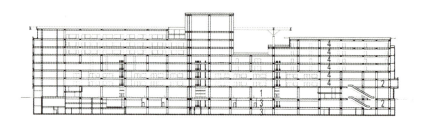

纵剖面图 1.公交站台 2.换乘大厅 3.地下停车库 4.商业

图 5-52 北京动物园公交枢纽站剖面图

（一）立体交通方式

该项目采用立体交通方式，即人车不同层，分首层公交车运行层和地下换乘层两层，乘客在换乘大厅通过竖向交通进入公交车运行层站台，站台之间有栏杆进行封闭，减少站台间的相互跨越。公交采用行列式布局，每一站台均设置垂直交通的楼梯，并设置 3 组较大的竖向交通核（除了设置楼梯外，还设置了扶梯、电梯），乘客通过楼梯和电、扶梯到达公交车运行及站台层，做到完全的人车分流，进而使乘客流线、商业流线以及公交员工流线既相对独立又相互贯通。乘客流线利用原有地下人行过街通道及地铁设施进入地下一层公交换乘大厅。

（二）站台方式的确定

由于场站用地狭长，很难采用岛式站台，因此设计的交通组织方案是以人车分流为原则，站台采用行列式，共有 10 条公交线路，东、西方向各 5 条。

（三）公交车运行流线

公交站台位于建筑的首层，公交车按东行线路的"东进东出"和西行线路的"西进西出"进行公交车流线设计，东西两侧各有 5 组通道。穿过建筑首层，西侧进站的车辆从建筑的西北角进入枢纽，出站时由西南角离开枢纽；东侧进站的车辆从建筑的东南角进入枢纽，出站时由西北角离开枢纽。社会机动车在用地的四角设两进两出共 4 条地库出入通道，其中沿西外大街和西外南路分别设 1 个出口和 1 个入口，社会车辆的出入实现"右进右出"，避免了社会车辆和出入站的公交车辆的交叉和干扰。

CHAPTER

6

第 六 章

轨道交通站

轨道交通是指运营车辆需要在特定轨道上行驶的一类交通工具或运输系统，是城市公共交通的一种。轨道交通通常指现代城市轨道交通，如地下铁路、轻轨铁路、单轨铁路、磁悬浮铁路等，其中，地铁系统是城市轨道交通中运用最广泛的铁路系统，并且绝大多数城市的轨道交通主体也是地铁系统。

轨道交通站是乘客集散的主要设施，是连接其他交通设施的重要组成部分，是供旅客乘降、换乘和候车的场所。

第一节 站型选择

一、车站的分类

轨道交通站按照不同的分类方式，其形式也不同。轨道交通站有 3 种分类方式：按运行功能分类、按站台形式分类以及按线路敷设形式分类。

（一）按运行功能分类

按运行功能进行分类，可分为中间普通站、折返站、换乘站和枢纽站，如图 6-1 所示。

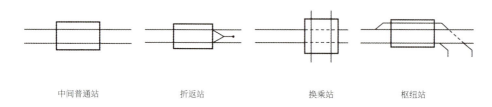

中间普通站   折返站   换乘站   枢纽站

图 6-1 按运行功能分类

中间普通站仅供乘客上下车使用，功能单一，是轨道交通线路中数量最多、最常见的一种基本站型。

折返站通常为"之"字形，是指设在线路中间可改变列车运行方向并能会让列车的车站，站内有可供车辆折返的设备，兼有中间站的功能。

换乘站是指在地铁线网中，当两条或多条线路相交时，各线路设置相互连通的供乘客转乘其他线路的车站。换乘站根据换乘形式可划分为节点换乘、同台换乘、通道换乘。其中，节点换乘包括"十"字换乘、T形换乘、L形换乘；同台换乘包括叠摞平行换乘、平行双岛同台换乘；通道换乘包括单通道换乘、多通道换乘等。

枢纽站位于若干轨道交通线路交会处，通常有大量乘客集散和换乘，常是轨道交通线路与公共汽车线路的换乘点。除了有售检票设施外，一般还设有公用电话、书报亭、餐饮服务，甚至各种商铺。

通常情况下，较为常见的是中间普通站和换乘站。

（二）按站台形式分类

按站台形式可分为岛式、侧式、组合式等，如图6-2所示。

侧式站台是常见的站台形式之一，是指轨道在中央，站台在两侧；岛式站台则是路轨在两侧，站台在中间；组合式站台是当多种类型站台组合使用时所采用的一种形式，如双岛式站台（两个岛式站台并列而成）、双侧式站台（两个侧式站台并列而成）、岛侧式站台（岛式站台和侧式站台结合）。

（三）按线路敷设形式分类

按线路敷设形式可分为地下站、地面站和高架站，如图6-3所示。

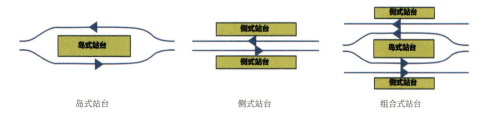

岛式站台　　　　　　　　　侧式站台　　　　　　　　　组合式站台

图6-2 按站台形式分类

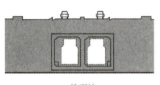
地下站

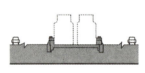
地面站

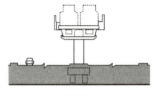
高架站

图 6-3 按线路敷设形式分类

二、车站选型

（一）车站选型影响因素

影响车站形式选择的因素包括 3 个：运营组织、用地实施条件、区间施工条件。根据不同的影响因素，当选择条件不同时，其选型原则不同，如表 6-1 所示。

表 6-1 影响车站选型的因素

影响因素	选择条件	车站选型原则
运营组织	一般中间站	岛式或侧式，优先选择岛式
	小交路折返站，站后设置折返线	双岛式、岛式、一岛一侧式车站
	站后设置故障列车存车线的车站	一岛一侧、站后设停车线的岛式车站
	线路近期或远期起点终点站	岛式、侧式、一岛两侧式车站
用地实施条件	管线较少，交通流量不大，周边用地拆迁量不大，没有其他控制因素	根据运营组织要求，可以选择占地较大的车站形式，如双岛式、一岛一侧、一岛两侧，一般采用明挖施工地下车站，或选择地面及高架车站
	有少量管线，不是交通咽喉地带，用地具有一定拆迁量	可以选择较标准的岛式或侧式地下明挖车站
	地下管线量大，交通咽喉地带，城市中心地区建筑密集，周边有文物，或城市景观要求高	叠摞侧式、分离岛式等形式的地下车站，一般地质条件时优先选择暗挖施工的地下车站
区间施工条件	地面场地开阔，区间具备盾构施工条件	受两端盾构施工要求，需要占用大量场地和地下施工临时竖井，车站优选明挖岛式地下车站，暗挖施工时需考虑盾构进出条件
	地面场地开阔，区间具备明挖施工条件	优选明挖岛式或侧式地下车站
	场地狭窄，区间具备矿山法施工条件	车站优选明挖或暗挖岛式地下车站

（二）车站站台形式与选型

车站站台形式可以是岛式站台，可以是侧式站台，也可以是两种站台形式组合或竖向叠摞在一起（图6-4）。

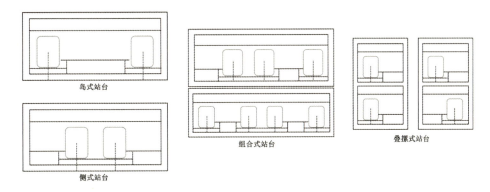

图 6-4 车站站台形式剖面图

1. 岛式站台

岛式站台的适用场合如下。

① 线路终点站选用岛式站台有利。

② 在街道路面狭窄而结构埋深较深的情况下，选用岛式站台有利。

③ 当车站与两条单线盾构区间相接时，应设岛式站台。

优点：岛式站台便于乘客候车时在站台上换乘不同方向的车次。

2. 侧式站台

侧式站台的适用场合如下。

① 在街道路面狭窄而结构埋深较浅的情况下，选择侧式站台有利。

② 当车站与复线盾构施工的区间隧道相接时，应设侧式站台。

优缺点：对于侧式站台来说，乘客在换乘不同方向的车次时，必须重新返回换乘厅才能完成，一旦乘客走错方向，会给换乘带来很多不便。但侧式站台可集中布置轨道，有利于区间采用大的隧道或双圆隧道双线穿行，具有一定的经济性。

3. 组合式站台

该形式多出现在换乘站、折返站、分叉站或联运站（轨道交通与铁路联运）。

4. 叠摞式站台

该形式实际上是变相的侧式站台，多建在街道极为狭窄、无法平面布置区间的车站，造价昂贵。

第二节 功能布局

不同轨道交通系统车站的复杂程度不同，根据不同的系统制式，车站的规模和复杂程度存在较大差异，其中地铁、轻轨和特殊制式轨道交通站最为复杂，需纳入专门的交通场站建筑类别。

有轨电车车站的设计，可参照快速公交或一般公交车站进行设计。

一、车站功能

典型的地铁车站功能主要包括四部分：出入口及通道、车站主体、通风道及风亭、其他附属建筑。其中，车站主体又可分为车站用房和乘客使用空间。车站用房主要是设备、运营管理及辅助用房，乘客使用空间包括付费区和非付费区，如图 6-5 所示。

这些功能主要分为两大类：公共区和设备管理区。公共区主要供乘客使用，有出入口及通道、站厅公共区

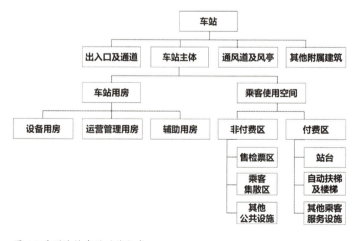

图 6-5 典型地铁车站功能组成

和站台公共区等功能；设备管理区主要满足车站运营相关功能和内部管理，包含管理用房区、设备用房区、风道及风亭、其他附属设施等，如表 6-2 所示。

轻轨车站的功能组成较为简单，只需提供供乘客候车和乘降使用的站台，以及供乘务人员使用的值班室等设施，满足基本的乘降功能。

表 6-2 车站主体功能一览表

分类	组成	说明
公共区	出入口及通道	乘客进出车站的通路
	站厅公共区	乘客完成售检票后，到达乘车区及出站的区域
	站台公共区	乘客上下列车的区域
设备管理区	管理用房区	为地铁管理人员提供的办公、休息区域
	设备用房区	为地铁运营提供通风、供电、通信、信号等设备放置的区域
	风道及风亭	由通风机房延伸至地面，满足车站及区间通风、排烟的区域
	其他附属设施	无障碍电梯井、冷却塔等

二、车站总平面布局

首先，车站的规模及布局应满足线网远期规划的要求。其次，当车站中心位置和方向确定后，车站总平面布局更是至关重要。车站的总平面布局不仅关系到乘客是否能够安全、迅速、方便地进出站，车站各项安全设施能否正常运转，还关系到车站出入口、通道、地面风亭等设施与城市建筑物、道路交通、绿地等能否协调、统一。

如图 6-6 所示，车站的总平面布局设计主要包括车站主体的设计，以及出入口、通道、通风道、地面风亭及其他附属建筑物的设计等。

车站总平面布局设计时，应参考以下主要原则。

◆ 应考虑地上地下综合开发，与周围环境协调统一。

◆ 在满足运营管理需求的同时，要考虑远期客流量集散的需求。

◆ 公共区要根据客流量大小合理设置人行通道的宽度。

◆ 车站出入口的布置应综合考虑城市道路、周边建筑、公交站点的规划等因素。

◆ 通道和出入口不应有影响乘客紧急疏散的障碍物。

◆ 应解决好通风、照明等问题，为乘客提供安全、便捷、舒适的空间环境。

◆ 车站要考虑防灾设计，从而保证人员的安全。

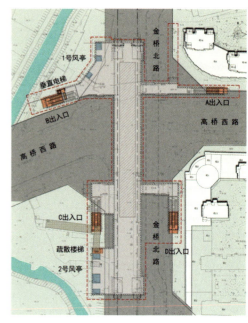

图 6-6 典型地铁车站总平面图

第三节 站房主体设计

轨道交通站房主体主要包括车站站厅和车站站台两部分。

一、站厅层设计

站厅也称车站大堂，主要供乘客进出站，完成售票、检票的整个过程；内部布置售票、检票设施，乘客服务设施和垂直交通设施等，一般设在站台上方、下方，或贴邻站台，并集中布置。

站厅层主要包括付费区和非付费区。

（一）付费区

付费区是供乘客检票后使用的站厅公共空间，应与非付费区完全分隔（图6-7）。

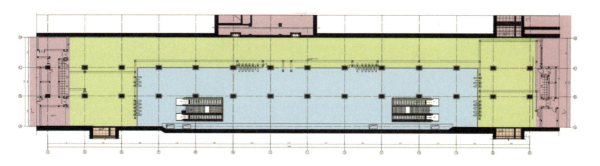

图 6-7 典型地铁车站

付费区内不宜布置与乘客集散功能无关的商铺等设施。

付费区隔离栏杆上应考虑乘客紧急疏散和消防救援时使用的平开栅栏门。

（二）非付费区

非付费区是乘客进站安检、售检票和出站疏散的区域。非付费区应便于运营管理，具有一定的封闭性。

站厅层非付费区内通常还布置电话、自助售票机、商铺等供乘客使用，但这些辅助设施不能布置在影响疏散的区域。

（三）站厅设计要求

◆ 站厅层应合理划分功能分区和防火分区。

◆ 站厅层分为付费区和非付费区，由进、出站的闸机和固定栅栏将其隔开。

◆ 合理组织交通流线，使流线快捷有序。出入口的位置和数量、楼梯与扶梯的位置和数量、售检票系统的位置和数量要满足客流集散要求，一般应在客流路径一侧沿客流进站方向排列，布设在便于购票、比较宽敞的地方，并且能够相互协调匹配，尽量避免进出站客流的交叉。

◆ 合理布置管理、设备用房。管理用房应在站厅层一侧集中布置，设备用房应根据相应的设置要求布置。

（四）地下站厅主要布置形式（图6-8）

◆ 贯通式站厅：这是最为常用的站厅布置方式，站厅设在地下一层。

◆ 分离式站厅：站厅设在地下一层，每个站厅设置一组楼梯。

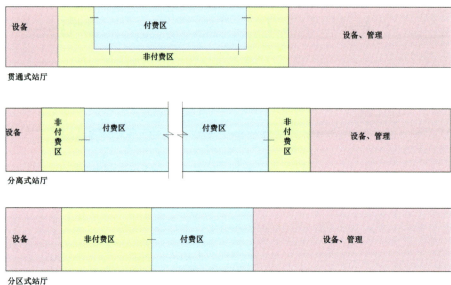

图 6-8 地下站厅主要布置形式

◆ 分区式站厅：站厅设在地下一层，多组楼（扶）梯沿纵向布置，由自动售票、检票系统和栅栏划分为多个付费区和非付费区。

另外，站厅还可以布置在地面和高架层，地面和高架车站站厅平面布置同地下站厅，利用检票机群划分为付费区和非付费区。

二、站台层设计

站台是供乘客上下车以及候车的场所。车站站台由乘客乘降区、乘客集散区和垂直交通设施构成。对于国内常用编组，站台长度一般为 120~184m。

（一）站台平面布置形式

根据站台与轨道线路之间的关系，站台平面主要包括两种形式：侧式和岛式。其中，岛式站台又分为鱼腹式、双跨岛式、三跨岛式、分离岛式、喇叭岛式。另外，岛式和侧式站台可组合使用，称为组合式站台，如表 6-3 和图 6-9 所示。

表 6-3 站台平面布置形式

站台类型	设置适用条件
侧式	进出站楼梯设在中央，设备用房设在站台端部
鱼腹岛式	进出站楼梯设在中央最宽处，机电用房设在站台端部
双跨岛式	较为常用，采用两跨结构，多组楼梯沿纵向布置，机电用房设在端头内
三跨岛式	较为常用，采用三跨结构，多组楼梯沿纵向布置，机电用房设在端头内
分离岛式	有粗大塔柱，侧站台要适当加宽；使用自动扶梯
喇叭岛式	一般布置在线路不平行的曲线上，多组楼梯沿纵向布置，机电用房设置在两端
组合式	多种类型的站台组合使用，可作为终点站和中间折返站，站台间通过站厅、天桥或地道连接

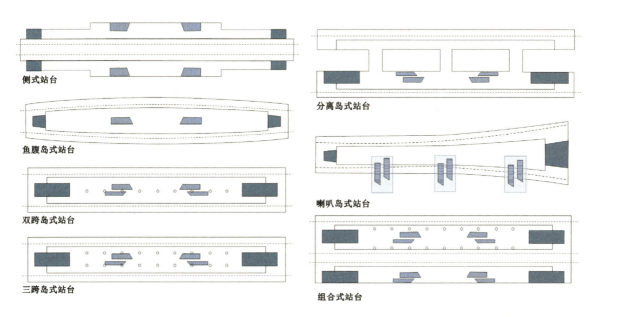

图 6-9 站台平面布置

（二）站台设施

站台设施可分为公共区和设备区。通常中间为公共区，两端为设备区。公共区供乘客上下车和候车，主要有站台监控厅、乘客座椅、公用电话、紧急停车按钮等设备设施。

站台还设有立柱、屏蔽门和安全护栏。

第四节 综合车辆基地

　　轨道交通车辆基地是地铁车辆停放、检查、整备、运用和修理的管理中心所在地，除承担全线车辆的运用、检修工作外，还配有负责全线机电设备等维修的维修中心、负责物资管理存放的材料总库和职工技术培训中心等。

一、功能与组成

　　车辆基地主要负责车辆的运用及检修，主要有如下功能（图6-10）。

　　◆ 车辆停放及日常保养功能。包括地铁列车的停放，对车辆的管理；司乘人员每天出、退勤前的技术交接；对运营车辆的日常维修保养及一般性临时故障的处理；车辆内部的清扫、洗刷及定期消毒等。

　　◆ 车辆的检修功能。依据地铁列车的检修周期，定期完成对地铁列车的月修、定修、架修和厂修任务。

　　◆ 列车救援功能。当列车发生事故（如脱轨、颠覆）或接触轨中断供电时，能迅速出动救援设备并起复车辆，或将列车迅速牵引至邻近的车站或地铁车辆基地，并排除线路故障，恢复行车秩序。

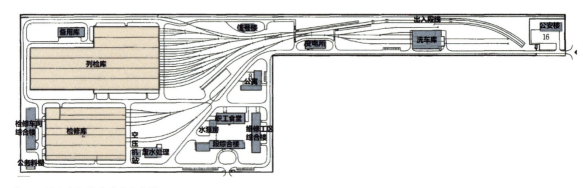

图 6-10 综合车辆基地总平面实例

◆ 设备维修功能。对地铁各个系统，如供电、环控、通信、信号、防灾报警、自动售检票、给水排水、自动扶梯等机电设备和房屋、轨道、隧道、桥梁、车站等建筑物进行维护、保养等。

二、分类

根据不同的承担功能和任务范围，综合车辆基地一般可分为车辆段和停车场，其中车辆段又分为定修车辆段和厂架修车辆段。

◆ 停车场主要配备停车列检库等设施，停放规模超过 12 辆列车时设置洗车库和月修库、临修库等必要的检修设施。根据线路长度，有必要时可设置镟轮库。

◆ 定修车辆段在停车场的基础上，设置定修库、临修库、静调库、吹扫库等，并设试车线。

◆ 厂架修车辆段在定修车辆段的基础上，增加厂架修库、油漆库等车辆检修设施。

三、选址原则

车辆基地的选址应遵循以下原则。

◆ 用地性质应符合城市总体规划要求，并具有远期发展余地。

◆ 车辆段应有良好的车站接轨条件，便于运营和管理。

◆ 基地应具有较好的自然排水条件。

◆ 宜避开工程地质和水文地质不良的地段。

◆ 选址应便于市政管线的引入和道路连接。

◆ 车辆基地宜与国家或地方铁路接轨。

第五节 辅助区设计

辅助区包括车站管理用房、设备用房和附属设施。

一、管理用房

车站管理用房由车站管理用房、车站生活和仓储用房、线路运营用房等组成。车站管理用房一般集中布置在车站一端，互相靠近，以压缩规模、便于防灾和管理。

轨道交通站内部管理用房与各城市负责运营管理的企业内部体制相关，各条线路总体技术有详细需求。各城市轨道交通运营单位管理机构、管理办法不同，车站行车、管理、技术用房组成内容和面积也不同。

二、设备用房

车站设备用房一般按各系统工艺要求，布置在车站两端相应的部位。车站设备用房组成根据各条线路总体设计技术要求设置。

三、附属设施

地下车站附属设施由出入口、风道、紧急疏散出口、无障碍电梯厅、冷却塔、电阻小室等构成（表6-4）；地面和高架车站附属设施则主要是指附属用房和进出站天桥等（表6-5）。

表 6-4 地下车站附属设施

项目		部位	功能
出入口	地面厅	地下车站出入口通道出地面部分	供乘客出入轨道交通站使用的进出设施。地面厅为出入口地面部分围护结构，提供遮蔽功能
	通道	地下车站中部站厅两端或中部、与公共区相连的主体建筑外和地面厅之间	
风道	风亭	地下车站风道出地面部分	供车站公共区、设备用房区通风、空调引入新风和排除废气使用。发生事故时作为排烟口使用
	风道（地下部分）	地下车站两端主体一侧	
紧急疏散出口		地下车站设备管理用房区集中于一端主体外侧	供车站设备用房区防灾安全疏散和必要时工作人员进出使用
无障碍电梯厅		地下车站出入口、地面厅附近	供残障人士和其他有需求人士进出地铁使用
冷却塔		地下车站靠近主体内冷冻站一端，风亭附近	使站内空调系统与室外环境发生热交换，完成空调功能
电阻小室		地下车站一端，风亭附近	供地铁列车再生制动系统电阻散热使用

表 6-5 地面和高架车站附属设施

项目	部位	功能
附属用房	地面和高架车站主体内或附近	供轨道交通站运营管理和设备使用
进出站天桥	地面和高架车站跨越城市道路等	供乘客出入轨道交通站使用

（一）车站出入口设计原则

出入口是供乘客进出轨道交通站的设施，应根据所在位置的地面规划和道路具体情况布置，一般应布置在道路两侧的道路红线外或路口拐角处。

轨道交通站出入口可结合城市规划统一考虑，设置成独立出入口或与周边建筑物地下空间结合建设。有条件时应结合地下过街通道设置。

出入口个数应根据客流方向的需求设置，每个车站不少于两处。分离站厅的车站，每个站厅不少于两处。

出入口地面厅形式应结合当地气候条件设置。

出入口分为通道段和扶梯段，扶梯段一般由自动扶梯和楼梯组成，根据不同的高度和需求进行不同的排列组合。

（二）出入口通道形式

出入口通道的形式应结合地形设置，可分为图 6-11 中所列的几种形式。此外还有组合形式。

（三）出入口宽度

出入口宽度一般根据经验判定，并通过能力计算校核。

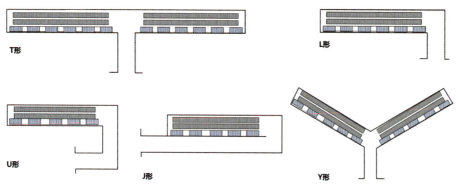

图 6-11 出入口平面形式

第六节 引导标识

引导标识是车站空间的重要组成部分，是以"导航"为目的的一个视觉信息系统，它将各种类型的标识按一定的关系组合在一起，帮助人们在车站空间环境中较为快捷地到达目的地。

在车站空间环境中，引导标识主要为交通标识。在设计中，对交通标识的基本要求是设置醒目清晰、信息精准、简洁明了。并且，指示使用者行进方向、路线引导的交通标识，其定位和导向标识应该是分工明确、系统完整的。

车站引导标识又称标识系统，主要是指在进出场站的区域范围内引导人们出行的指示系统。它通过建筑体表面的名称以及站台上的名称告知人们出行及到达的场站名称。出发及到达区域的指示牌规范引导人们的出行，对旅客起到辅助管理的作用。

一、设计原则

我们把标识系统的设置总结为"两点四线"原则。所谓的"点"，并不是具体意义上的某个点，它包含两个含义：一是发生空间变换的交界点，如站厅与站台的交界处，或者是通道拐弯处，以及从出入口地面进入地下处等；二是指某处集中发生功能的区域，如售票处、检票处、补票处等，标识系统就是围绕这些区域来布置的。

所谓的"线"是指车站中的人流动线，分为 3 段：乘车动线——以进入地铁车厢为界；下车动线——乘客在进入车厢之后，途经一些车站直至顺利到达目的地后下车的一系列动作序列；出站及换乘动线——乘客在下车之后的一系列动作序列与行走动线。我们说的标识系统的"线"的设置原则，就是指标识根据乘客的行为动线沿线布置。它又分为两种方式：垂直于行为动线以及平行于行为动线。因为乘客的信息需求不尽相同，而且乘客的信息行为也是有规律的，故不可能，也没必要把所有的信息都摊开，垂直悬挂在乘客面前，这样反而会导致信息不能正常发挥作用，而且会影响人流的疏散效率。

二、组成要素

地铁标识系统的主要组成要素为色彩与文字、图形和版面设计。

（一）色彩与文字

色彩与文字的结合是地铁标识系统的主要引导方式，这也是地铁标识系统与一般标识系统的区别之一。体现在标识系统的具体设计中就是赋予每条线路一种识别色，通过识别色与文字的结合引导，完成标识系统的导航功能。鉴于可读性的考虑，一般字体都采用无装饰线的字体，中文字体一般采用黑体字。

（二）图形

地铁标识系统中的图形设计主要为箭头、区域图。区域图的设计要抽象、简练，信息明确，色彩不宜过分突出，主要分为平面型与立体型两种。

（三）版面设计

地铁标识系统的版面设计主要包括 4 个方面。

首先，在视觉活动中，人们总是倾向于把大小、形式、方向、色彩、位置相近的对象归为同类或同一组合，在设计中要将各个要素分类，尽可能减少类别，便于人们快速识别。

其次，各种信息的等级处理成功与否，是标识是否能顺利传达潜在信息的关键。它主要是指对标识版面设计的元素进行不同的处理以形成差别，这种差别引导地铁乘客根据重要性依次递增或距离渐近来获得信息。由于地铁标识系统以色彩和文字引导为主，故主要的信息等级处理手法也以色彩和文字的对比为主。

再次，开放式空间是版面设计的关键工具，它通过在重要元素周围提供一个安静的区域来引导视线走向。

最后，版面要均衡。版面的上下、左右应在面积、色彩、比重等方面大体平衡，要处理好版面的主次、间距、四角、图底关系等。

第七节 综合防灾

一、车站防火设计

对于车站防火灾设备的设计能力，应以所在轨道交通线路全线同一时间内发生一次火灾为前提。

对于车站人行通道的宽度、数量及出入口的通行能力的设计，应保证在远期客流高峰时，在发生火灾或其他事故的情况下，能在 6 分钟内将一列车的乘客、车站候车人员和车站工作人员等疏散到地面或安全地点。

（一）防火等级

车站、区间及车站地面附属设施的建筑防火等级按表 6-6 所列指标控制。

表 6-6 车站、区间及车站地面附属设施的建筑防火等级

部位	防火等级	备注
地下车站主体	一级	
地下车站出入口通道	一级	
地下车站风道	一级	
地下区间	一级	
地下车站出入口地面厅	二级	地下车站地面站厅为二级
地下车站地面风亭	二级	
地面车站主体	二级	
高架车站主体	二级	

（二）防火、防烟分区及防火分隔

车站站台和站厅乘客疏散区可分为一个防火分区，站厅层、站台层两端设备用房按不大于 1500 ㎡ 划分防火分区。其中，有人员区域设直通地面的安全出口；无人员长期停留或人员少于 3 人的按无人区考虑，可不设直通地面的安全出口。

地面车站或高架车站按不大于 2500 ㎡ 划分防火分区。

防烟分区不应跨越防火分区划分。站厅层两端设备管理区（除风道外）防烟分区面积不大于 750 ㎡，站厅、站台层公共区的防火分区面积不宜超过 2000 ㎡。站台层在安全门端门至轨行区处设挡烟垂壁，将车站与防烟区间分开。

埋深超过 10m 的地下车站消防专用通道应设置防烟楼梯间。

二、车站安全疏散

（一）防火分区的安全出入口设置

防火分区的安全出入口设置应符合下列规定。

◆ 车站站厅和站台防火分区安全出口的数量不少于 2 个，并应直通车站外部空间，如图 6-12 所示。

图 6-12 车站公共区安全出口示意图

◆ 设备用房区（有人区）防火分区安全出口数量不应少于 2 个，并应有 1 个安全出口直通室外空间，与相邻防火分区连通的防火门可作为第二个安全出口。但竖井爬梯出入口和垂直电梯不可作为安全出口，如图 6-13 所示。

◆ 与车站相连开发的地下商业等公共场所，通向地面的安全出口不应与地铁出入口共用，并符合现行《建筑设计防火规范》（GB 50016—2014）的规定。

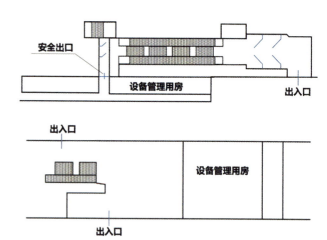

图 6-13 设备用房区防火分区安全出口示意图

（二）安全出口的门、疏散通道的最小净宽

安全出口的门和疏散通道的最小净宽见表 6-7。

表 6-7 安全出口的门、疏散通道的最小净宽（单位：m）

名称	安全出口门	疏散通道	
		单面布置房间	双面布置房间
车站公共区	一般不设置防火门	—	—
车站管理用房区	1.20	1.20	1.50

（三）车站站台公共区疏散距离

车站站台公共区的任一点，距疏散楼梯口或通道口不得大于 50m。另外，在站台两端均应设置到达区间的楼梯或疏散通道。

（四）设备管理用房区疏散距离

设备管理用房区房间位于 2 个安全出口之间时，房间门距最近的安全出口不超过 35m，位于尽端封闭通道两侧房间的门距最近的安全出口不超过上述距离的一半。

三、其他灾害防治

（一）防洪和防涝

对于地下车站来说，要特别注意防洪和防涝。地下车站应按当地每 100 年一遇的洪水频率标准进行防洪设计。车站地面出入口平台面的标高，以及能通至车站内的其他开口的平台面的标高，均应高于设防要求，同时，还应根据本区域水涝资料对其进行综合考虑处理，下沿应高出室外地面 300~450mm。如不满足防淹高度，则必须加设防淹闸槽。

（二）防风

地面及高架车站结构在最大风力的作用下，应具有足够的强度、刚度和稳定性，确保建筑物的安全。

（三）抗震

车站和区间等有关建筑物的抗震设计烈度应根据当地的标准执行，并符合国家相关抗震设计规范及其他规定。

（四）防雷

每个车站或独立的辅助建筑均设防雷接地装置，接地电阻不大于 1Ω。接地装置均接入综合接地系统。地面建筑应按照相关的国家规范设置防雷装置。

室内外用电缆的通信及信号的电子设备、要求防雷的设备，应设屏蔽地线、防雷地线、安全地线。室外无线系统的天线要求设防雷单元与防雷地线。室外轨道设备要求可以防雷，要有防雷单元与防雷地线。变电所设防雷装置和防过电压装置。

（五）防恐安全

根据城市防恐形势，设置车站安检系统。安检系统是地铁安全防范系统的重要组成部分，可针对火、爆等威胁起检测防范作用，有力震慑恐怖活动。

第八节 开发和设计趋势

一、站城一体化

随着城市集约化发展，轨道交通站功能逐渐复合化，轨道交通站的商业色彩逐渐浓厚，轨道沿线的土地也随之升值。"轨道交通场站综合体"的开发，特别是地铁场站与周边商业等地产一体化开发，已经成为地产开发与城市建设的趋势。

站城一体化即轨道交通场站与城市一体化发展。

站城一体化开发主要有两种开发模式：以枢纽站为中心的高度复合、集聚型开发模式，轨道交通建设和同步沿线开发模式（图6-14）。

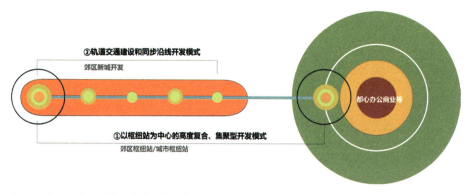

图 6-14 站城一体化开发的两种开发模式

（一）以枢纽站为中心的开发模式

轨道交通枢纽站即多条线路的换乘站，通常会有多种交通方式交会。作为换乘节点的枢纽站，通常会有大量的人流来往，相较于普通的车站，有更大的经济发展潜力，往往会带动周边发展。以枢纽站为中心的开发，其空间形态大致分为以下3种（图6-15）。

车站、基础设施、建筑物层叠型：这种形式是将轨道交通与其他交通方式（公交车、出租车、长途客车等）上下组合设置，从而使交通换乘更加便捷有序，提高换乘效率。

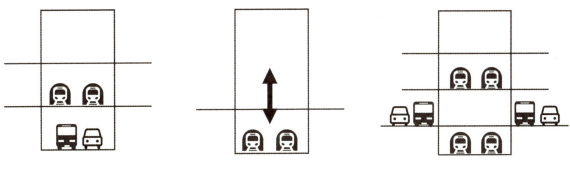

车站、基础设施、建筑物层叠型　　　　　地下车站和城市连接型　　　　　车站和城市一体化再生型

图 6-15 以枢纽站为中心的开发模式的 3 种空间形态

地下车站和城市连接型：将地下车站与地上城市功能以开放的空间形式（如下沉广场、中庭等）连接。这种空间形态加强了地铁站与周边功能的联系，车站与周边功能的无缝衔接也带动了周边的发展。

车站和城市一体化再生型：除了车站本身的建设，还将车站以宜人的舒适尺度融入城市功能，从而使车站与城市功能一体化共生。

（二）轨道交通沿线开发模式

轨道交通沿线开发主要针对车站建设在郊区的情况，通过在场站沿线布置多种功能的生活配套设施，为地铁沿线社区营造较为舒适便利的生活环境，提高居住品质，从而实现郊区场站沿线一体化开发。

二、地下空间综合开发

随着城市的快速发展，地铁以其快速、准时、便捷等优点，很快获得了人们的青睐，从而成为城市中重要的公共交通工具。地铁站往往会带来大量的人流，为地下空间的开发奠定了很好的客流基础。结合地铁场站进行地下空间的开发，可以集约利用土地资源，并且大量的人流也会激活地下空间，提升地下空间价值。

车站与地下商业街等建筑的地下空间一体化连接或结合是轨道交通与城市地下空间开发的主要趋势。开发时，地铁部分与商业等建筑的地下空间部分的防灾疏散要完全分开，内部设备应独立设置，防灾信息应互通，地铁部分对外应该有相对独立的出入口，保证在地下商业停止营业后，地铁能够独立使用。

在地下综合开发时，地铁与周边建筑的连接方式主要包括3种：通道连接，这种连接方式通常较为简单，地铁站和周边建筑可在不同时期建设；开口连接，运用这种连接方式的建筑地下空间通常紧邻地铁站建设；大厅连接，地铁站与连接建筑需要同时期建设，一体化连接较为紧密，如图 6-16 所示。

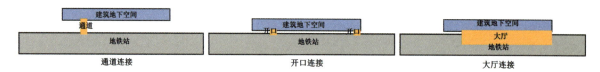

图 6-16 地铁与周边建筑地下空间连接示意图

三、标准化设计

随着轨道交通场站的大量建设，其装配式设计势在必行。也正因为如此，轨道交通场站的标准化设计势在必行。

以北京城建设计发展集团股份有限公司在烟台市的轨道交通项目设计为例，设计中规定了车站公共区域的长度和高度、车站的安检与客服中心、售票设备的布置、卫生间的设置、出入口的设计标准等，详见表 6-8。

表 6-8 标准化车站公共区长度、高度及配套设施主要标准

车站公共区域的长度（单位：m）			
站厅	82		两端：各 2 跨非付费区（9×2）×2
			中间：5 跨付费区（9+10+9+10+9）
站台	113		中间 3 组交通设施，一端站台设公共卫生间
车站公共区域的高度			
站厅	层高	≥5.1	≥5.4
	净高	≥3	≥3.2
站台	层高	≥5.1	≥5.4
	净高	≥3	≥3.2
其他	参照规范执行		

续表

	安检与客服	售票设备布置	卫生间设置	出入口设计标准	
调研分析与设计原则	以安检位置固定为基础，客流进出站流线便捷，服务高效	在公共区端部设置	非付费区邻近出入口，站厅层	规范、服务水平：上下行	
				客流现状：单向扶梯满足客流要求	
		公共区楼扶梯外侧设置	付费区站台层设备大端设置	远期发展：规划条件尚不明确	
				规范、服务水平：上下行	
方案	客服中心在中间	根据流线组织方案，推荐在楼扶梯外侧设置	推荐在付费区站台层设备大端设置	推荐双向扶梯＋楼梯	
				条件困难时，结合垂直电梯布置	
				无障碍：道路红线 $W \geqslant 40\text{m}$、商业中心、条件具备：2 部	

标准化的功能设计包含进站、自动购票、安检、刷卡、客服和乘车。

对 26 座非枢纽站和换乘站二次分类，将 22 座（占比 68%）车站主体进行标准化设计（图 6-17）：公共区域长 82m，9 跨，中间设 T 形楼梯和垂梯，两侧设扶梯。其中，T 形楼梯竖向净宽 4.4m，横向净宽 2.2m。采用中间进站，两侧出站的方式，设置一个乘客服务中心。

标准化设计推行公共区与设备区标准化，附属建筑能因地制宜，灵活设计。标准化的设计模式也为模块化和装配式建设奠定了基础。

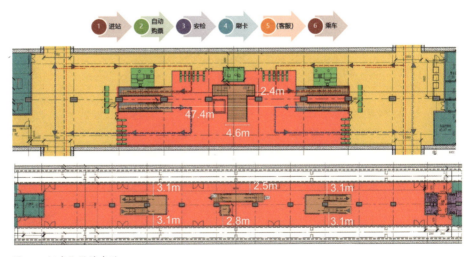

图 6-17 标准化设计车站

第九节 案例分析

一、普通车站案例

桃源村站是深圳地铁 7 号线的车站，地铁站位于龙珠大道与龙珠六路及龙珠七路交会处，车站主体位于龙珠大道路面下，沿龙珠大道布置。

（一）车站选型

桃源村站为标准岛式车站，便于乘客在站台上换乘不同方向车次。车站共计地下两层，站厅层位于地下一层，站台层位于地下二层。

（二）总平面布置

如图 6-18 所示，桃源村站位于龙珠大道上，沿龙珠大道布置，车站设置 4 个出入口，在道路两侧分别布置 2 个出入口。

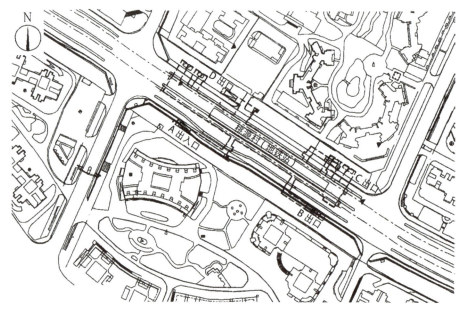

图 6-18 桃源村站总平面图

（三）站厅层、站台层

如图 6-19，桃源村站为普通车站，站厅层公共区主要包括付费区和非付费区两部分，两端为设备用房区；站台层为岛式站台，只有往返两个方向换乘，没有与其他线路的换乘。

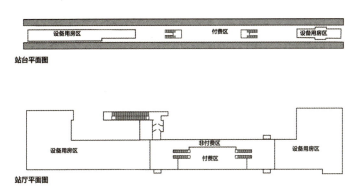

图 6-19 桃源村站平面图

二、换乘车站案例

武林广场站是换乘车站，位于杭州下城区武林广场，沿环城北路北侧下方布置。

（一）车站选型

武林广场站为双层岛式车站，是地铁 1 号线和 3 号线的同台换乘车站，两线采用垂直上下叠摞式同台换乘，地下二、三层都是站台，为上宽下窄叠岛式站台。

（二）总平面布置

如图 6-20 所示，地铁站位于武林广场东北侧，线路穿过武林广场，车站长 162.75m，标准段宽 36.6 m，底板埋深 27m，有 5 个出入口。

（三）站厅层、站台层

站厅层位于地下一层，站内设施包括票务服务、客服中心、售票机、进 / 出站闸机、垂梯、自动扶梯、综合资讯图、卫生间等。地下二、三层分别为 1、3 号线不同方向的岛式站台（图 6-21）。

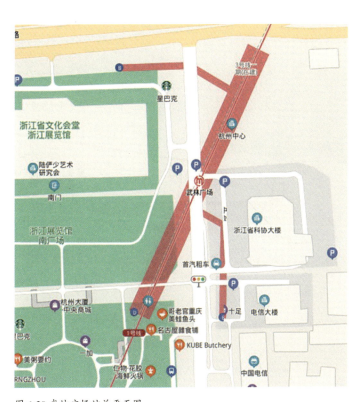

图 6-20 武林广场站总平面图

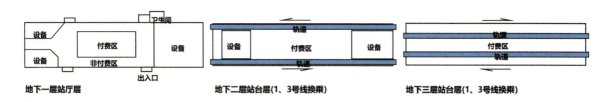

图 6-21 武林广场站平面图

三、停车场案例

贾鲁河停车场是河南省郑州市地铁 3 号线的一个地铁停车点，位于河南省郑州市惠济区 G30 连霍高速北侧，贾鲁河南岸，如图 6-22 所示。

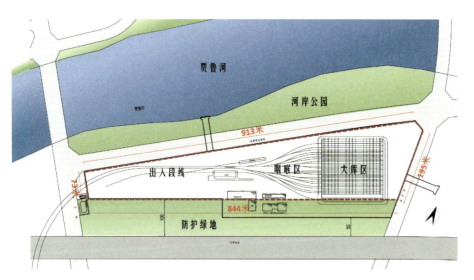

图 6-22 贾鲁河停车场平面图

车辆基地北邻河岸公园，南侧为防护绿地，景观资源较好。

停车场主要由出入段线、咽喉区、大库区三部分组成。另外，还有一些站场工艺设施，如送热站、材料库、综合变电站、洗车库、综合水处理以及综合楼，如图 6-23 所示。

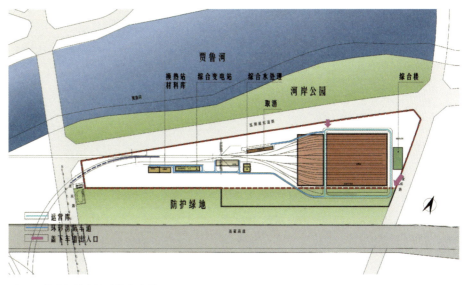

图 6-23 贾鲁河停车场功能平面图

四、车辆段案例

关陈车辆段位于郑州高新区，紧邻欢河路和西三环，地块周边包含贾鲁河及多个公园，景观资源丰富，是郑州地铁 4 号线车辆基地，如图 6-24 所示。

同贾鲁河停车场一样，其功能分为三大部分，即出入段线、咽喉区、大库区。车辆段包括停车列检库、检修库两大主要的库区。

图 6-24 关陈车辆段功能平面图

CHAPTER

7

第 七 章

公路（长途）客运站

　　自有文字记载时起就有人类从事运输活动的相关记录，史书可查的陆上交通已经有两千多年的历史了。秦始皇统一六国后，陆路交通因政治、军事、经济的需要做了进一步的修建，从而有了很大的发展。当时的交通主要以马匹、驴、牛、骆驼等动物承担人和物资运输的功能。"驿站，是古代供传递军事情报的官员途中食宿、换马的场所。"老百姓外出主要是靠骑马、乘轿、步行，在当时并没有统一管理的公共陆路交通设施。20世纪初期，沿海一些大、中城市逐渐出现了一些民办的陆路交通运输公司。1910年开始运营的青岛馆陶路汽车站是我国最早的汽车站。目前，这座"百年老站"仍在为旅客服务。中华人民共和国成立后，作为旅客和货物运输的主要交通渠道，公路及客运站建设得到了全新的发展。在当时，公路客运多以解决省内旅客运输为目的，制订准确的时刻表为旅客出行做参考。改革开放以后，伴随经济的发展，基础设施的建设日新月异，旅客对汽车客运路线、发车量、时间、距离、车型的需求逐渐增多。这些基础设施的建设大大促进了长途客运的快速发展，除了省内旅客运输，跨省长途客运量也迅速增多。同时，客运业务向便捷、快速、舒适的方面发展。各大、中城市也纷纷开始积极建设与高速公路配套的汽车客运站，为旅客出行、换乘提供客运服务和休息的空间。国家在公路建设中加大投入力度，因此，路网由城市延续到乡村，覆盖祖国的四面八方。并且，随着现代化技术在公路建设中的应用，穿山隧道、跨海大桥、海底隧道一次又一次地创造新的世界纪录，在建设的质量和速度上都有了很大的提高。公路（长途）客运站与铁路客运、水路客运、航空客运等交通设施共同形成交通骨架和枢纽，大大提高了交通换乘的便捷程度，为旅客提供了多样的出行方案。

第一节 公路（长途）客运站的概念及级别划分

一、公路（长途）客运站的概念

公路（长途）客运站即我们俗称的汽车客运站，是为旅客提供上、下车的停靠和休息的场所，在功能区域划分上包括站前广场、站房、停车场、配套用房等。各功能区域之间的交通流线组织和衔接是保证客运站有序运营的基础条件。

（一）主要功能业务

公路（长途）客运站为旅客和货物提供的主要功能业务包括以下几方面。

◆ 办理出行手续，如售票、行包托运、保管、装卸、发送和交付。

◆ 组织旅客有序候车、上车，以及检票、验票。

◆ 为旅客提供就餐、休息、购物、娱乐等便利条件。

（二）综合化、多元化、立体化、集约化发展

伴随着信息化的发展，旅客对客运站的要求逐渐向综合化、多元化、立体化、集约化发展。

◆ 综合化即将汽车客运站与周围设施一体化建设，从而实现快速集散、便捷出行和换乘的服务目标。

◆ 多元化即将复合的功能和地方特色元素运用到汽车客运站的设计中，满足旅客不同的出行需求。

◆ 立体化即合理地将功能区域竖向布置，并以垂直交通作为连接，从而实现土地资源的高效利用。

◆ 集约化就是采用紧凑型布局和精细化设计合理组织车流和客流，缩短功能区域之间的交通距离，实现绿色、节能、低碳出行的目的。

在公路客运、铁路客运、水路客运、航空客运四大客运业务中，公路客运是旅客使用率最高的一种出行形式。同时，覆盖面最广的公路客运系统能够便捷、快速地衔接其他客运服务，相辅相成地编织成一张覆盖祖国各地的交通网络。

二、公路（长途）客运站的类别划分、规模和级别划分

客运站的类别划分、规模和级别的定义涉及专业的统计学概念。在《汽车客运站级别划分和建设要求》《汽车客运站建筑设计规范》及《建筑设计资料集》第三版第七分册《交通、物流、工业、市政》中均有翔实的说明和解释，其中所包含的具体参数是建筑设计伊始需要参考的资料。本书仅摘录其中基础的概念进行列举和说明，为公路（长途）客运站建筑设计提供一个基础的认知。

（一）汽车客运站的类别划分

汽车客运站的类别以按车站规模、按车站位置和特点、按车站服务方式 3 种形式划分。按车站规模可划分为等级站、简易车站和招呼站，按车站位置和特点可划分为枢纽站、口岸站、停靠站、港湾站，按车站服务方式可划分为公用型车站和自用型车站。

（二）汽车客运站的规模

车站规模指标包括设计年度平均日旅客发送量、旅客最高聚集人数、发车班次、发车位数等。确定客运站的规模指标可以进一步判断场地、站房、辅助用房、设施设备的配置情况。同时，客运站的规模应该同时考虑社会、经济、政治、环境等因素。在满足客运需求的大前提下提倡美观、实用、经济，即创建最合理的建筑规模和形式。为了将统计学的数据以建筑为载体具体地体现出来，合理判断客运站场地、站房、辅助用房、设施设备的配置情况，需要重点了解以下几个概念。

1. 设计年度平均日旅客发送量

设计年度平均日旅客发送量指的是车站设计年度平均每天始发旅客的数量。在《建筑设计资料集》第三版第七分册《交通、物流、工业、市政》中就测算指标计算方法进行了归纳。

① 设计年度：车站建成投产使用后的第 10 年。

② 设计年度平均日旅客发送量 F：设计年度车站平均每天始发旅客的数量。

③ 旅客最高聚集人数 D：设计年度中旅客发送量偏高期间内，每天最大同时在站人数的平均值，测算方法如下：$D=a \times F$（式中 a 指计算百分比，可按表 7-1 选取）。

④ 发车位数 M 与旅客最高聚集人数 D 间的量化关系：$D=k \times P \times M$（式中 P 指客车平均定员人数，人 / 辆；k 指综合系数，一般取值 1.5~2.5）。

表 7-1 计算百分比的选取

设计年度平均日旅客发送量（人次 /d）	计算百分比（%）
≥ 15 000	8
10 000~14 999	8~10
5000~9999	10~12
2000~4999	12~15
300~2000	15~20
100~300	20~30
<100	30~50

2. 旅客最高聚集人数

指在设计年度中旅客发送量偏高期间内，每天最大同时在站人数的平均值，并非指一年中客流高峰日内客流最高时刻聚集在车站的旅客人数。

3. 发车位数

车站同一时刻发出客运班组的停车位数。建筑等级划分与发车位数和年平均日旅客发送量（人次 /d）相关。依据《汽车客运站建筑设计规范》，建筑等级划分如表 7-2 所示。

4. 占地面积

依据《汽车客运站级别划分和建设要求》，客运站占地面积按每 100 人次日发量指标进行核定，且不低于表 7-3 中所列指标的计算值，规模较小的四级车站和五级车站占地面积不应小于 2000 ㎡。

表 7-2 建筑等级划分

等级	发车位	年平均日旅客发送量（人次 /d）
一级	20~24	10 000~25 000
二级	13~19	5000~9999
三级	7~12	1000~4999
四级	≤ 6	≤ 1000

表 7-3 车站占地面积指标（㎡ / 百人次）

设备名称	一级车站	二级车站	三、四、五级车站
占地面积	360	400	500

（三）汽车客运站的级别划分

《汽车客运站级别划分和建设要求》规定，根据汽车客运站内设施和设备配置的情况、地理位置和设计年度平均日旅客发送量（以下简称日发量）等，车站等级划分为一、二、三、四、五级及简易车站和招呼站。

1. 一级车站

设施和设备符合表 7-4 和表 7-5 中一级车站的必备各项，且具备下列条件之一。

① 日发量在 10 000 人次 /d 以上的车站。

② 省、自治区、直辖市及其所辖市、自治州（盟）人民政府和地区行政公署所在地，如无 10 000 人次 /d 以上的车站，可选取日发量在 5000 人次 /d 以上具有代表性的一个车站。

③ 位于国家级旅游区或一类边境口岸，日发量在 3000 人次 /d 以上的车站。

2. 二级车站

设施和设备符合表 7-4 和表 7-5 中二级车站的必备各项，且具备下列条件之一。

① 日发量在 5000 人次 /d 以上、不足 10 000 人次 /d 的车站。

② 县以上或相当于县人民政府所在地，如无 5000 人次 /d 以上的车站，可选取日发量在 3000 人次 /d 以上具有代表性的一个车站。

表 7-4 汽车客运站设施配置表

设施名称			一级车站	二级车站	三级车站	四级车站	五级车站
场地设施		站前广场	●	●	★	★	★
		停车场	●	●	●	●	●
		发车位	●	●	●	●	★
建筑设施	站房	候车厅（室）	●	●	●	●	●
		重点旅客候车室(区)	●	●	★	—	—
		售票厅	●	●	★	★	★
		行包托运厅（处）	●	●	★	—	—
		综合服务处	●	●	★	★	—
		站务员室	●	●	●	●	●
		驾乘休息室	●	●	●	●	●
		调度室	●	●	●	★	—
		治安室	●	●	★	★	—
		广播室	●	●	★	—	—
		医疗救护室	★	★	★	★	★
		无障碍通道	●	●	●	●	●
		残疾人服务设施	●	●	●	●	●
		饮水室	●	★	★	★	★
		盥洗室和旅客厕所	●	●	●	●	●
		智能化系统用房	●	★	★	—	—
		办公用房	●	●	●	★	—
	辅助用房	生产辅助用房	汽车安全检验台	●	●	●	●	●
			汽车尾气测试室	★	★	—	—	—
			车辆清洁、清洗台	●	●	★	—	—
			汽车维修间	★	★	—	—	—
			材料间	★	★	—	—	—
			配电室	●	●	—	—	—
			锅炉房	★	★	—	—	—
			门卫、传达室	★	★	★	★	★
		生活辅助用房	司乘公寓	★	★	★	★	★
			餐厅	★	★	★	★	★
			商店	★	★	★	★	★

注：●必备；★视情况设置；—不设置

表 7-5 汽车客运站设备配置表

设备名称		一级车站	二级车站	三级车站	四级车站	五级车站
基本设备	旅客购票设备	●	●	★	★	★
	候车休息设备	●	●	●	●	●
	行包安全检查设备	●	★	★	—	—
	汽车尾气排放测试设备	★	★	—	—	—
	安全消防设备	●	●	●	●	●
	清洁清洗设备	●	●	★	—	—
	广播通信设备	●	●	★	—	—
	行包搬运与便民设备	●	●	★	—	—
	采暖或制冷设备	●	★	★	—	—
	宣传告示设备	●	●	●	★	★
智能系统设备	微机售票系统设备	●	●	★	★	★
	生产管理系统设备	●	★	★	—	—
	监控设备	●	★	★	—	—
	电子显示设备	●	●	★	—	—

注：●必备；★视情况设置；—不设置

③ 位于省级旅游区或二类边境口岸，日发量在 2000 人次 /d 以上的车站。

3. 三级车站

设施和设备符合表 7-4 和表 7-5 中三级车站的必备各项，日发量在 2000 人次 /d 以上、不足 5000 人次 /d 的车站。

4. 四级车站

设施和设备符合表 7-4 和表 7-5 中四级车站的必备各项，日发量在 300 人次 /d 以上、不足 2000 人次 /d 的车站。

5. 五级车站

设施和设备符合表 7-4 和表 7-5 中五级车站的必备各项，日发量在 300 人次 /d 以下的车站。

6. 简易车站

达不到五级车站要求或以停车场为依托，具有集散旅客、停发客运班车功能的车站。

7. 招呼站

达不到五级车站要求，具有明显的等候标识和候车设施的车站。

依据《汽车客运站建筑设计规范》，当年平均日发送旅客量超过 25 000 人次 /d 时，宜另建汽车客运站分站。

由于经济的发展，为了给旅客提供便利的换乘和集散条件，客运交通枢纽这种建筑形式应运而生。客运交通枢纽是指将各类公共交通聚集在一起，通过不同的交通流线有机地连接在一起所形成的综合型交通场站建筑。例如，位于深圳东部罗湖区莲塘街道的莲塘口岸，是首个采用"客、货一站式通关"及"人车直达措施"的交通枢纽（图 7-1）。

图 7-1 莲塘口岸效果图

第二节 公路（长途）客运站的选址、总平面及场地设计

一、公路（长途）客运站的选址

公路（长途）客运站的站址选择即确定一个城市陆路交通的出入口位置，这与城市政治、经济发展也息息相关。作为城市交通之间的衔接点，站址选择应重点考虑城市的近、远期规划，客流特点，自然地理环境等因素，应当恰当地处理好环境与社会的关系，以合理的投资获得最大的经济价值。因此，站址选择是在确定汽车客运站规模、投资、征地、功能等信息的基础上对城市发展所做出的通盘考量。

（一）公路（长途）客运站选址要素

在汽车客运站站址的选择上需要重点考虑以下几点。

◆ 与城市的交通系统连接紧密、顺畅，车流方向组织合理，并且出入方便。

◆ 站址位置适中，方便旅客集散或换乘。

◆ 节约用地，远近期结合考虑，为远期发展留有余地。

◆ 有供水、排水、供电和通信等基础市政条件。

◆ 应避开易发生地质灾害的区域，并应与有害物品、危险品等污染源保持防护距离，符合环境保护、安全和卫生等国家现行有关标准的规定。

（二）公路（长途）客运站选址案例

公路（长途）客运站的选址应根据城市规模、人口分布、市内交通状况综合考虑，从而为乘客出行提供便利。大城市一般根据需求建设若干座客运站，从而实现分流；中心城市客运站一般靠近城市中心地区。也有些汽车客运站与火车站邻接或者共用一个广场，这样可以为乘客提供方便。

1. 重庆汽车站

重庆汽车站（菜园坝汽车站）位于重庆市渝中区菜袁路 6 号，是重庆市主

城区最老的汽车站。汽车站占据特殊的地理位置，向内与城市中心衔接，对外与成渝高速公路连接。本项目占地面积为 7700 ㎡，如此紧凑的占地条件，却容纳了 32 800 ㎡ 的建筑，主要是因为采取了多层立体的设计形式，地上三层可以同时发车，首层和二层发送大型汽车，三层发送小型汽车，同时利用地形高差设计地下一层停车库。本项目以运能大、占地小在同类大城市中心的大型汽车站中具有典型性，同时，将汽车站与火车站、城市公共交通、轮船客运码头统一规划，形成一个完整的交通体系（图 7-2）。

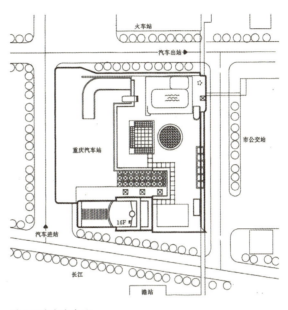

图 7-2 重庆汽车站

2. 南京汽车客运站

随着经济的快速发展，旅客出行对高效性和便捷性的需求越来越高。旅客需要以最快的速度完成从一种交通形式到其他交通形式的换乘。因此，客运站的选址可结合其他交通设施给换乘旅客带来便利，这是汽车客运站建筑综合化、一体化发展的新趋势。目前，许多地方汽车客运站和火车站共用一个广场，公用广场上的人流、车流的交通组织会给旅客的换乘带来极大的便利条件。南京汽车客运站（别名小红山客运站）于 2014 年 8 月，由中央门长途汽车站迁到此处，位于红山南路以南，南京火车站北广场东侧，地铁 3 号线和在建的地铁9 号线从其下部穿过，同时地铁 1 号线在南京火车站下穿过。在南京汽车客运站，铁路、公路、地铁、公交、出租车、私家车 6 种交通工具可在 200m 范围内实现无缝换乘（图 7-3）。

3. 苏州汽车客运站

苏州市汽车客运站分为南站、北站，其中南站与苏州轮船码头邻近，北站与火车站邻近。这种选址思路满足了水陆、铁路交通的乘客和货物的便捷换乘需求（图7-4）。

图 7-3 南京汽车客运站　　图 7-4 苏州汽车客运站

4. 上海长途汽车客运总站

上海长途汽车客运总站位于上海市闸北区中兴路，上海站北广场西侧，有16条公交线路的终点站在这里会合，地铁1号线和3号线也在此设站。它是上海连接西南、西北方向各省市的汽车客运交通枢纽（图7-5）。

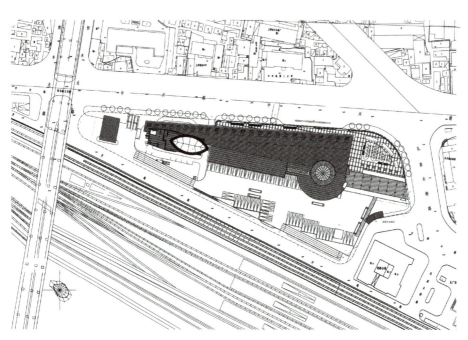

图 7-5 上海长途汽车客运总站

5. 北京已建成的省际长途汽车客运站

站址的选择需要综合考虑，避免造成隐患，影响城市的基本建设和后期运营。大城市的汽车客运站的选址需要高度结合自身的市内交通情况，合理地布置场站。设置在市区内部的场站，虽然方便旅客集散和换乘，但要高效、集约地组织好与城市其他交通的关系，避免对市内交通造成拥堵和混乱；选址位于市区边缘的客运站，虽然对城市内部交通的影响较小，但旅客的出行距离加大，带来了出行不便的问题。因此，在大城市中应该将市区及边缘的客运站结合考虑、统筹规划、互补不足。以北京为例，目前已经建设成的省际长途汽车客运站有 8 个，如表 7-6 所示。

表 7-6 北京已建成省际长途汽车客运站

名称	位置	功能及特点
六里桥客运站	丰台区，京石高速公路北京起点，西三环路六里桥西南侧	集公交、长途、出租、地铁、私家车于一体的综合换乘枢纽
新发地客运站	丰台区，位于玉泉营桥南 500m 路西，紧邻新发地农贸批发市场，交通便利，站门外是京开高速路和南四环路，站前有数十条公交线路可到达市区各处和远郊区县	提供旅客运输包车和代办托运业务，并附属餐厅、旅馆
赵公口客运站	丰台区，南三环中路 34 号，紧邻木樨园桥	提供旅客候车、乘车服务，同时配备商店、寄存、餐厅等服务设施
四惠长途客运站	朝阳区，东四环四惠桥东南，紧邻京通高速	为旅客提供候车、乘车服务，四惠长途客运站与四惠地铁口直接相连
八王坟客运站	朝阳区，坐落于长安街的东端，位于地铁 1 号线大望路站南侧 400m 路东，紧邻城市高速东四环及京沈、京津塘高速路，站前多条公交线路直达市区各处，交通十分便利	具有现代化综合服务功能的公用长途客运场站以及车辆维修、保养中心。公路长途旅客运输、旅游运输及配套的车务、站务服务设施等
天通苑北长途客运站	北五环外天通苑北交通枢纽北部	为旅客提供候车、乘车服务，同时设置了母婴室、重点人员（军人）候车室、行包托运、咨询服务等便民配套服务设施。天通苑北长途客运站紧邻城市主干道，与公交、地铁、出租等多种交通形式接驳，共同构成天通苑北综合交通枢纽
首都机场客运站	顺义区	与首都机场共同形成综合型交通枢纽
大兴机场客运站	大兴区	与大兴机场共同形成大兴交通枢纽

　　经过多年的建设和发展，这些客运站的选址均衡散布于北京市区内部和城市边缘。并且，有些汽车客运站结合北京市区的地铁、公交、出租车及机场共同形成高效的交通换乘条件，构建现代化的交通枢纽，为客运和货运提供四通八达的交通环境，保障首都的对外交通联系。

　　对于中小城镇，根据其城市规模和人口的特点，汽车客运站应尽可能选址在靠近城镇的中心区域，这样方便旅客的集散和乘车。同时，站址应该避免设置在交通干道的十字路口附近，这样有利于保障旅客的安全，并且能防止人车混杂，堵塞城市交通。

　　汽车客运站站址的选择十分重要，不合理的选择会给城市带来负面影响，包括环境、交通、噪声、卫生、安全等一系列不良影响，如局部地区汇聚大量人流、车流交通，造成交通堵塞、噪声等。

二、公路（长途）客运站的总平面及场地设计

　　总平面的设计是关系到汽车客运站开始运营后达到高效、便捷、功能分区明确、流线清晰的关键所在。因客运站自身的城市门户属性，其总平面的设计需要从外部和内部两个方面考虑：外部需要考虑交通、景观、形象与城市之间的组织和衔接，内部需要考虑整个场站内部功能、交通、流线、运营及管理的设计等。

　　汽车客运站总平面布置包括站前广场、客运站房、停车场、附属建筑、车辆进出口及绿化等，一般为前站后场的模式，即站房前面设置站前广场，站房后面设置停车场（图 7-6）。例如，淮安汽车客运站，为典型的前站后场的布局方式，站前广场与综合厅、售票厅及行包托运处结合在一起组织了旅客流线，站内发车场及地上停车场位于主体建筑的后部。总体布局充分考虑了汽车客运旅客、行李、办公各部分的组织关系，建筑主体内各部分空间组合与交通流线有机协调、层次清晰、组织有序。基地周边合理安排旅客、停车、办公、车库和客运服务后勤等各类出入口（图 7-7）。

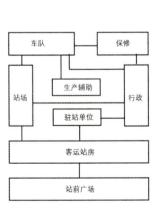

图 7-6 汽车客运站总平面功能关系图

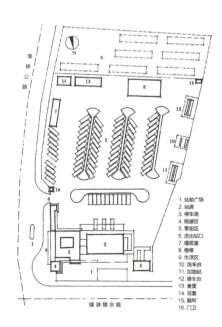

1. 站前广场
2. 站房
3. 停车场
4. 短途区
5. 零担区
6. 进出站口
7. 值班室
8. 维修
9. 生活区
10. 洗车台
11. 加油站
12. 修车台
13. 食堂
14. 浴室
15. 厕所
16. 门卫

图 7-7 淮安汽车客运站总平面图

（一）满足城市规划和发展的要求

汽车客运站作为重要的交通类公共建筑，其建设与城市的发展息息相关，因此，总平面设计需要满足规划的要求。同时，考虑到城市的长远发展，规划中会给客运站未来的发展预留空间，在设计中要兼顾好不同时期建设的共用性与互促性，避免重复建设造成浪费，确保整个项目的可持续性发展。

（二）布局合理，充分利用地形，功能分区紧凑实用

汽车客运站一般征地较多，布局合理和充分利用地形应该结合起来考虑。我国幅员辽阔，平原、丘陵、山地、坡地均有，尤其是在一些小城市或乡镇，汽车客运站经常依山而建，地块选择很难做到平整方正，那么就需要充分利用地形，合理布局，使功能在使用上高效化。在总平面设计中，设计者要熟悉并掌握汽车客运站的功能，依据地块条件妥善安排站前广场、客运站房、停车场、附属建筑等各部分的位置，满足站务功能要求，方便相互之间的联系。在《建筑设计资料集》第三版第七分册《交通、物流、工业、市政》中，就汽车客运站的总平面布局的特点进行了归纳总结，如表 7-7 所示。

表 7-7 站型平面示意图

站型	特点	示意图
"一"字形	最常见的站型，简捷、导向性强	
集中型	多用于用地紧张或含有多种交通工具的枢纽站	
周边式	多用于城市中心区，关注城市空间完整性及功能延续性	
Ⅱ形	多用于大型、特大型客运站，可有效缩短乘客行走距离	

站型	特点	示意图
T形	多用于大型、中型客运站，可有效缩短乘客行走距离	
"工"字形	多用于大型客运站，"工"字形两端都设进站厅，可双向进站	
鱼骨形一	多用于大型、特大型客运站，可有效缩短乘客行走距离	
鱼骨形二	多用于大型、特大型客运站，可有效缩短乘客行走距离	

　　实际项目实践要求总平面设计和建筑设计要有效利用地形条件，创建合理、高效、舒适、优美的汽车客运站。例如，江陵客运总站基地位于岭东高速公路和东海高速公路的立交桥北侧，整体场地布置依坡而建，划分为公共汽车站和长途汽车站，通过中央广场将两个区域连接起来，并且在区域内部利用坡度合理布置车辆、行人的流线。通过因地制宜地分析场地条件，有效地利用场地高差，不仅明确地划分了功能，还通过中央广场有机地连接各个区域，构建起完整的客运总站（图7-8）。

（三）流线顺畅，避免交叉干扰

　　作为交通类建筑，流线设计直接影响汽车客运站整体功能的使用及周边交通运行的效率。应该结合交通评估报告，分析各类交通工具的换乘量及旅客的乘车特点。同时，根据基地周围的道路条件，合理设置车辆出入口及流线组织，使周边路网及道路交叉口负荷均衡。机动车组织尽可能便捷、流畅、高效，做到人车、车车分流。并且，换乘流线应简捷、易于识别，在充分考虑突发大客流情况下保证安全、快速换乘。

图 7-8 江陵客运总站总平面图

　　汽车客运站与城市交通的直接联系是进出车道。一、二级站因进出的班次比较频繁，进站口和出站口应分开设置，并且为了避免与城市道路有过多的交叉，出站口一般安排在次干道上右转弯为宜。三、四级站因班次较少，在用地和规模紧张，并且停车场停车数量不超过 50 辆时，可设置一条车道作为进出车道。当基地处于城市干道转角处时，应按照图 7-9 所示要求设置进出站口，避免与城市转角处过多的机动车流短距离内相遇。当基地处于干道一侧时，应该按照图 7-10 所示要求设置进出站口，其中公园、学校、托幼、公交站均为人员密集场所，需要与汽车客运站的进入车辆保持一定的安全距离，并为行人通行提供便利条件。

1. 车流划分

　　① 按位置可分为外部交通流线、内部交通流线。

　　② 按交通工具种类可分为长途车、公交车、出租车、自行车以及社会车辆等流线。

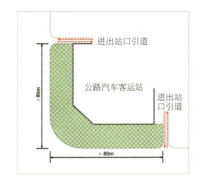

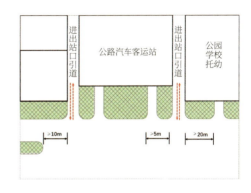

图 7-9 基地位于城市干道转角处时　　　　图 7-10 基地位于城市干道一侧时

③ 长途车进出站流程：

a.进站流程：进站→落客→卸货→洗、修车，安检→驻车。

b.出站流程：驻车→装货→接客→报班→离站。

长途车进出站口应避免选择在主干道上，并尽可能远离道路交叉口。进出站右转顺行，站内流线避免交叉（图 7-11）。

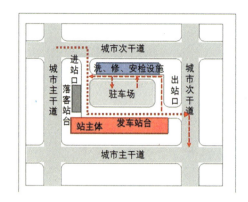

图 7-11 长途客运站车行流线

2. 人流的划分

人流包括两类：客运站旅客人流和城市换乘人流。

① 客运站旅客人流：包括通过地铁、公交、出租、社会车、自行车、人行等到达或离开的客运站旅客。

② 城市换乘人流：在与客运站配套的城市公共交通工具间换乘的非客运站旅客人流，包括地铁、公交、出租、社会车、自行车、人行等之间换乘的人流。

客运站的总平面流线主要包括进出站客流、附属建筑出入人流、客运站服务人流、行包流线及车辆的进出站流线等。设计中应避免交叉，力求保证旅客能迅速、安全、便捷、顺畅地疏散（图 7-12）。

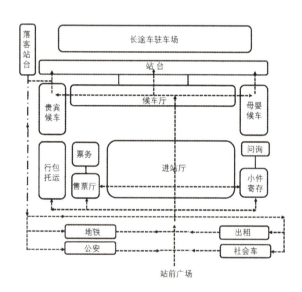

图 7-12 旅客进、出站流线示意图

（四）注重站前区的精细化设计

1. 站前区的功能

站前区是客运站主要的集散和换乘区域，包括站前广场、公交车场、出租车场、社会车停车场、自行车停车场、与地铁衔接的换乘厅、地下通道和天桥等。站前区设计主要解决的核心问题是车辆的交通组织和人员的换乘，常用方法有以下 3 种。

① 利用站前广场组织站前区的换乘。中小规模的客运站常采用站前广场换乘的形式。通过在站前广场周边设置公交、出租等公共交通换乘场站实现换乘。站前广场既是换乘广场，也是集散广场。这种换乘方式设计简单、造价低、识别性强，如图 7-13、图 7-14 所示。

② 利用垂直交通及多个换乘厅组织换乘。这种换乘方式经常在立体交通组织的客运站中采用。优点是乘客行走路线短、换乘厅面积小，如图 7-15、图 7-16 所示。

③ 利用换乘大厅或通道组织站前区的换乘。这是综合交通枢纽常见的换乘形式，可根据换乘的复杂程度，选择平面或立体的换乘模式。其优点是换乘流线清晰，乘客行走路线短，便于人、车流线的合理组织，如图 7-17、图 7-18 所示。

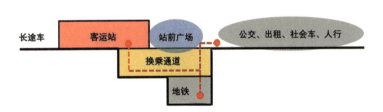

图 7-13 利用站前广场组织站前区换乘示意图

图 7-14 利用站前广场组织站前区换乘剖面图

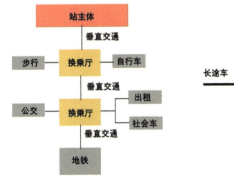

图 7-15 利用垂直交通及多个换乘厅换乘示意图

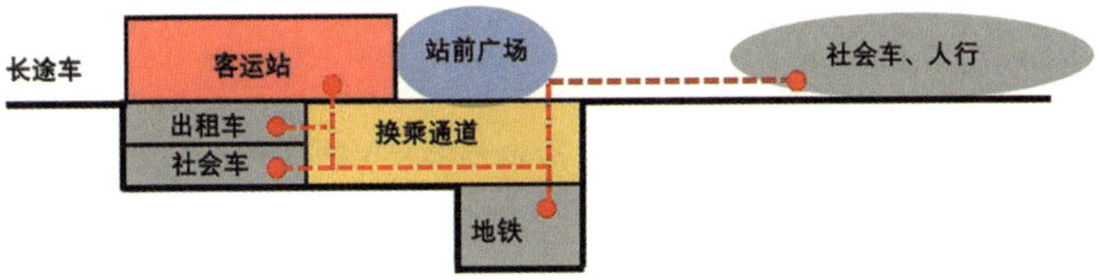

图 7-16 利用垂直交通及多个换乘厅换乘剖面图

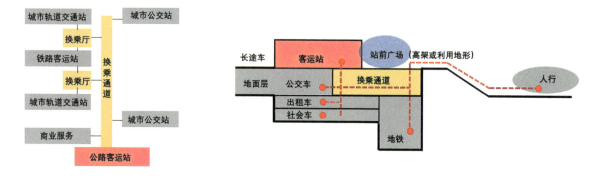

图 7-17 利用换乘大厅或通道组织站前区换乘　　　图 7-18 利用换乘大厅或通道组织站前区换乘剖面图
示意图

　　站前广场除了有集散和换乘这些交通功能，还具有室外休息、服务、景观展示、防灾等功能。站前广场是展示汽车客运站第一城市空间印象的载体，是将城市道路、广场绿化、站主体建筑紧密联系起来的缓冲和过渡空间。优美的环境设计可以充分展示和烘托汽车客运站作为城市门户的形象。站前广场可以分为平面式和立体式两种空间形式。平面式属于比较传统的布置方式，即机动车和停车场均布置在广场以外，广场内以乘客集散、休息、服务等功能为主。立体式是将车流、人流以不同标高层分别组织流线的形式。

2. 站前广场的设计要点

　　站前广场一般包括旅客活动区、公共停车区、疏散通道、集散广场、服务区、广场绿化等。其中，旅客活动区接近站房的主入口，公共停车区一般设置于广场的一侧，另一侧多为服务区。有些交通枢纽将汽车客运站和火车客运站的站前广场合并设置，那么就更需要注意不同人流、车流的组织和协调。一般汽车客运站的站前广场采用对称式布局，有助于清晰地进行功能分区，有利于凸显汽车客运站主体的标志性形象。例如，海口汽车客运站滨崖站站前广场、荆门汽车客运南站站前广场、大庆公路客运枢纽站前广场均采用中轴对称的做法，中轴两侧对称布置景观绿化和停车场，高效地组织各种功能流线，并避免交叉（图 7-19~ 图 7-21）。

　　（1）交通组织设计

　　站前广场的内外交通组织直接影响汽车客运站的整体环境。为了避免造成混乱、拥堵，应该注意内、外交通衔接的顺畅性。首先，城市公共交通与站前广场应该有便捷的连接；其次，应集中考虑对出租车和社会车辆出入口和停车场的设置，避免在城市道路上开口过多。

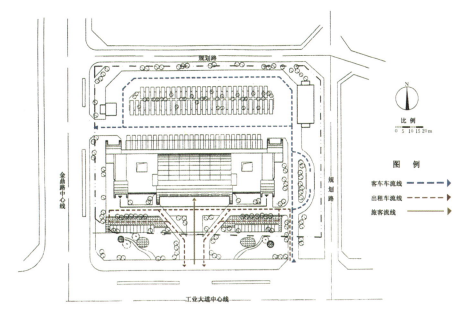

图 7-19 海口汽车客运站滨崖站站前广场平面图

图 7-20 荆门汽车客运南站站前广场鸟瞰图

图 7-21 大庆公路客运枢纽站前广场效果图

站前广场内的车流、人流应该分开设置，避免交叉和混流。可以通过不同标高层设置、绿化隔离带设置来限定不同的流线。进站、出站人流必须分开设置。

（2）人员活动空间设计

在站前广场内，人员活动主要包括集散和休闲两部分。

人员集散以步行为主，因此要保证其可通达性和便捷性，同时需要考虑室外自然环境如日晒、下雨等因素，尽量提供舒适的通行空间。为了避免人员集散过于集中，可以在广场和站主体建筑之间设置缓冲和过渡空间，做到有序疏导人流。

站前广场的休闲区域是为乘客或者附近居民提供休憩的场所，一般采用绿植划分空间，如花池、树池、花架、凉亭等，建立宜人的尺度和氛围，为人们交谈、用餐、小坐提供场所。

（3）广场空间尺度的设计

站前广场的设计要有合理的空间尺度，不能一味地追求标志性，从而造成空旷和比例失调的问题。通过观赏角度和空间感受分析，D/H 在 1~3 时为适宜的站前广场的高宽比，其中 D/H 在 2~3 时会有比较好的视觉和空间感受（图7-22）。

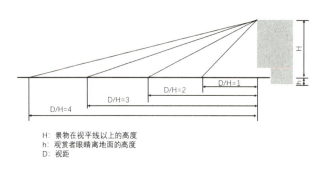

图 7-22 视距与景物高度的比例关系

同时，地面铺装形式的设计有利于对广场空间尺度的建立。例如，轴线性开阔的广场区域应采用与之呼应的大尺寸块材和造型，从而突出其强烈的轴线关系。人流集散和休闲区域应采用与之空间尺度匹配的铺装形式，从而形成良好的空间感受和亲切感。并且，人流集散区域应该采用平整度高、防滑、透水性好的硬质铺装材料。

（4）站前广场设计与地域特色的结合

汽车客运站作为城市的门户，在设计中应注重与当地文脉和历史相结合。建筑造型和风格应呼应地域文化特征；结合当地气候，种植的绿化植物能充分展现当地特色；以景观小品、地面铺装、装饰构件为载体展示当地历史文化。

（五）场地内的绿化、竖向设计、照明、标识设计

汽车客运站布局应做到场地内的人流、车流与物流合理分流，同时，结合当地气象条件，使建筑物具有良好的朝向、采光和自然通风条件。景观绿化、场地排水、场地导向及指引、夜景照明、声屏障等方面均应统筹考虑，从而创建高效、实用的场地环境。

1. 绿化

站前广场作为城市与汽车客运站主体之间的过渡空间，布置一定的绿化不仅可以提升城市整体空间环境，衬托站主体的综合效果，还可以减少环境污染和噪声（图7-23）。绿化一般包括草坪、花坛、灌木和乔木等，配合一些绿化节点和小品设计可以起到点明主题的作用。与此同时，景观绿化对于交通类建筑还可以起到空间划分的作用。

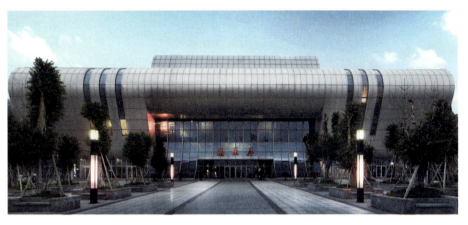

图 7-23 瑞安市客运中心站前广场绿化设计

◆ 在车辆出入口和道路交会的位置种植低矮树木可以形成导向作用。

◆ 利用较高的树木形成人流集散的限定空间并起到引导作用。

◆ 利用绿色植物作为停车场与其他区域之间的隔离带，既能有效分割停车空间和组织停车场的交通流线，也能更好地为车辆遮阳和保护停车场地，减少对周围建筑物的影响。

2. 竖向设计

场地内的竖向设计是指对基地的自然地形、建筑、构筑物进行垂直方向的高程设计。对客运站场地进行竖向设计的内容如下。

◆ 利用场地地形条件加以设计和改造，选择合理的竖向布置形式。

◆ 确定建筑物室内正负零标高、室外散水标高，构筑物关键部位标高，广场、道路和绿化的设计标高。设计标高应满足场地内雨污水的合理组织和排放，避免出现窝水现象。

◆ 组织地面排水系统，确保地面排水通畅。发车位地面设计应坡向停车场。客运站停车场面积一般比较大，为了使停车场地排水通畅，排水坡度一般为 0.5%，最大坡度为 6%。

◆ 场地的土方计算，做到填、挖方基本平衡。

◆ 工程相关室外构筑物设计，如挡土墙、边坡、排水沟、排洪沟、截洪沟等。

3. 照明

汽车客运站按照发车班次要求需要日夜均有足够的亮度。那么，夜间照明对于汽车客运站的站前广场和停车场及站主体均必不可少，尤其对于设置夜行班车的汽车客运站，合理并充足的照明条件是保证客运站夜间正常运行的基础，可以为司机和乘客提供良好的视觉条件，保障车辆进出安全。与此同时，夜景照明也是城市亮化的一部分，对于提升城市夜间整体形象很有必要（图 7-24）。

图 7-24 呼和浩特国家公路运输枢纽汽车客运东枢纽站夜景

汽车客运站的照明设计应综合考虑司机、乘客的要求，做到照明均匀并避免产生阴影。停车场的照明应当采用统一的灯具，通常包括高压钠灯和金属卤化物灯。灯具布置和选用应避免汽车眩光，不能影响司机的行车安全，光源的位置应与司机的视线保持 15° 以上的角度。落地灯应当布置在两排停车的中线和各车位之间，具体的位置视灯具类型、灯具高度、照度等因素而设计。同时，灯具的选用需要考虑汽车客运站的整体效果，如灯杆和灯具的样式需要根据整体建筑风格选用，对周围环境的效果起到提升作用。

4. 标识设计

作为交通类建筑，高效的导向标识设计是协助旅客快速集散和换乘的基础保障。标识应设置公交车站、出租车站、社会停车场等换乘场站和到达处。

同时，场站内还需提供服务功能的咨询、无障碍设施、垂直交通等方向的标识。标识牌应设置在便于人们观看的位置，并在尺寸、颜色、造型上与周围环境相融合，且具有一定的艺术性。用于标识的灯光设计应明显、突出、易于寻找，可利用局部加强照明或与普通光形成强烈对比的有色光来处理（图7-25）。

图 7-25 西宁客运汽车中心室内标识

第三节 公路（长途）客运站的站房设计

一、站房主体的平面功能组成和布局

汽车客运站主体内功能主要包括进站厅、售票厅、候车厅、站台、商业餐饮区、站务用房、行包托运厅7类（图7-26）。旅客使用空间与站务功能空间的功能关系紧密且相互交错，以不同的流线进行组织和联系。其中，各级站内的设置要求如表7-8所示。

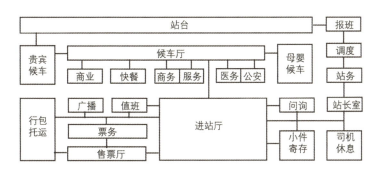

图 7-26 汽车客运站主体功能分区示意图

表 7-8 站内主体设施配备表

设施名称	一级车站	二级车站	三级车站	四级车站
候车厅（室）	●	●	●	●
重点旅客候车室（区）	●	●	★	★
售票厅	●	●	●	★
行包托运厅（处）	●	●	●	●
综合服务处	●	●	★	★
站务员室	●	●	●	●
驾乘员休息室	●	●	●	●
调度室	●	●	●	★
治安室	●	●	★	—
广播室	●	●	★	—
医疗救护室	●	●	★	—
无障碍通道	●	●	●	●
残疾人服务设施	●	●	●	●
饮水室	●	★	★	★
盥洗室和旅客厕所	●	●	●	●
智能化系统用房	●	★	★	—
办公用房	●	●	●	●

注：1. ●必备；★视情况设置；— 不设置。
2. 本表摘自《汽车客运站级别划分和建筑要求》，并根据《交通客运站建筑设计规范》编制。

根据客运站建筑自身功能特点，其平面设计需要满足如下 3 点。

◆ 功能清晰、紧凑。

◆ 流线简捷、便利，避免交叉。

◆ 因旅客日益增多的复合性需求，要复合、立体地开发有效空间。

设计中想要处理好站主体内部的各种流线，首先需要明确其各功能区域的作用。

（一）进站厅

进站厅将售票厅、候车厅、行包提取功能区联系在一起。进站厅作为过渡空间衔接进站口和候车厅，能够缓解人流聚集，降低对候车厅瞬间人流集散的影响（图 7-27）。因安保功能的需要，一般都会在进站厅设置安检设备对进入旅客和行包进行安检。进站厅的设计要避免形成向心性很强的圆形、扇形空间，实际工程案例基本都采用方向性较弱的方形空间（图 7-28）。考虑到进

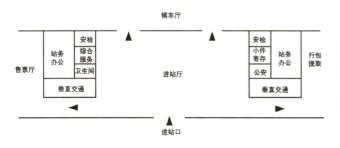

图 7-27 汽车客运站进站厅示意图

图 7-28 瑞安市客运中心进站厅

站口处瞬间人流聚集的特征，进站厅的空间高度经常采用大空间的设计，从而避免使乘客产生压抑感。同时，入口处设置门斗可降低室外寒冷空气对室内温度的影响。

（二）候车厅、售票处、行包房

作为客运站主体建筑内旅客使用频率最高的功能空间，候车厅、售票厅、行包房需要结合旅客的日常行为方式设计。

行为方式主要有 3 种：网上购票后，无须行包托运，直接进入候车厅；在购票处购票后，无须托运，进入候车厅；在前两者基础上购票后，需要托运行包，之后进入候车厅。

以上述 3 种旅客的行为方式特点为基础，候车厅、售票处和行包房三者之间既要在功能上有所联系，又要相对独立，还要尽量避免流线的相互干扰（图 7-29~ 图 7-31）。

候车厅是汽车客运站房的主体空间，旅客进站后的主要活动场所，因此位于站房的中心位置。

图 7-29 行包房与售票厅的关系示意图（一）

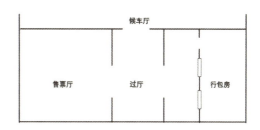

图 7-30 行包房与售票厅的关系示意图（二）

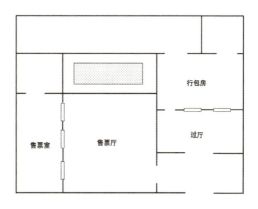

图 7-31 行包房与售票厅的关系示意图（三）

售票厅一般设置在主要出入口附近，同时联系候车厅、行包房，方便旅客购票、取票后进入候车厅。一、二、三级客运站一般设置独立的售票厅，四、五级客运站的售票空间可与候车厅整合。

售票厅和行包托运厅在平面布局上一般采用分布于过厅两侧的方式，从而避免行包托运与售票人流的互相干扰，但又直接与候车厅联系，从而缓解了人流在进站口处的拥堵。

行包房包括托运处、提取处与装卸廊 3 个部分，托运处和提取处应结合旅客进、出站流线设在方便的位置。例如，一、二级站行包房的托运处和提取处应按旅客进出流线分设，便于管理（图 7-32~ 图 7-34）。

图 7-32 呼和浩特国家公路运输枢纽汽车客运东枢纽站候车厅

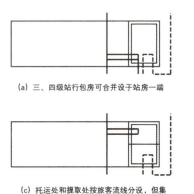

(a) 三、四级站行包房可合并设于站房一端

(c) 托运处和提取处按旅客流线分设，但集中在一端，便于管理

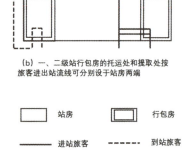

(b) 一、二级站行包房的托运处和提取处按旅客进出站流线可分别设于站房两端

| 站房 | 行包房 |
| 进站旅客 | 到站旅客 |

图 7-33 蓬莱市长途汽车站售票厅

图 7-34 行包托运和提取流线示意图

（三）站台与有效发车位

站台包括发车站台和到站站台。发车站台连接候车厅和发车位；到站站台与出站口直接相连，并应结合行包提取厅设置，方便旅客以最短的路线疏散出站。一般的候车厅，每条候车通道和检票口与一个有效发车位相对，旅客可以根据候车信息快速寻找自己所乘车次。低等级的汽车客运站因受空间限制，旅客需要综合检票后到相应的站台寻找自己所乘的车次。

有效发车位即具有一定条件的发车位，且在客运站规模统计时具有发车位的功能。有效发车位的数量可以全面反映发送旅客量的多少和站级规模。要特别注意的是，有效发车位不是那些在广场、停车场上不正规的拉客上车的车位。在设计过程中，很多功能房间的面积计算都与有效发车位有关。有效发车位必须设置站台，旅客通过检票后进入站台寻找所需乘坐的客车；对于设置行包装卸廊的客运站，有效发车位可与装卸廊一同设置；室外有效发车位应设置雨棚。有效发车位与站台相连，要求与站台的高差≥0.15m；同时，为了满足场地排水的要求，发车位的地坪应设置≥5%的坡度并坡向调车道（图7-35、图7-36）。

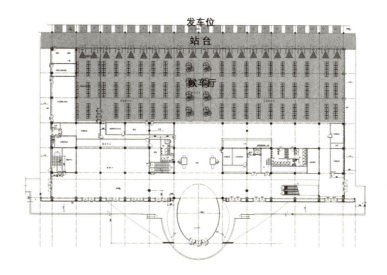

图7-35 昌南汽车站首层平面图

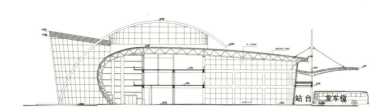

图7-36 昌南汽车站剖面图

（四）办公管理及其他辅助功能

办公管理和辅助用房一般面积较小又比较分散，设计中应该注意避免乘客、办公、后勤人流产生交叉。办公室应与候车厅、售票室、行包房等房间有较直接的联系，并应有良好的采光、通风条件。调度和广播用房应与候车厅和发车站台有直接的视线联系，方便调度车辆和随时广播通报车辆到站及出发情况，同时也便于旅客寻人及寻找丢失的钱物，因此要设在便于旅客找寻的地方，但也要避免设置在过于显著之处。方便旅客使用的服务设施空间，如问询、公用通信、饮水、盥洗等功能空间，以及总服务台、小卖部、餐厅、娱乐、银行、保安亭等，应直接设置于候车厅内。

二、站房主体的流线分析和流线组织

流线设计是评价汽车客运站设计成败的关键所在，原则上应避免人、车、货三大主要流线产生交叉，同时为旅客提供便捷、顺畅的出发和到达流线（图 7-37）。

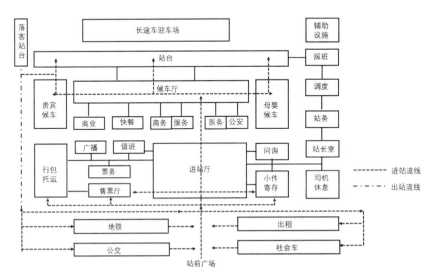

图 7-37 旅客进、出站流线组织示意图

（一）流线分析

1. 按流线方向

客运站流线可分为进站流线和出站流线。

2. 按流线性质

按流线的性质又可分为旅客流线（图 7-38）、行包流线、车辆流线与内部工作人员流线等，其特点如下。

（1）普通旅客流线

普通旅客人数最多，随身携带的物品也较多，候车时间较长，出站时人流集中、密度大、速度快。

（2）特殊旅客流线

特殊旅客指妇婴及老弱病残旅客等。这部分旅客数量少、行动不便，设计时须考虑其行动的安全性和便捷性。通常单独设置候车室，也可以与贵宾流线

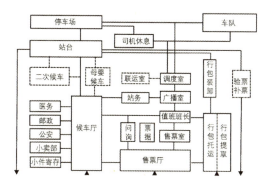

图 7-38 一、二、三级站旅客流线关系示意图

统一设置，并有专用厕所和专用检票口，优先上车。同时，需要考虑无障碍设计，如无障碍通道和卫生间等。

（3）贵宾流线

为了保证贵宾候车的方便与安全，通常单独设置出入口、通道、卫生间、贵宾室与检票口等。

（4）行包流线

行包流线一般分为发送行包流线、到达行包流线、中转行包流线。行包堆放面积较大，搬移不便，应尽量避免与旅客流线交叉干扰，以保证人和物的安全。同时，需要提供运输工具的空间，如电瓶车、手推车、三轮车、输送皮带等。

（5）工作人员流线

工作人员的办公房间包括值班室、广播室、调度室、票据室等。房间应有其内部的交通联系空间，不宜与候车厅旅客人流混杂。特别是大型的汽车客运站，站务办公用房多，功能齐全，宜设于客运用房和停车场之间，方便管理和观察、调度车辆。

(二) 流线组织

汽车客运站的流线组织应遵循下述原则。

1. 人流分开

工作人流和旅客要形成各自相对独立又在内部有紧密联系通道的空间。贵宾、妇幼、残疾人流线与普通旅客应适当分开，大型的汽车客运站应单独设置贵宾室。

2. 流线简捷，指向明确，各种流线自成系统

大型客运站可考虑分层组织旅客流线。

3. 车辆互不交叉

按照靠右行驶的规则，站前广场上的车辆应逆时针单向行驶（为方便旅客右侧下车），避免双向行驶。人流、车流交叉处应设人行横道线。

4. 行包流线避免与旅客流线交叉

对于行包量大的客运站可设置行包地下通道，从而避免行包流线与旅客流线交叉。

三、站房主体的建筑造型设计

汽车客运站作为城市的门户，一般具有较强的标志性。其形体、造型、颜色、材质等均展示着城市的文化内涵和底蕴。因此，汽车客运站的建筑立面及造型设计十分重要。例如，沂南汽车站，作为沂南新的门户，主站房立面构思取自沂南的"崮"以及汉代的"门阙"，"崮"意指稳当、敦实，隐喻沂南人民质朴、坚强的精神。主楼构思于汉代的"门阙"，即大门，抽象出汉阙意象，隐喻沂南客运中心是人们进入沂南的大门，是沂南重要的展示窗口。设计中用简化的现代建筑手法去追求汉代建筑的大致轮廓特点，力求做到神似，提炼出最能体现汉代建筑精髓及气质的建筑元素——平缓的屋面及深远的出檐，同时，将汉石画像运用在立面浮雕上，也是一种城市文脉的继承（图 7-39）。

图 7-39 沂南汽车站效果图

（一）建筑形态

汽车客运站的规模及功能决定其建筑体量，其功能可以分为单一功能和复合功能。单一功能即仅具有作为汽车客运站的单一的功能，建筑造型协调、统一、完整，给人以鲜明的视觉印象，如本溪市长途客运站。复合功能即将汽车客运站的功能与其他功能相结合，如酒店、商业、办公等，共同打造现代化的交通类城市综合体。这类建筑一般体量较大，应保持建筑群的统一性，并且突出主要功能的形态特征。例如，百色城东客运中心，其功能包含车站、办公、商场。建筑主体中以一个六层高的候车厅建筑作为中心，商业和办公分别布置在候车厅的两侧，一个十层高的商业裙房突出主楼，成为视觉焦点，形成交通场站建筑综合体。各功能用房的布局在综合建筑中相互联系又各自独立，各个出入口分别设计，流线清晰。

（二）立面设计

第一，注重比例和尺度。对于客运站建筑，不同的功能会表现出不同的空间比例和尺度，那么平衡好它们之间的关系，实现总体造型的整体性、形象性、标志性是设计中需要重点关注的。例如，田阳汽车客运中心通过各功能组块的形体对比将客运候车、客运办公、附属商业三大功能有机结合。其中的首要功能候车大厅设置于建筑中央，采用大型穹顶的形式，突出其标志性和识别性，穹顶外表面采用铝单板，中部设置带形玻璃天窗。客运办公区域则采用条形轻巧体量设于穹顶两侧，采用玻璃幕墙体块虚化该部分立面效果。商业部分采用矩形体块按节奏排布，外立面为仿石材装饰，与主站房建筑形成虚实对比。整体立面通过形体变化、建筑的色彩和光影变化，展示了现代客运建筑高效、便捷的形象（图7-40）。

图 7-40 田阳汽车客运中心效果图

第二，通过统一和对比手法烘托立面和体量。建筑形体在表现出有机的一致性的同时，通过不同表现之间的对比实现对整体效果的烘托。统一和对比的设计手法最终实现主次分明、局部对比、有机互补的立面效果。法国太阿斯RATP汽车站，外立面采用3cm厚、与地面同色的高性能混凝土，由地面延伸到建筑，模糊了建筑的边界，局部采用玻璃幕墙，形成虚实对比（图7-41）。

第三，运用色彩与质感表现建筑的风格与特色。在建筑设计中，色彩能达到强调建筑特征、创造建筑形式美感、凸显建筑材质的效果。在汽车客运站建筑立面设计中，若能结合当地特有的颜色和材质，便能为旅客提供更加生动鲜明的文化性、地域性和建筑效果。例如，蓬莱市长途汽车站，结合了蓬莱建筑的风格特点，采用新中式风格，出挑深远的屋檐，宽敞的柱廊，深灰色的屋顶，赭石色的檐口，使建筑具有中国古典建筑韵味。通透大玻璃、木百叶与灰色石材墙体有机结合，又使其不失现代建筑特色（图7-42）。

（三）建筑结构

长途汽车客运站这种建筑形式，因其大空间居多，结构的选型及材料的运用对建筑的空间、形体和室内空间都起着决定性的作用。目前，经常采用的结构类型包括墙体承重结构、框架结构和空间结构。

1. 墙体承重结构

墙体承重结构因受到跨度较小的影响，很少运用在客运站建筑主体上，仅在小型客运站上有所运用。

2. 框架结构

框架结构对比墙体承重结构具有更大的自由性和布置、划分的灵活性。这

图7-41 太阿斯RATP汽车站

图7-42 蓬莱市长途汽车站外观

种结构方式在空间和造型处理方面较为灵活，在客运站建筑中应用得比较广泛，在汽车客运站主体建筑和辅助建筑中均可应用，例如，沂南客运站就是采用了框架结构（图7-43）。

3. 空间结构

近年来，技术、材料和结构理论的发展为客运站的空间形式和结构选型带来了很大的变革，形成了满足其空间大跨度要求的多种处理手法。其中，常见的空间结构有悬索结构、空间薄壁结构和桁架、空间网架结构等。这些空间结构可以结合框架结构，形成复合的结构形式。例如，呼和浩特国家公路运输枢纽汽车客运东枢纽站候车厅屋顶就采用了空间结构，非常适用于高大空间，候车厅内形成了一个无柱空间（图7-44）。

结构选型对客运站的建筑室内空间和外部造型都起着决定性的作用。充分挖掘结构选型的潜力，可以创造出别具一格的建筑形态。

（四）无障碍设计

交通类公共建筑需要在建筑内、外部建立起全方位的无障碍环境。在汽车客运站设计中，为确保行动不便者能安全地乘车出行和到达，应为所有有需要的人士提供进站、通行、咨询、购票、候车、上车、下车和出站等全过程的无障碍设施。交通类建筑无障碍设计是关怀性设计的一种体现。据统计，对于具有正常行为能力的人群而言，一段美好的交通旅行需要满足旅客在5个方面的心理需求：交通设施的硬件条件、交通场所的安全及秩序、交通方式的方便与快捷、整体舒适感、工作人员职责及执行。但是，对出行不便的人士而言，在心理上的需要比普通乘客更多。目前，使用无障碍设施的人群不仅仅是残障人

图7-43 沂南客运站室内效果图　图7-44 呼和浩特国家公路运输枢纽汽车客运东枢纽站室内效果图

士，还包括儿童、老年人这些弱势出行群体。为了更好地为这些乘客做好服务，需要明确他们的真正需求。例如，肢体残疾人士需要使用轮椅，那么就需要在坡道、楼梯踏步、栏杆、扶手等方面做好无障碍设计；为了视觉障碍人士，需要在盲道、导向等方面做好无障碍设计，保证他们安全、便捷地找到想要去的地方；对于听觉障碍人士，就应该在有听觉障碍人士的区域架设提醒装置，保证安全；母婴和老年人可以与无障碍人士共用设施，但同时需要考虑母婴室、休息室内的安全措施。

鉴于汽车客运站乘客的复杂性，客运站无障碍设计要覆盖如下位置：站前广场、建筑入口、室内交通空间、公共卫生间、候车位和服务台等。

1. 站前广场无障碍设计

站前广场出入口与人行横道交接处，应设坡度不大于 1 ：20 的缘石坡道，坡道下口宽度不应小于 1.5m。三面坡坡度不应大于 1 ：12，正面坡道宽度不应小于 1.2m（图 7-45）。

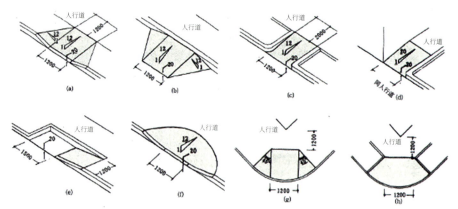

（a）三面坡缘石坡道；（b）组合式缘石坡道；（c）单面坡缘石坡道；（d）全宽式缘石坡道；（e）平行式缘石坡道；（f）扇面式缘石坡道；（g）转角处三面坡缘石坡道；（h）转角缘石坡道

图 7-45 缘石坡道类型、坡度及宽度

广场上应设残疾人通道，在通道上应考虑到残疾人盲道及使用机动、手动轮椅的需要。行进盲道的宽度宜为 0.3~0.6m，其设置应符合现行行业标准《城市道路和建筑物无障碍设计规范》的规定，并应在无障碍设施的位置设国际通用无障碍标识牌。当广场上设有天桥、地下通道和下沉广场时，宜增设坡道式设计，或设置适合残疾人使用的升降电梯。坡道坡度不应大于 1 ：12，当确有困难不能达到时，坡度不宜大于 1 ：8。坡道高度每升高 1.5m 时，应设深度不小于 2m 的中间平台，在坡道和梯道两侧应设扶手。

站前广场停车场应设残疾人停车位，并应设于距残疾人入口最近的位置，方便就近到达残疾人专用电梯。

2. 建筑入口无障碍设计

无障碍出入口是人们在通行中最为便捷和安全的出入口，不仅方便了行动不便的残疾人、孕妇、儿童和老年人，同时也给其他人带来了便利。当建筑的出入口设有台阶和坡道时，设计时应考虑以下因素。

① 供残疾人使用的出入口，应设在通行方便和安全的地段，当室内设有电梯时，应尽量靠近候梯厅。

② 室内外有高差时，无障碍入口应采取坡道连接入口。室外的地面坡度不应大于1∶50。入口轮椅通行平台最小宽度在小型客运站中不应小于1.5m，在大、中型客运站中不应小于2m。坡道两侧应设高0.85m的扶手。无障碍入口和轮椅通行平台应设雨棚。

③ 出入口的内外，应保留不小于1.5m×1.5m平坦的轮椅回转面积。

④ 出入口设有两道门时，门扇开启后的轮椅通行净距应满足小型客运站不小于1.2m，大、中型客运站不小于1.5m的条件。

⑤ 必须在建筑物的主要出入口设置残疾人出入口，包括紧急出入口在内，所有的出入口都应该能够让残疾人使用。

⑥ 供残疾人使用的门应采用自动门，也可以采用推拉门、折叠门或平开门，并应安装视线观察玻璃、横执把手和关门拉手。

3. 室内交通空间无障碍设计

汽车客运站站房内，在通道上应考虑到残疾人盲道及使用轮椅的需要。供残疾人通行的走道宽度不应小于1.5m，检票口处的通道宽度不应小于0.9m，三股人流通道宽度不应小于1.8m。室内外的通道及地面应平整，地面宜选用不光滑面层。在建筑入口、服务台、楼电梯、公共厕所、站台等无障碍设施的位置，要设置提示盲道。

无障碍候车、检票口及售票口适宜设置在一层，当需要在其他楼层设置此类功能时，必须设无障碍电梯。

客运站入口、大厅、通道、站台等地面有高差处，若进行无障碍建设或改造有困难时，应选用升降平台取代轮椅坡道。

4. 公共卫生间无障碍设计

公共卫生间应设无障碍隔间或厕位，男、女卫生间的入口、通道，残疾人的隔间厕位及安全抓杆，应符合使用轮椅者进入、回旋与使用要求。轮椅回转尺寸不小于 1.5m×1.5m，新建无障碍厕位尺寸不应小于 1.8m×1.4m，改建无障碍厕位尺寸不应小于 2m×1m。厕位门向外开启后，入口净宽不应小于 0.8m。厕位应安装坐式大便器，大便器和小便器两侧和上部邻近的墙上，应装设能够承受身体重量的安全水平抓杆和垂直抓杆。洗手台应该考虑轮椅使用者的合适高度。

5. 候车位、服务台及设备无障碍设计

（1）无障碍席位

无障碍人士的候车空间需要考虑乘坐轮椅者的出入和停留便利，最好分散布置无障碍候车席位，从而保证其出行方便。乘坐轮椅的无障碍席位的尺寸要求为：侧面进入需要宽 0.8m、长 1.2m，通道宽 1.2m；由前后进入需要宽 0.9m、长 1.2m、通道宽 1.5m。座席的长度应该在 1.1m 以上，宽度根据轮椅类型设置 0.8~1.2m。无障碍候车席应设于与无障碍通道邻接处，并标注出无障碍设施标识。

（2）服务台面

在咨询台，售票处，行李托运、提取、寄存，商业服务区等区域，应设置轮椅使用者需要的服务台，高度范围为 0.7~0.8m，台面下部有供轮椅使用者腿脚前伸的空间。对于挂拐杖的人来说，需要设置座椅及拐杖靠放的场所，服务台的高度最好能同时支撑不稳定的身体或另设扶手（图 7-46）。

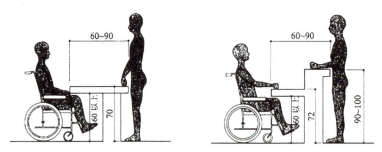

服务台的基本尺寸：考虑到轮椅使用者与站立的接待者之间的关系，根据不同情况分别设定不同的高度(尺寸:cm)

图 7-46 无障碍服务台面示意图

（3）标志、信号

标志牌是为残疾人指引可通行方向和提供专用空间及可使用的有关设施而设置的。应在残疾人使用的室外通路、停车场、坡道、出入口电梯、电话、洗手间、问询台、检票口、售票口等处设置标志牌。站台的四周边缘应设位置提示标志，告知视觉残疾者到此停步，以免危险。

（4）公用电话

客运站的公用电话亭至少要有一部电话可以让轮椅使用者使用。电话机的中心应设置在距地面 0.9~1m 的高度范围内。电话台的前方有确保轮椅可以接近的空间，至少需要有一部电话装有扩声器，最好再附加上照明信号满足听障人士的需求。对于视觉障碍者来说，最好安装带有沟状或凸起物的转盘式或按钮式电话机，如图 7-47 所示。

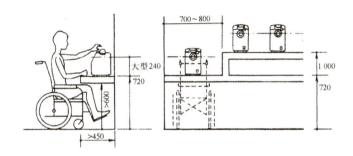

图 7-47 无障碍电话示意图（单位：mm）

（5）饮水器或开水箱

为了使轮椅使用者喝水或接开水更加容易，饮水器或开水箱的高度宜在 0.7~0.8m 高度范围内。

（五）站房的防火及疏散

客运站内有大量旅客和加满油的大客车，是火灾危险性较大的场所。旅客中不仅有老、弱、病、残、孕，且多携带随身行李，更增加了防火疏散的难度。在设计中除认真执行现行《建筑设计防火规范》外，还要执行《汽车客运站建筑设计规范》中有关防火规范的规定，以及《汽车库、修车库、停车场设计防火规范》等相关的规范规定，综合考虑其防火疏散问题。

1.防火

依据《汽车客运站建筑设计规范》有关规定，汽车客运站的耐火等级不应低于二级，四级站不应低于三级。一、二级耐火等级的建筑，每个防火分区最大允许建筑面积为 2500 ㎡；三级耐火等级的建筑，每个防火分区最大允许建筑面积为 1200 ㎡；地下、半地下建筑，每个防火分区的建筑面积不应大于 500 ㎡。当建筑内设置自动灭火系统时，以上所述每个防火分区最大允许建筑面积可增加 1 倍，在局部设置时，增加面积可按该局部面积 1 倍计算。防火分区间应采用防火墙分隔。消防车道的宽度不应小于 3.5m，道路上空遇有管架、栈桥等障碍物时，其净高不应小于 4m。分区设置案例如图 7-48 瑞安客运中心地下一层防火分区示意图，图中①②③④⑤分别为不同的防火分区编号。

2.疏散

汽车客运站的旅客大多携带随身行李，还有一些旅客带着婴幼儿，影响疏散速度。因此，候车厅必须设有至少两个直通室外的安全出口，每个安全出口净宽不小于 1.4m，平均疏散人数不超过 250 人。候车厅内类似安全出口的通道较多，《汽车客运站建筑设计规范》明确规定，带有导向栏杆的进站口不得作为安全出口计算。安全出口必须设置明显标志和事故照明设施。疏散口附近设计要排除一切影响人流活动的不利因素，包括疏散门应向疏散方向开启，严禁设锁，不得设门槛，距门线1.4m处方可设踏步等。当不同楼层设置候车厅时，应至少设置两部直接通向室外的疏散楼梯。为防止人员疏散时拥堵，应将疏散出口分散布置，相邻两个疏散口最近边缘水平距离不小于 5m。同时，地上疏散楼梯间在各层的平面位置不应改变，以保证人员疏散畅通、快捷、安全。

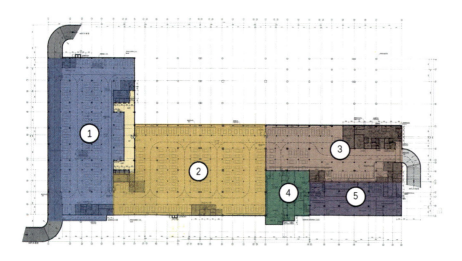

图 7-48 瑞安客运中心地下一层防火分区示意图

第四节 公路（长途）客运站的主要用房设计要点

一、候车厅

候车厅是旅客站内活动的中心，是使用人数最多、逗留时间最长的区域，一般处于过厅与有效发车位之间，是个连接旅客等候与乘车之间的区域，同时也具有缓解人流压力和疏散人群的功能。候车厅在客运站设计中占有很大比重，其原因有两点：首先，候车厅的面积在整个客运站中占大头；其次，候车厅与售票处、行包托运，是汽车客运站设计中的 3 条主要流线（图 7-49）。

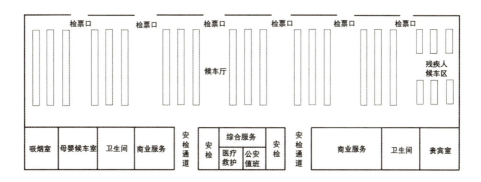

图 7-49 候车厅平面布置示意图

（一）候车厅的功能与空间关系

按照功能来划分，候车厅可以分为候车区、通行区、检票区、站务管理区和服务设施区，各功能之间既要相对独立，又要互不干扰。按不同的候车人群来划分，可以把候车厅划分为特殊候车区和普通候车区，其中，特殊候车区包括 VIP 旅客、残疾人旅客、母婴候车区等。同时，候车空间的组织形式跟汽车客运站的站级息息相关。一、二、三级车站多有大面积候车空间，多通道检票，适应多班次客车同时检票进站台的操作程序。四、五级车站旅客少，汽车班次少，其候车形式及空间构成多简单、集中。并且，大型车站一般可将候车厅分成若干小候车厅，如一、二级站候车厅内宜设母婴候车室，母婴候车室应邻近站台并单独设置检票口（图7-50）。

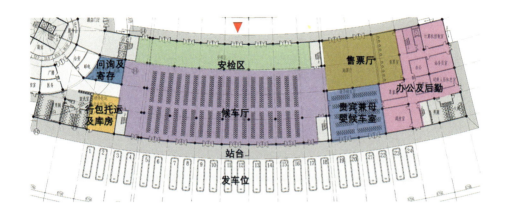

图7-50 百色城东客运中心首层平面图

依据《汽车客运站建筑设计规范》规定，候车室内应设置检票口，每3个发车位不得少于1个。当检票口与站台有高差时，其坡度不应大于1∶12。按照实际流向安排检票口的不同方向，可形成单向、双向、三向检票区域。候车厅应设置座椅，其排列方向应有利于旅客通向检票口，每排座椅不应多于20座，两端应设不小于1.5m的通道。

候车厅内除了设检票口，还应安设必备的问询、公用通信、传播营运动态、饮水、厕所和盥洗等设施，还应设置总服务台、小卖部、餐厅、娱乐、银行等社会服务功能，以方便旅客使用。周围应方便与站务、医务、公安等辅助功能房间形成紧密的联系。饮水、厕所和盥洗室的设置主要是满足旅客候车时的需要，应设于候车厅附近旅客易于寻找的地点，但是不能干扰入口处视线的总体效果，也不能设于人流较大的地点，其入口处应有一定的疏散空间。

候车厅室内空间应符合采光通风和卫生要求。候车厅的面积一般比较大，如果利用天然采光，窗地比不应小于1∶7的标准。为了满足采光通风的要求，候车厅的净高不宜低于3.6m。同时，由于候车人数较多，候车厅室内空间处理时应考虑吸声减噪措施。近年来，由于结构技术的进步以及大空间结构体系的应用，新建的客运站多采用宽敞明亮的大空间候车厅。例如，田阳汽车客运中心客运站，采用大型穹顶设计，宽敞、无柱，白天可利用自然采光。同时，该客运站充分考虑了南方气候特点，注重朝向和采光通风。穹顶设置复合保温层与Low-E中空玻璃，减少热辐射的吸收。穹顶候车大厅不设置空调，周边

图 7-51 田阳汽车客运中心客运站室内

设置防雨通风口，利用自然通风（图 7-51）。

候车厅的设计应考虑残疾人使用的需要，进行无障碍设计。并且，候车厅的防火分区以及疏散出口的数量、宽度、疏散照明等设计还应符合防火疏散的要求。

（二）候车形式

旅客在经过购票、行包托运以后，除了极少数的旅客已经到了登车时间以外，大多数的旅客要进入候车状态。由于站级的不同，候车形式可以分为很多种。

1. 四、五级站的候车形式

① 侧向候车形式：这种候车形式用于人员极少的四级站和五级站。其优点是流线较为简捷，便于旅客候车、检票和登车（图 7-52）。

② 两侧对称候车形式：这种候车形式的优点是平面布局呈对称式，流线清晰，有利于柱网布置，同时也便于立面造型（图 7-53）。

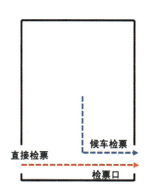

图 7-52 侧向候车示意图

2. 一、二、三级站的一般候车形式

这种候车形式，可以多条通道同时检票，适合较大面积的候车厅，不仅能容纳较大的客流量，还使候车空间变得宽敞明亮；同时也便于管理，使候车厅秩序井然（图 7-54）。

3. 一、二、三级站的二次候车形式

二次候车形式就是乘客先进入一个大厅进行候车，然后可通过检票口进入第二个候车大厅进行二次候车。其优点是在节省人力的同时，又创造了一个井然有序的候车环境。但是由于其面积浪费较大，人流在进入第一个候车厅时会显得比较拥挤，所以现在很少采用（图 7-55）。

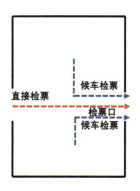

图 7-53 两侧对称候车示意图

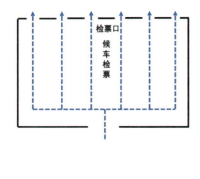 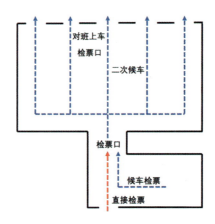

图 7-54 一、二、三级站的一般候车形式示意图　　　图 7-55 二次候车形式示意图

现在由于客运站规模越来越大，客流量也逐渐增大，有效的发车位增多导致了站台的长度变长。但是由于候车厅的长度有限，候车形式也逐步向综合性候车方式发展，旅客检票后再寻找自己的发车站台，这样能使有限的候车面积容纳更多的有效发车位，同时还便于对客车的管理，这也是解决面积有限的一种方法。汽车客运站设计也不再局限于一个候车空间，根据需要可设置高级候车室、贵宾候车室、母婴候车室等。

今后的候车厅，将向着多层次、多级化发展。由于公路客运方便、快捷，渐渐被人们所接受，但土地日益紧缺，所以要在有限的土地上建一个能满足大客流量的客运站，就要考虑到向立体空间发展，而不能仅仅局限在平面的设计上。

例如，蓬莱市长途汽车站，结合场地南高北低、西高东低的特点，采用立体交通的处理方式，将短途、长途候车厅分别设置在一层、二层。利用站前广场与周边道路高差设置成架空层平台，成为进出车站的主要人流广场，广场下部为社会车辆停车场。车辆交通采用单向行驶，车流从北面进入，南面驶出，避免了车流的交叉引发拥堵和混乱（图 7-56、图 7-57）。

二、售票处

售票处主要包括售票窗口、排队等候区、自动售票机位、票务用房等。售票处可以采用集中式，也可以采用多点式，也就是在不同的换乘区域设置售票区，从而方便乘客。目前，窗口售票的功能部分被自动售票机取代，同时网络购票后也可以使用身份证直接登车。

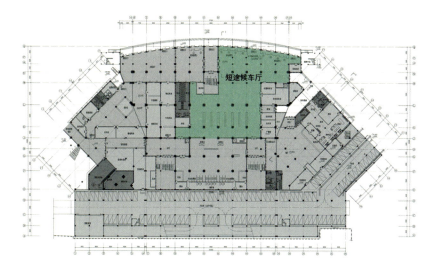

图 7-56 蓬莱市长途汽车站一层平面图

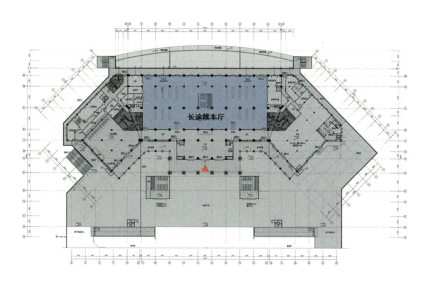

图 7-57 蓬莱市长途汽车站二层平面图

（一）售票厅

售票厅一般设在距离客运站主要出入口较近的地方。大部分乘客进入汽车客运站后会经过这一空间，之后再分流到下一个位置。因此，售票厅中的人员流动较为密集（图 7-58）。

售票厅的面积根据级别划分：一、二、三级站售票厅需要单独设置；四、五级站因为旅客较少，可以将售票厅与候车厅合用，较为经济。售票厅的面积是由售票窗口的数量决定的，售票窗口数量的多少以客源站候车最高聚集的人数为依据。根据《汽车客运站建筑设计规范》和中华人民共和国交通行业标准

《汽车客运站级别划分和建设要求》的规定，一般按每120人设置1个售票窗口（120为每小时每个窗口可售票数），不足的尾数也可以设置1个。

售票厅的形式包括以下4种常见类型：分向售票，长、短途售票，袋形售票以及双向售票。

1. 分向售票方式

分向售票的情况比较少见，通常在一些客运站所处地理位置有较明显的两个方向的发车业务，且总图上有可能设置两个既有联系又各自独立的停车、发车场地的时候，其售票厅便可以分别设置。这种处理方法，无论从管理还是使用方面均较为方便（图7-59）。

2. 长、短途售票方式

长、短途售票模式，是将长、短途旅客这两种人流分开。长途旅客可以在售票厅内购票，之后由售票厅进入候车大厅或其他功能空间，这一部分人流是我们设计客运站售票厅时主要考虑的人群流线。短途旅客的行动比较不确定，他们可以不必经过售票厅购买车票，而是直接进入站台部分的售票廊购票，之后即可上车等候开车了（图7-60）。

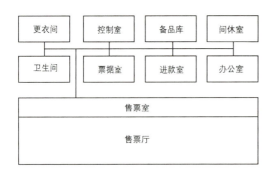

图 7-58 售票厅平面关系示意图

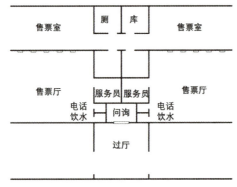

图 7-59 分向售票方式平面关系示意图

图 7-60 长、短途售票方式平面关系示意图

3. 袋形售票方式

袋形售票方式可分成纵向及横向两种。纵向售票厅一般布置在客运站中间，两侧联系其他功能空间，比如候车大厅、过厅、行包托运等。这种布局方式的人群流线沿中间进入售票厅，人群沿两侧疏散向其他空间，因此要求在布置功能的时候，售票厅两侧的功能空间的人群流线不能与售票厅的出入流线冲突，造成人们行走时的混乱和交叉。横向售票厅通常布置在客运站的一侧或是角落，这样的方式使售票厅的位置既能够方便人们进出，又不影响进入候车大厅的人流，减少了流线不必要的交叉。但缺点是这种布局方式可能会导致售票厅与其他功能的空间联系过于紧密，造成总体布局失衡（图 7-61、图 7-62）。

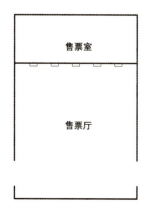

图 7-61 袋形售票厅（纵向）

图 7-62 袋形售票厅（横向）

4. 双向售票方式

这种方式应用很少，主要针对基地条件受制，有两个方向主要人流的客运站（图 7-63）。

（二）售票室

售票室是整个售票处的另一重要组成部分，它与售票厅之间一般通过墙体或是玻璃窗分隔开。售票室内部空间布置较为简单，通常靠近售票厅一侧设有工作人员的工作台或桌椅，其进深长度不应小于 1.2m。工作台之间宜设有矮隔断，保证工作人员平时工作互不影响。售票室另一侧通常设有柜子存放文件或私人物品，宽度在 0.5~0.6m 为宜，之间还应保持 2.4m 左右的自由活动空间。按照售票室内家具以及人体活动尺寸需要，整个售票室的总体进深不应小于 4m（图 7-64）。

售票窗口在售票室内外高差不同，可使旅客和售票人员的视线在同一水平线上，从而解决了售票过程中工作人员经常需要抬头的问题，也解决了旅客由于与售票人员视角不同而看不到售票过程的问题（图 7-65）。

四级以上车站应设不小于 9 m²的票据库。票据库和办公室应尽量与售票厅、售票室紧密相连，构成客运站统一的售票体系，便于出入和管理使用。此外，售票处的票据库与办公室应保证工作人员有单独的出入口。票据库应有与客运站等级相适应的安全保护级别，并注意防火、防盗及抗震要求。

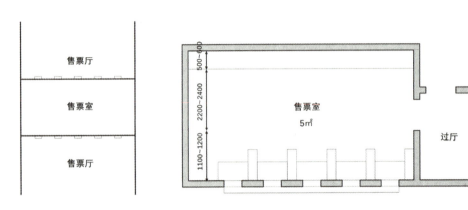

图 7-63 双向售票平面关系示意图   图 7-64 售票室平面示意图（单位：mm）

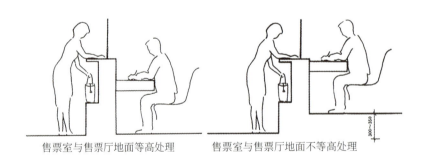

售票室与售票厅地面等高处理   售票室与售票厅地面不等高处理

图 7-65 售票窗口示意图

三、行包托运

旅客在旅行途中随身携带的行包超出客运站在重量、大小上的规定时，就需要按客运站行包托运的要求，办理行包托运业务。行包房包括行包托运处、行包提取处与行包装卸廊。行包托运是一条独立的操作流线，不应与其他流线交叉。旅客在购票后进入行包托运厅办理托运手续，承托的行包通过垂直货运设施进入行包装卸廊，再分检至当班车的待装货位。行包房、行包装卸廊应具有防火、防盗、防鼠、防水、防潮等设施（图 7-66）。

托运口是承办托运手续的地方，其内侧为设有桌、椅的行包员工作面，窗口处设台秤，另一侧为手推平板车（或电瓶车），一般一组托运单元基本设施的最小净宽为3.3m。托运口一般可采用敞开式或窗口式。敞开式托运口适合等级较低的四、五级汽车客运站，因其业务量较少，上下车乘客不多，采用敞开式托运口可方便管理。敞开式托运口在停止营业时，一般仅关闭托运厅的入口，在托运口不再设卷闸门或其他关闭设施。窗口式托运口有可关闭的窗口，适合一、二、三级站选用。这种托运口的形式能够满足高峰期站务工作量的需要，也可以在非高峰期按需关闭部分窗口，灵活调节。窗口可以采用玻璃隔断，局部设推拉窗，也可以设置全开启卷闸门。无论采用敞开式还是窗口式，一般托运口台面高度不宜大于0.5m，年老体衰者或妇女、残疾人需托运较重、较大物品时，台面太高会造成提托不便。台面材料应为光滑耐磨的整体面层。

行包装卸廊的平面一般应随站台的布局而设置，客流不得通过行包装卸廊。行包装卸廊与站场间应设有垂直提升和坡道提升。从行包库房至行包装卸廊一般存在很大的高差，此处行包的垂直运输需要采用一些机械设施，常用的有货梯、斜坡、卷扬机、滑车和皮带式输送机。行包装卸廊根据地区情况差异可设为封闭式或开敞式均可。无论封闭式还是开敞式，均应在车位处开设推拉门，方便上车顶装载行包，其宽度不应小于1.2m。行包装卸廊的长度及开口数应与发车位相适应，宽度不应小于3.6m。高度应高于客车，与车顶行包平台相对高差不宜大于0.3m。行包装卸廊的平顶一般应设吸顶灯，以免较长的托运物体碰损灯具。行包装卸廊的栏杆应考虑承受向外水平推力时的整体构造强度，栏杆高度不应小于1.2m（图7-67）。

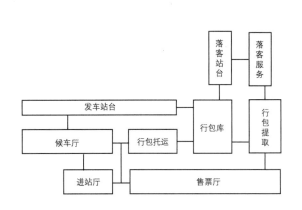

图7-66 行包厅位置关系示意图

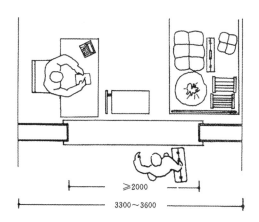

图7-67 托运口示意图（单位：mm）

四、站台和发车位

（一）站台

站台是汽车客运站的必要组成部分，是联系候车大厅和发车位的区域，同时，它也是保证旅客在发车区有安全感的重要设施之一，是组织旅客上车的地点。因此，站台应伸向每一个有效发车位，它的设置应有利于旅客的上下车、行包的装卸和车辆的运转，这三点是站台的主要功能。站台的净宽不应小于2.5m，这个宽度与客车的后悬和在站台通行的人流宽度有关。当站台外缘作为客车后轮轮挡使用时，对站台外缘耐压、耐冲击强度应相应予以提高，同时必须考虑因此造成的客车后悬部分进入站台而影响其使用的宽度（图7-68）。

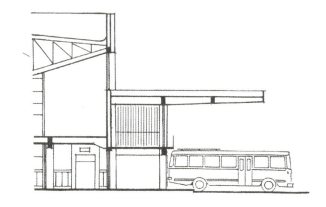

图 7-68 站台位置剖面图

1. 站台平面

站台平面与候车大厅以及停车场内的调度车道有关，候车厅、站台、调度车道三者应整体设计，需要综合从场地条件出发，确定候车厅、站台、调度室的布局，从而选定合理的站台形式（图7-69）。站台的平面形式有很多种，其中主要形式有"一"字式、锯齿式、弧形或扇面式以及分列式等。

图 7-69 深圳北站客运站站台及发车位

（1）"一"字式站台

"一"字式站台适用于规整的矩形场地，将候车厅、站台、调度车道平行布置。在确定汽车站的规模时，对有效发车位的上限做了明确的规定，如一级站的有效发车位为20~24

个。很多客运站都采用"一"字式站台，其优点是构造简易，功能流畅；缺点是当有效发车位较多时，需要较长的站台，因此平面被拉成较长的带形（图7-70、图7-71）。

（2）锯齿式站台

锯齿形站台是"一"字式站台的变形，同样平行于候车厅布置，有效发车位与站台成一定的交角布置，因此形成了一个三角形的空间，可供旅客暂时停留，如图7-72、图7-73所示。其优点是出车方便，调度车道可相对略窄一些，旅客有暂时逗留的地点，同时可以改变汽车站单调的背立面。

（3）弧形或扇面式站台

站台平行于候车厅设置，发车位呈放射状布置。国内多采用弧形站台，而较少采用大夹角的扇面式站台。采用扇面式站台应具有一个与之相适应的候车厅。此种形式的站台的优点是造型美观大方，视角开阔，进出车方便；其缺点是由于夹角很大，调度、站务不易掌握整个站台的动态，一般要设置监控设施。并且，此种站台由于夹角大，形成的调度车道面积较大，只能设成相应的同心弧形或扇形的调度车道和行包装卸廊，因此行车避让有一定的困难，解决的办法是将调度车道做成直线形或折线形，这样有利于调度车辆进入有效发车位（图7-74、图7-75）。

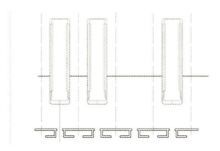

图 7-70 "一"字式站台示意图

图 7-71 深圳北站客运站"一"字式站台

图 7-72 锯齿式站台示意图

图 7-73 六里桥客运主枢纽锯齿形站台

图 7-74 弧形或扇面式站台示意图   图 7-75 光州客运站弧形站台

（4）分列式站台

分列式站台垂直于候车厅设置，有效发车位分列于站台的两侧，可以按发送路线划分成两个发车区。这种形式要求基地的长宽大致相当，便于站台伸入站场布置。其优点是可以大大缩短站台的长度，而且站台与候车厅、行包装卸廊、站台雨棚均垂直设置，不影响候车厅靠站台侧的采光。缺点是由于站台与候车厅垂直布置，对于检票口较为不利，在大量客流通过的时候，站台的宽度应适当加宽，并且应该注意解决检票口的数量问题（图 7-76）。

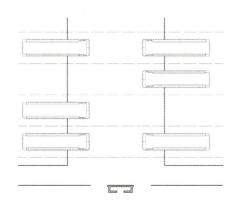

图 7-76 分列式站台示意图

2. 站台柱网、柱距

站台一般与其上方的行包装卸廊、雨棚等同时设计，并且柱网的柱距设置需要结合客车的宽度和旅客的通行宽度，柱距不应小于 3.9m，也可以采用 3.9m 的倍数设置柱网。目前，很多汽车客运站会结合其他功能设计，通常为高层建筑，并且一般位于建筑的下部，那么柱子截面就需要加大。这种情况下，应要求柱间净宽不应小于 3.5m，以保证车站进出车和旅客上下车的安全和方便。

为保证站台上旅客和站务人员的正常通行，除去客车的后悬部分在站台上所占的部分，站台柱网与候车厅外墙面或外墙面的壁柱外凸部位之间的净宽不应小于 2.5m。

3. 站台雨棚

站台雨棚主要是为旅客上下车、工作人员装卸行包免受日晒雨淋所设置的遮蔽措施。位于车位装卸作业区的站台雨棚，为满足功能要求，净高不应小于 5m。为了不影响雨棚下部的行车和行包装卸，站台雨棚下不应设悬挂式灯具。

为保证旅客不受日晒雨淋，雨棚伸出建筑的长度应使车门位于雨棚的垂直投影内。雨棚的构造形式包括支承式雨棚和悬挑式雨棚。支承式雨棚一般设置支承柱来支承雨棚，柱距一般要求不应小于 3.9m，并且要求柱子的设置不影响旅客通行和行包运输。雨棚与站台间净距应 ≥ 5m，并且其宽度应能覆盖整个站台及车门。单侧发车站台净宽 ≥ 2.5m，双侧 ≥ 4m。站台地面与发车位地面间的高差宜为 150~200mm。发车位地面应坡向外侧场地，坡度应 ≥ 0.5%。

悬挑式雨棚就是不设支承柱，整个雨棚的荷载全部由悬挑的结构来完成，因此整个悬挑结构应与候车大厅、行包装卸廊等的结构体系一起考虑。整个有效发车位区域内没有柱的干扰，较为开阔，有利于站场的调度和管理。此种雨棚造型轻巧、时代感强。客车无论顺车还是倒车进出有效发车位均较为方便，多在新型的客运站建筑中采用。例如，罗田县大别山客运中心站台就采用了轻质悬挑候车雨棚（图 7-77）。

（二）发车位

有效发车位位于站台和停车场之间，是旅客经检票口准备上车的始发位置，只有有效发车位的数量才能全面反映站级的规模。在汽车客运站设计中，功能房间的面积计算都与有效发车位有关，例如，停车场的面积即根据有效发车位的数量计算的。有效发车位需要满足以下 3 个要求。

① 有效发车位与候车厅检票口间必须设置站台。

② 有效发车位可与行包装卸廊一同设置。

③ 为保证站台和有效发车位的安全和卫生，有效发车位上方局部必须设置雨棚。此外，有效发车位与站台相连，要求与站台的高差不应小于 0.15m。并且为了满足场地排水以及进车时减速、方便发车等要求，发车位的地坪应设不小于 0.5% 的坡度坡向调车道，如西宁汽车客运中心站（图 7-78）。

图 7-77 罗田县大别山客运中心站台区效果图

图 7-78 西宁汽车客运中心站发车位区域效果图

第五节 公路（长途）客运站停车场设计概述

一、停车场的类型

停车场是客运站占地面积最大的一个部分，主要有地面停车场、多层停车库或地下停车库、站场分设的停车场等。

图 7-79 蓬莱市长途汽车站地面停车场

（一）地面停车场

地面停车场因其设计简捷、建造周期短而被广泛运用，但是停车场占地面积大，一般占整个场站的 70%~80%（图 7-79）。

（二）多层停车库或地下停车库

多层停车库和地下停车库可以在地面空间相当狭窄的条件下提供大量的停车位，占地少，车位多，还可将广场地面恢复成为城市绿地等，改善城市环境（图 7-80、图 7-81）。

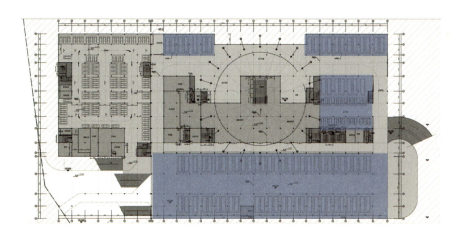

图 7-80 田阳汽车客运中心客运站地下一层停车库示意图

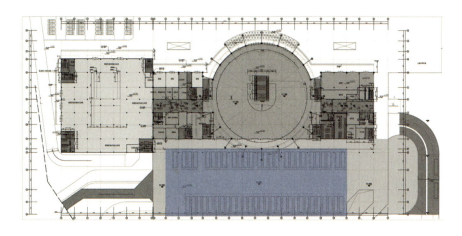

图 7-81 田阳汽车客运中心客运站一层停车库示意图

（三）站场分设的停车场

　　站场分设指的是停车场与客运站房不在一处设置，主要是由于城市用地紧张，没有足够的用地提供大面积的停车场地。客运站内除有效发车位之外，停车场单独设置。停车场与客运站房之间的交通应便捷，并且满足调度要求。

二、停车场设计的原则

　　停车场的设计除了满足车辆出入的安全要求外，还须满足油气的防火、防灾要求，并应尽量减少车辆尾气排放所造成的环境污染。设计中应注意以下原则。

① 符合城市规划与交通管理的要求。

② 分区明确，流线组织顺畅，交通标志清晰。

③ 应避开城市主要干道及其交叉口，并应右转进出停车场。

④ 满足停车场自身的技术要求。

⑤ 综合考虑场内的各种工程及附属设施。

三、停车场的功能组成

停车场基地的平面布局按使用功能，主要有车辆停放区、车行通道、辅助设施区（车辆清洗及维修保养）和绿化等部分。停车场的最大容量按同期发车量的 8 倍计算，单车占用面积按客车投影面积的 3.5 倍计算，即：停车场面积 =8×3.5× 发车位数 × 客车投影面积（图 7-82）。

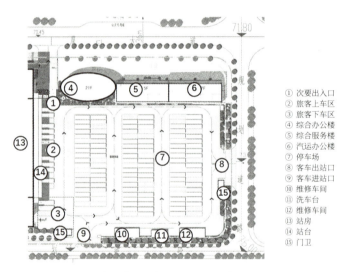

图 7-82 罗田县大别山客运中心停车场功能组成示意图

四、停车场的防火疏散

一旦发生火灾时，客运站中不仅需要疏散旅客，还要尽快疏散场站中的客车。一般客车在进站前都加会满油料，客运站停车场停放车辆较为密集，且客车多为大、中型车，疏散较慢，防火、疏散设计必须严格遵照现行建筑设计防火规范。

停车场的汽车疏散出口不应少于两个，停车数量不超过 50 辆的停车场可只设 1 个疏散出口。《汽车客运站建筑设计规范》还增加了以下要求：汽车疏散口应设置在不同方向，且应直通城市道路，以保证车辆能迅速疏散。为了让停车场内的车辆能整齐存放，避免混乱，停车场内车辆宜分组布置，每组不超过 50 辆，且组间应保持不小于 6m 的防火间距。停车场宜设置耐火等级不低于二级的消防器材间。

五、停车场的车辆停放区

（一）车辆的停放方式

停车场内的停车方式包括平行式停车、垂直式停车和倾斜式停车。一般采用垂直式停车，用地较为经济。当通道不能满足垂直式停车要求时，也可随地形平行或倾斜停放，倾斜角度可以是 30°、45°、60°，此种方式用地不经济，排列不易整齐，但停车带宽度较小。平行式停车一般较少采用。也可以根据场地地形情况采用几种方式混合停车（图 7-83）。

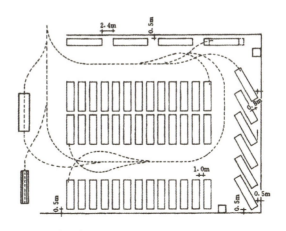

图 7-83 混合停车示意图

停车区和发车位的相对位置，要求按照车辆进出运行路线布置。车辆流线要简捷顺畅、各行其道、避免交叉。停车场内车辆分组停放时，车辆停放的横向净距不应小于 0.8m。应尽可能做到每辆车都能单独进出，互不干扰。

（二）车辆的停驶方式

1. 倒车进顺车出

倒车进顺车出指的是车辆驶入停车场后首先停止于停车位前的道路上，再后退进入车位，车头正对通道。该方式虽不易就位，停车费时，但由于其发车迅速、便利，对于汽车客运站这种需要出车顺利的停车场来说非常适用。同时，该方式所需通道最为节省，平均单位停车场面积最小，为我国客运站停车场布置中最常见的车辆停放方式。另外，因其所需通道宽度最小，可用于有紧急出车要求的多层、地下车库（图 7-84）。

2. 顺车进倒车出

顺车进倒车出指的是车辆直接驶入停车位，入位迅速，大量车辆同时入场停车时不易造成混乱和通道堵塞，车辆也容易排列整齐。后退发车较为不便，出车较费时间，出车时的视线也受到两侧停放车辆的限制，在要求迅速驶出或出车高峰时很不利。因其所需通道宽度较大，多用于行车集中、出车不急的车库（图 7-85）。

3. 顺车进顺车出

顺车进顺车出，停车发车都很方便，但所需占地面积较大，一般无特殊要求不宜采用（图 7-86）。该方式所需通道宽度最大，进出方便，用于有紧急出车要求的多层、地下车库。

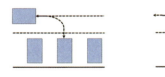 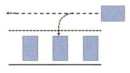 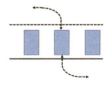

图 7-84 倒车进顺车出　　　　图 7-85 顺车进倒车出　　　　图 7-86 顺车进顺车出

（三）乘客下站区

汽车客运站一般在停车场内靠近停车场入口处，结合站房设置进站车辆停靠区，一、二级客运站还应设置下车站台，供到站旅客下车时使用。下车站台与站房或发车站台相结合，设置单独的出站口通向站前广场，并应与行包提取厅有紧密的联系，利于引导人流迅速疏散出站或转车。不应允许人流在停车场内逗留，出站人流不应与进站车流形成交叉。

（四）汽车车型和基本尺寸

汽车车型主要包括标准长途公共汽车、长途旅行高顶棚公共汽车、标准铰接式公共汽车，具体尺寸见客车基本尺寸示意图（图7-87）。

六、车行通道

停车场内的行车路线必须明确，尽量采用单向行驶，并应设置明显的标志。为保证客车在停车场内出入、通行、停放的安全与顺畅，其停车位的尺寸、通道的设置必须满足有关参数的要求，特别是机动车的回转轨迹、通道的线形及宽度等（图7-88、图7-89）。

（一）通道的宽度

停车场停车所需通道的宽度，与车辆的型号及停驶方式有关。一般来说，车型越大，所需通道越宽，而顺车进倒车出时所需通道的宽度较大，倒车进顺车出时所需通道的宽度较小。《汽车客运站建筑设计规范》中对汽车客运站停车场中的通道做了如下规定。

① 发车位和停车区前的出车通道净宽不应小于12m。

② 停车场的进、出站通道，单车道净宽不应小于4m，双车道净宽不应小于6m。通道为坡道时，双车道净宽则不应小于7m。

③ 洗车设施及检修台前的通道应保持净宽不小于10m的直道。

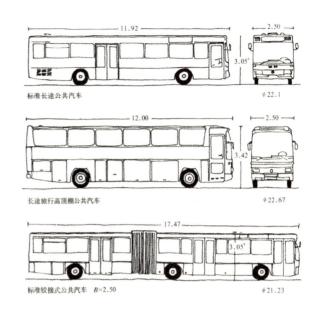

图 7-87 客车基本尺寸（单位：m）

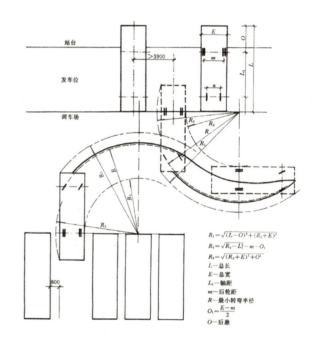

$$R_1 = \sqrt{(L-O)^2 + (R_2+E)^2}$$
$$R_2 = \sqrt{R_3^2 - L_1^2} - m - O_1$$
$$R_3 = \sqrt{(R_2+E)^2 + O^2}$$

L—总长
E—总宽
L_1—轴距
m—后轮距
R—最小转弯半径
$O_1 = \dfrac{E-m}{2}$
O—后悬

图 7-88 停车场通道客车活动基本要素（单位：m）

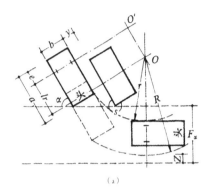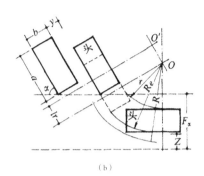

注：（a）倒车停入车位，或顺车开出；（b）顺车停入车位，或倒车开出

图 7-89 汽车停入车位和开出示意图

（二）汽车的回转轨迹与回转半径

汽车在弯道上行驶时，它的前后轮及车体前后凸出部分的回转轨迹将随着转弯半径的变化而变化。汽车的最小回转半径是指汽车在停车场内转弯时，汽车车体不与道边的墙柱、车辆等发生擦撞所需弯道的最小宽度。设计停车场时，空间相对局促，为节省建筑空间，宜采用最经济的尺度布置通道及停车位（图 7-90、表 7-9）。

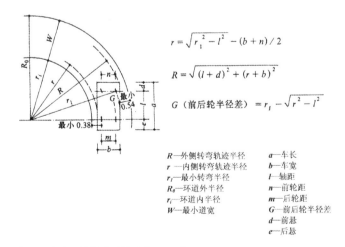

$$r = \sqrt{r_1^2 - l^2} - (b+n)/2$$

$$R = \sqrt{(l+d)^2 + (r+b)^2}$$

$$G（前后轮半径差）= r_1 - \sqrt{r^2 - l^2}$$

R—外侧转弯轨迹半径 a—车长
r—内侧转弯轨迹半径 b—车宽
r_1—最小转弯半径 l—轴距
R_0—环道外半径 n—前轮距
r_i—环道内半径 m—后轮距
W—最小道宽 G—前后轮半径差
d—前悬
e—后悬

图 7-90 汽车回转轨迹计算（单位：m）

表 7-9 汽车的最小转弯半径表

车辆类型	最小平曲半径（m）
铰接车	13
大型汽车	13
中型汽车	10
小型汽车	7

七、停车场出入口

停车场出入口是停车场与外部道路取得联系的接入点，是车辆出入停车场的必经之处。其数量、宽度取决于停车场的停车泊位数及场地条件。一、二级站由于班次较多，进出站车辆较频繁，停车场的汽车疏散口不应少于 2 个，宜分别设置出口和入口，并应保持净距大于 10m 的要求。三、四级站适宜分别设置进出站口，在基地面积、地形等受限制，停车数量不超过 50 辆时，可设一条通道供进出车之用，汽车进出站口的宽度不应小于 4m。停车场出入口的宽度一般不小于 7m，如出口和入口合用，其进出通道的宽度应为双车道，宜采用 9~10m 的宽度。

机动车停车场的出口还应符合行车视距的要求，具有良好的通视条件，其通视距离一般不小于 50m，并设置交通标志（图 7-91）。

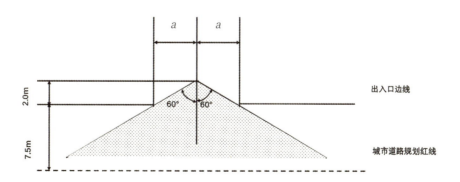

图 7-91 车辆出入口通视要求

出入口对内通道应能方便通达停车泊位，满足车辆一次进出车的要求。出入口对外与城市道路之间既要联系方便，也应尽量减少对城市道路交通的干扰。为了避免与城市交通有过多的交叉，停车场的出入口不宜设在主干道上，出站口可设在次干道和支路上右转弯处，进出站口的位置还应符合以下几点。

① 汽车进出站口与旅客主要出入口或行人通道之间，应设不小于 5m 的安全距离，并有隔离措施。

② 汽车进站口、出站口距公园、学校、托幼建筑及人员密集场所的主要出入口距离不小于 20m。

③ 汽车进出站口应设置引道，并满足驾驶员行车安全视距，汽车进出站口宜设同步的声光设施。

④ 为了避免与城市转角处过多的机动车流短距离内相遇，汽车客运站进出口应距离城市干道红线交点 70m 以上，距非道路交叉口的过街人行道（包括引道、引桥和地铁出入口）最边缘线不应小于 5m，距公共交通站台边缘不应小于 10m。

第六节 公路（长途）客运站其他附属设施及建筑

停车场还可根据客运站的级别、使用要求和基地的具体条件，配置相应的低级保养、车辆清洗、车辆检修等辅助设施，并按有关规定设置水、电等市政设施。此外，停车场内还可根据需要设置办公管理、生活服务等设施，如司机公寓、食堂、浴室等。

一、汽车安全检验台（沟、室）

汽车安全检验台（沟、室）面积根据检测项目与检测方式，按每台 80~120 ㎡ 计算。在进入就位前应保持一段净宽不小于 10m 的直道。

二、汽车尾气测试室

汽车尾气测试室面积视情况选取：一级车站 120~180 ㎡，二级车站 60~120 ㎡。

三、车辆清洁、清洗台

车辆清洁、清洗台面积根据洗车方式和污水处理与回收系统的形式，按 90~120 ㎡ / 个计算。在进入就位前应保持一段净宽不小于 10m 的直道，有利于安全，还应注意排水。其主要形式为槽式冲洗设施和平台式冲洗设施（图 7-92、图 7-93）。

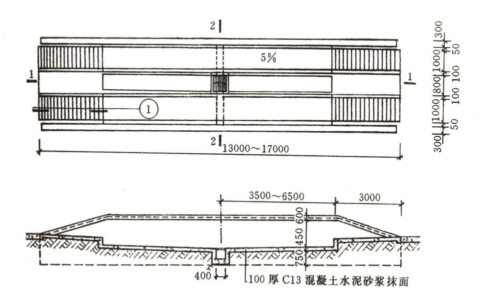

图 7-92 槽式冲洗设施（单位：mm）

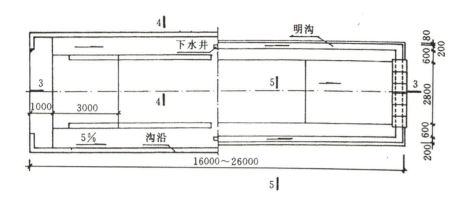

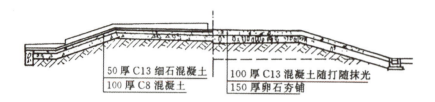

图 7-93 平台式冲洗设施（单位：mm）

四、司乘公寓

司乘公寓面积按日均发车班次计算，每 10 班次为 20 ㎡，即：司乘公寓面积 =2× 日发车班次数（㎡）。

CHAPTER

8

第 八 章

港口客运站

港口客运站是为需要水路运输的乘客和货物提供公共交通服务的建筑和设施，是现代水运交通重要且复杂的交通设施工程，并且包含多种子系统，如港口场地总体规划、港口建筑的单体设计、海岸的环境景观设计等，所有这些因素构成一个复杂的系统工程。

第一节 港口客运站概述

一、分类

根据航线类型可以分为国内航线港口客运站和国际航线港口客运站。

根据其在航线上所处的位置可以分为枢纽站、中间站和终点站。

根据使用性质可以分为客运港口客运站、客货滚装船港口客运站、客运综合体港口客运站和客货兼运港口客运站。

根据航线的远近与各经济区域间的联系可分为近程客运站、远程客运站和国际客运站。

二、分级

港口客运站根据其服务城市的规划要求、政治要求、经济地位，以及港口客运站自身服务的乘客量和航线选择等条件分为 4 个等级，如表 8-1 所示。

表 8-1 港口客运站的站级分级

建筑规模等级	一级站	二级站	三级站	四级站
年平均旅客发送量（人次）	≥ 3000	2000~2999	1000~1999	≤ 999

三、规模

在设计中要注意港口客运站的乘客运载量以及规模，建设规模可根据旅客最高聚集人数确定，旅客最高聚集人数的计算公式如下：

$$Q_{max} = \sum_{i=1}^{n} \frac{h - h_i}{h} \cdot Q_i \text{（当 } h_2 = 0 \text{ 时）}$$

$$Q_i = A_i - a_i$$

式中：

Q_{max}——旅客最高聚集人数（人）；

Q_i——第 i 船旅客有效额定人数（人）；

A_i——第 i 船额定载客人数（人）；

a_i——第 i 船额定不需要经过站房的登船人数（人）；

h_i——第 i 船与首发船的检票时间间隔（h）；

h——检票前旅客有效候船时间（取 2h）。

四、选址与规划

（一）港口客运站的选址原则

港口客运站的选址应在水面宽广的水域内，水深要满足相应吨位的船舶进港的要求，应保证在枯水期时船能顺利进港。

港口客运站的选址应有足够长度的码头岸线，有稳定的自然环境条件，要求避风条件好、风浪较小。

港口客运站的选址应综合考虑城市的总体规划，应与临港产业结合进行规划设计，强调与城市功能的整体性。

港口客运站在运营期间会带来巨大的人流量和车流量，应选在具有旅游开发潜质和良好土地资源的地区。

（二）港口客运站的规划原则

港口客运站整体的规划应与城市环境相协调，集商业、旅游业和客运设施为一体，具有多功能用途的客运中心，可为城市提供相应的配套设施，成为城市交通综合体建筑。

港口客运站的整体规划应与城市的交通相联系，有效利用城市高架路和地铁，发展先进的城市交通系统。

港口客运站应按照生态、节能、环保和可持续发展的原则来进行整体规划，要结合城市环境营造现代化的滨水景观（图 8-1）。

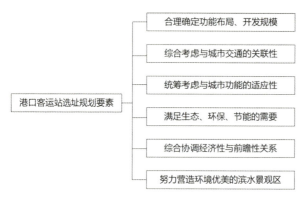

图 8-1 港口客运站选址规划要素

第二节 港口客运站的功能流线

一、功能流线设计

（一）功能组成

港口客运站的外部分区可以根据不同区域进行划分，功能布局主要分为站前广场、站房主体、客运码头、客滚码头（停车场、检验设施和待渡场）、上下船设施、辅助配套等部分。

港口客运站的内部分区可以根据不同的要求进行划分，主要有以下几种。

按照旅客是否能到达分为公共区和后勤区。公共区是旅客可以到达的区域，应与后勤区进行明确的划分。

按照是否进行安全检查分为控制区和非控制区。控制区是指旅客或工作人员经过人身及手提行李检查后进入的区域，在此区域旅客可以直接登船。控制区和非控制区之间须严格划分。

按照服务的旅客类型可以划分为国内区和国际区。国际区是进行跨国远洋旅行的旅客所进入的区域，除了须进行人身及手提行李检查外，还需要经过卫生检验检疫、海关检查、边防检查等。

（二）流线设计

港口客运站的流线按流线性质可以分为旅客流线、货物行包流线、车辆流线。

港口客运站的流线按流动方向可以分为进站流线、出站流线、中转流线。

二、国际港口客运站功能流线

国际港口客运站与国内港口客运站因航线类型不同，需具备"一关两检"的功能，在流线设计上要满足出入境的流线关系。这也是保证国际港口客运站具有防止偷渡、走私、疾病传播等职责的前提条件。

出境出港流线：站前广场→客运站（→置换登机牌→卫检→海关查验→托运行李→边检→候船厅→检票）→码头（图8-2）。

入境入港流线：码头→客运站（候检厅→落地签证→卫检→边检→行李提取→海关查验→入境大厅）→站前广场（图8-3）。

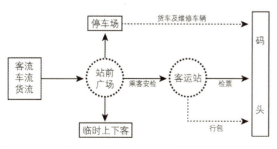

图8-2 国际港口客运站出境流线示意图

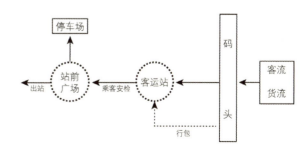

图8-3 国际港口客运站入境流线示意图

第三节 站前广场设计

一、站前广场基本组成

　　站前广场在港口客运站中承担的主要任务是帮助乘客集散和换乘。站前广场设计的重中之重是车辆和人员的交通组织，同时各功能之间的分区还要合理明确。站前广场一般存在人行广场、停车场、综合服务设施、绿化场地和道路等功能分区（图 8-4）。

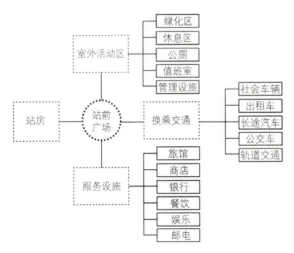

图 8-4 站前广场功能分区示意图

（一）人行广场

　　人行广场是旅客集散的场地，旅客在这一区域步行前往换乘区域。一般人行广场旁边会设置小型零售、报刊亭等服务设施。

（二）停车场

　　客运站作为旅客的集散枢纽，要满足大量不同类型车辆的行驶、停放需求。停车区通常包括：公交场站，上、下客区域，不同类型的车辆停车的区域。

（三）综合服务设施

一般在站前广场周围会设有营业性服务设施以满足旅客需求，主要业态有大中型的商业、酒店、特产商店等，以利用大量的人流量产生经济效益。

（四）绿化场地

绿化场地包括绿化隔离带，人行广场中的各类植物，如行道树、草坪、花池等，以及景观小品，包括水池、路灯、雕塑、彩旗等小品构件。在港口客运站的绿化设计中，要结合城市景观和港口等级要求，创造良好的滨水环境，争取将对自然生态的影响降到最低。

（五）道路

站前广场中的道路主要是车行通道和人行通道，在道路的设计上要注意人车分流，避免流线的交叉。

二、站前广场的交通流线

（一）流线分析

站前广场上的交通流线，主要是人流、车流、货流。

人流主要指的是乘客人流，进入站前广场后乘客可能的去向是候船、托取行李、寄存、问询处等，还有少部分人流是接送乘客，这部分人流主要集中在进、出站口处。

车流主要有公共汽车、出租车、旅游大巴、机动车等。公共汽车的特点为间隔发车、行车路线固定；出租车的特点为机动灵活、没有固定路线；机动车与人力三轮车需要停车空间。在站前广场的设计中应注意人车分流，避免产生交通事故。

货流主要指的是运载行包的机动车和非机动车，以及运送邮件的邮政专用车，与行包房、站台、邮件转运处联系密切，一般停留的时间较短，装卸完之后即开走。

（二）站前广场的流线组织的要求

站前广场应分区明确，交通流线分流，避免不同类型的来往车辆相互交叉干扰（图 8-5）。

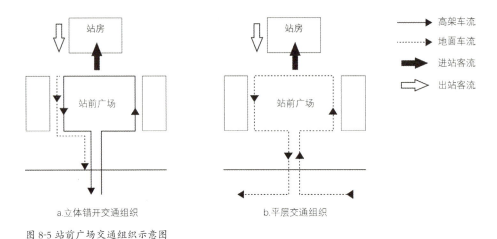

图 8-5 站前广场交通组织示意图

车辆流线应靠近客运站出入口，停车场不应距离太远。

因取货需要，货运流线的设计应靠近行包用房。为避免流线交叉，行包的发送流线和到达流线应分开设计。

由于水路运输具有一定的季节性，因此在设计中既要考虑平时正常情况下的人流量，同时也要考虑节假日高峰期时的人流量，要具有一定的弹性空间，避免产生拥堵阻塞。

三、设计要点

站前广场应设有公交站点，以及满足旅客需求的一些服务设施。

道路交通系统布局应注意人车分流和组织好不同类型车辆的流线，加强内外交通的联系。

站前广场应有良好的的绿化设施，可结合总体交通组织布置灌木作为绿化隔离带，以便于旅客集散并避免城市主干路对站前广场的干扰，为城市创造良好的滨水景观。

主要的出入口、停车位等均应按照无障碍标准设计。

第四节 站房主体设计

一、客运站国内客运部分

（一）主要功能

港口客运站的站房是供旅客购票和候船的场所，同时承载工作人员的后勤活动，其主要由候船厅、售票厅、行包用房、站务用房、服务用房等组成。

候船厅：普通候船厅、重点旅客候船厅、检票口、母婴候船厅。

售票厅：售票室、票务用房。

行包用房：行包托运厅、行包提取厅、行包仓库、业务办公室、计算机室、票据室、工作人员休息室、牵引车库用房、仓库。

站务用房：服务人员更衣室、值班室、广播室、补票室、调度室、客运办公用房、值班室、站长室、会议室等。

服务用房：问询台、小件寄存处、自助存包柜、邮电服务处、商业服务设施、医务室等。

（二）设计要求

1. 进站大厅

进站大厅的主要作用是为乘客提供集散空间，有安检和问询等功能，同时联系候船厅、售票厅、行包用房等，要求交通流线简捷、明确，避免迂回交叉（图 8-6）。

2. 候船厅

候船厅为港口客运站中旅客停留时间最长的区域，因此设计要求候船厅具有舒适的等候区域，从旅客的心理和生理需求出发进行合适的室内布局（图 8-7、图 8-8、表 8-2）。

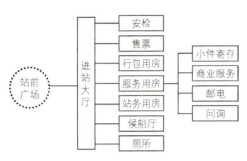

图 8-6 进站大厅功能示意图

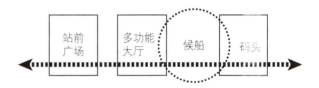

图 8-7 候船厅流线组织示意图

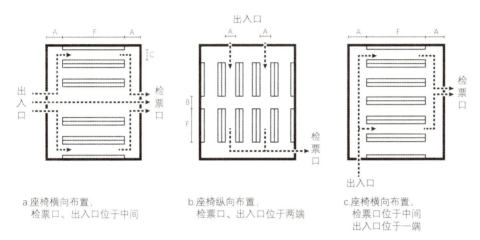

a. 座椅横向布置,
检票口、出入口位于中间

b. 座椅纵向布置,
检票口、出入口位于两端

c. 座椅横向布置,
检票口位于中间
出入口位于一端

图 8-8 候船厅平面布置示意图

表 8-2 候船厅通道尺寸参考表

类别		宽度（m）
主要通道（A）	一、二级客运站候船厅	2.7~3.6
	三、四级客运站候船厅	1.6~2.7
次要通道（B）		1.8~2.7
纵向排列座椅间通道（C）		1.8~2.4
座椅最大连续数量（F）		20 座
检票口通道	单排	2.0~2.2
	双排	3.0~3.2

在功能布局上，候船厅应与客运码头相联系，如需设置母婴候船厅，则母婴候船厅应邻近上船设施。平面各功能应合理分区，各功能分区互不干扰、布置灵活。

候船厅作为乘客的等待区域，可以根据客运站的等级和乘客的类型，分为普通候船厅、VIP候船厅（重点旅客候船厅）、母婴候船厅等。要注意室外候船区的设计，设置避雨设施，并可单独设置检票口。

候船厅应设置适当的座椅供乘客等候时使用，座椅摆放应有利于乘客检票，避免产生拥堵。候船厅座椅数量不宜少于乘客最高聚集人数的40%。

当船即将入港时，等候人群会集中在检票口处，为避免踩踏和方便检票，可改变候船厅的长宽比，在候船厅面积不变的情况下，增大检票口的长度，增加检票口的数量，提高候船厅的空间利用率。同时，应在检票口处设置缓冲空间。

客运站的客流量有季度性的动态变化，具有高峰期和低谷期，且人流量差值大，因此，为避免低谷期的资源浪费和高峰期的空间不足，应提前做好不同季度的人流量策划，在候船厅中设计弹性等候空间。

3. 售票厅

售票厅在功能上可以进一步细分为售票室和票务用房，售票厅的位置应方便乘客购票，宜单独设置。为满足乘客候船和托运行李，在设计上应与候船厅和行包托运用房联系。在平面布置上，售票厅可集中布置和多点布置，在大型港口客运站中一般采用多点布置（图8-9、图8-10）。

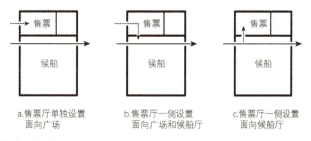

图 8-9 售票厅位置示意图

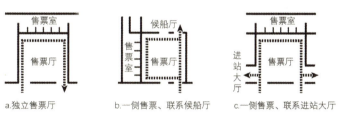

图 8-10 售票厅平面布置示意图

售票室应面向售票厅的主要出入口，售票窗口的中距不宜小于1.8m，靠墙售票窗口中心距墙边不应小于1.2m，窗台距地面高度宜为1.05~1.1m，窗台宽度不宜小于0.5m，售票窗口前宜设高度不低于1.2m的导向栏杆。

一、二级港口客运站应至少设置1个无障碍售票窗口。

设自动售票机时，其使用面积应按1㎡／台计算，并应预留电源。

一、二级港口客运站应单独设置票据室，票据室应与售票室联系方便，并应有通风、防火、防盗、防鼠、防水和防潮等措施。

4. 行包用房

行包用房主要由行包托运厅、行包提取厅、行包仓库等组成。行包用房的位置应与站务用房和港口相联系，方便乘客行李的托、取和装卸（图8-11、图8-12）。

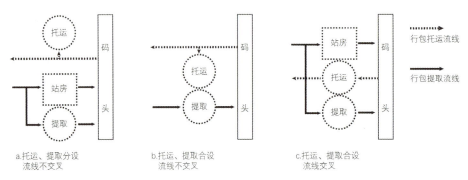

图 8-11 行包用房位置示意图

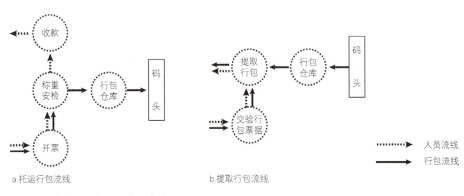

图 8-12 行包托运、提取流线示意图

一、二级港口客运站宜有行包装卸运输设施的停放和维修场所。

行包托运厅和提取厅均应设业务办公用房。

行包仓库的平面形状应完整规矩，柱网应便于运输工具作业和行包堆放，净高不应低于 3.6m，窗台高度不应低于 1.5m，有机械作业的行包仓库，门的净宽度和净高度均不应小于 3m。

5. 站务用房

服务人员的更衣室与值班室应邻近候船厅，其使用面积应按最大班人数不小于 2 ㎡ / 人确定，且最小使用面积不应小于 9 ㎡。

广播室宜设在便于观察候船厅的部位，并应有隔音、防潮和防尘措施。

邻近检票口处应设一面积不小于 10 ㎡的补票室，并应设有防盗设施。

客运办公用房包括站长室、客运值班室、会议室、检票员室、业务办公室等，其使用面积应按办公人数计算，不宜小于 4 ㎡ / 人。

售票厅、候船厅、值班室等应与公安值班室联系密切，且为保障安全，公安值班室内应设置独立的通信设施，门窗应具有安全防护措施。公安值班室的使用面积应根据港口客运站的等级以及周边环境来确定。

（三）功能流线

乘客流线和行包流线是港口客运站的基本流线，包括乘客的进站流线和出站流线，行包的托运流线与提取流线。为避免流线交叉，应按照进出站的流程对客运站内部的功能合理排布并明确分区，同时还应考虑充分利用人流资源开发商业价值（图 8-13）。

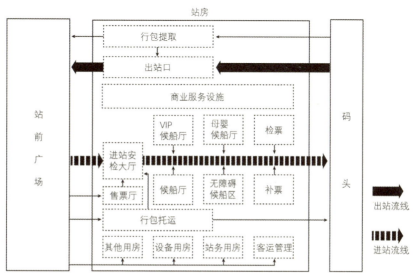

图 8-13 国内航线乘客进出站流线示意图

二、客运站国际客运部分

（一）主要功能

客运站国际客运部分除了有国内客运部分的功能外，还包括出境部分和入境部分。

出境部分功能区包含出境大厅、商业区、售票厅、联检大厅、候船厅、餐饮区。

入境部分功能区包含候检大厅、登岸签证区、免税商业区、联检大厅、入境大厅。

（二）相关概念

1. 通关

通关指的是通过海关，包括旅客通关及其所带的行李物品通关。通过海关的人员和物品均需办理出入境合法手续，受当地法律所制约和保护，经国家有关部门检查许可后入关。

2. 一关两检

"一关"是指海关，"两检"是指边防检查与卫生检验、检疫。

3. 联检大厅

联检大厅是对进行"一关两检"的区域的总称，其中还包括办理行李托运和行李提取、旅客候检区域等。根据海关对旅客联合检查工作的职能、工作流程和工作特点的需要，海关旅客联合检查通道可划分为 3 个区域，即申报区、检验区和处理区。

申报区是出入境旅客根据各国出入通关要求填写申请表、健康表等的区域。

检验区是海关工作人员检查旅客身份、卫生检疫、行李及物品的区域。

处理区是海关工作人员处理违法旅客、违规旅客，检查不符合要求的行李物品的区域。

4. 边防检查区

边防检查区是检查出境人员和入境人员是否具有合法的身份，是否具有出入境签证的区域。

5. 卫生检查区

卫生检查区是检查出境人员、入境人员身体状况和所携带的动物、植物是否符合国家标准的区域。

6. 行李托运、提取区

出境、入境人员携带行李及物品通过海关检查后，托运、安置及提取行李的区域。

7. 联合旅检通道

联合旅检通道是指工作人员验收出境旅客、入境旅客的工作区，此区域为监管严密的独立区域，不能与其他部门混合使用。工作区内包括各种旅检通道，即红色通道、绿色通道、礼遇通道和工作人员通道。红色通道是需要申报旅客进行海关检查的通道。绿色通道是无须申报和免检旅客直接出入海关的通道。礼遇人员通道是持有外交护照、礼遇鉴证人员进出海关的通道。工作人员通道是具有履行海关职能的国际工作人员进出海关的通道。各通道相互独立、保持隔离，总体设计形态为狭长。

（三）功能流线

港口客运站国际航线按照旅客、行包运送方向分为出境流线与入境流线。

流线组织原则：在满足海关、检验检疫、边检和相关规范要求的前提下，为旅客提供高效、实用、便捷、经济的出入境设施。

流线设计时必须满足相关规范提出的各项基本功能；要满足经过"一关两检"的乘客以及行李出入境的流程要求；要保证"一关两检"进行的效率，并按出入境检查检疫的要求配置大量勤务用房。此外，出境、入境流线应避免交叉（图 8-14）。

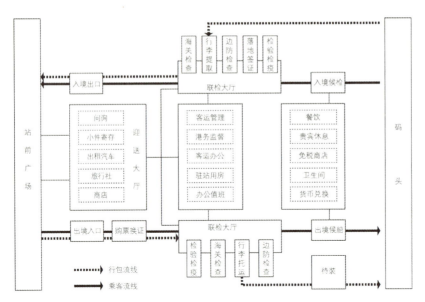

图 8-14 国际航线客运站流线关系示意图

第五节 码头设计与布置

一、码头的定义及分类

（一）定义

　　码头主要是指岸边水域与主体建筑之间的区域，此区域不仅有乘客登船、货物运送的功能，同时还是船舶修缮与养护的场所。

（二）类型

　　码头分类是对各种类型码头的区分，其中比较常见的码头类型有件杂货码头、散货码头、集装箱码头、滚装码头、重件码头、客运码头等。

　　其中，滚装码头是供滚装船进行滚装装卸作业的码头，其采用的滚装装卸工艺与吊装装卸工艺相比，效率提高了几十倍，装卸机械使用量大大减少，装卸基础设施的前期投资和日常损耗也大大降低。我国专用滚装码头建设于 21 世纪初，目前，我国的滚装码头已经在上海、武汉、天津、广州、大连等的主要港口得到了快速发展，我国滚装运输网络逐步建成。

二、滚装码头相关概念

（一）滚装船

滚装船又称为开上开下船，是指具有运载车辆功能的船舶。车辆通过跳板开进船舱，在各层甲板之间由坡道或升降机器进行通行（图 8-15）。

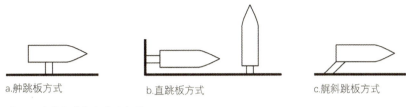

　　a.艏跳板方式　　　　　b.直跳板方式　　　　c.艉斜跳板方式

图 8-15 滚装船登船方式示意图

（二）汽车待渡场

汽车待渡场规模不宜小于船的额定载车辆数的 2 倍，当码头可停放 2 艘或 2 艘以上的船只时，可适当拆减。

（三）车辆安检区

滚装车辆上船前由海关、边防等部门对其进行检测管理的区域，包括安检等候区及海关查验平台等。

（四）滚装旅客疏导

乘客在候船厅与各滚装泊位之间的交通主要靠港内交通车辆接送，到达各泊位后再经船用客梯车上、下船。该运输方式方便、安全，可避免乘客人流与滚装车辆或其他作业交叉。

（五）上下船设施

候船厅检票口与轮船出入口之间，应以上下船设施相连接（图 8-16）。

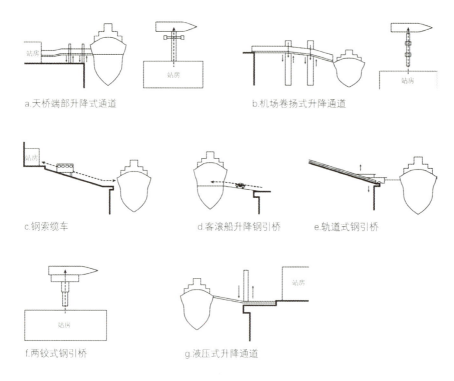

a.天桥端部升降式通道　　b.机场卷扬式升降通道

c.钢索缆车　　d.客滚船升降钢引桥　　e.轨道式钢引桥

f.两铰式钢引桥　　g.液压式升降通道

图 8-16 上下船设施类型示意图

设施设计应结合轮船到发班次、客运量、行包数量、地形及站房布局等具体条件，合理组织旅客流线和行包流线。客运滚装码头应分别设置旅客和车辆登船设施，有条件时宜采用立体交叉形式。

三、码头平面布置形式

　　码头选址的自然条件（包括水域条件和陆域条件）以及码头自身的使用性质和规模都会影响到码头的平面布置。在设计时应尽量顺应当地的自然条件并结合船舶作业和旅客上下船的需求。常见的布置形式有顺岸式布置、突堤式布置、挖入式布置、沿防波堤内侧布置、岛式布置和栈桥式布置等形式（图 8-17）。

（一）顺岸式布置

　　码头前沿线与陆地岸线大致呈平面的布置形式被称为顺岸式布置，这种布置方式一般适用于规模不大、泊船数量较少、可利用陆地岸线充足、水域宽度有限制的港口，也是河口港最常见的平面布置形式。这种布置方式的优点是直接利用天然的陆地岸线建设码头，避免对水体环境的破坏，减少施工量，泊位

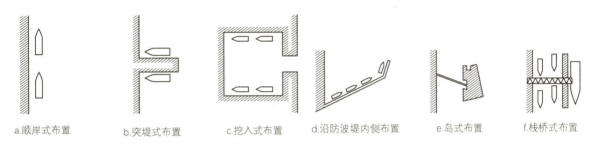

a.顺岸式布置　　b.突堤式布置　　c.挖入式布置　　d.沿防波堤内侧布置　　e.岛式布置　　f.栈桥式布置

图 8-17 码头平面布置形式

可占用的陆域面积大，便于停车场和相应建筑及服务设施的布置。缺点是泊位占用的水域和陆域面积比较大，在一定程度上多占用了宝贵的城市用地。

（二）突堤式布置

将码头岸线突出自然陆地岸线，使码头岸线与自然岸线成较大夹角的布置形式称为突堤式布置。因为突出自然岸线，所以相比于顺岸式布置，突堤式布置占用陆地岸线较少，泊位布置紧凑，后方陆域面积可布置堆场和仓库等其他辅助设施。缺点是突堤式深入河中，经受水流的冲刷，容易引起冲淤。而且因为突出水面，占用了河道的宽度，会影响船舶的通行。

（三）挖入式布置

挖入式布置是指在向岸侧开挖港池和航道，一般港口所处的航道较为狭窄，船舶的航行密度较大，流速和含沙量较小时，可采用挖入式的布置方式。为防波和防止沿岸泥沙入侵增加港口的维护费用和使用年限，挖入式港口会在出入口处设置防波堤。

（四）沿防波堤内侧布置

因防波堤的根部水域相对平静，受风浪影响较小，所以会利用此处布置泊位，这种布置方式称为沿防波堤内侧布置。为减少挖泥量，会将船泊位直接设置在满足船停泊水深的防波堤深水处。当需要改善沿堤布置的泊位的泊稳条件时，可增设与防波堤近似垂直的短堤。

（五）岛式布置和栈桥式布置

岛式布置和栈桥式布置常用于离自然岸线较远的深水区。

四、流线组织

滚装码头根据不同的航线设置不同的功能，因此流线也有差异。国内滚装码头包括待渡场、大门及停车场（图8-18）。国际滚装码头包括待检场、待渡场、"一关两检"及大门（图8-19）。

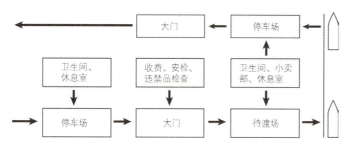

图8-18 国内滚装码头流线组织示意图

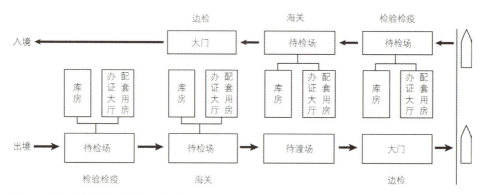

图8-19 国际滚装码头流线组织示意图

第六节 服务配套设施

一、商业服务设施布局

商业服务设施大多设在候车厅的周边，多为小商业和饮食快餐。根据港口客运站的规模和其在城市中的地位，可以设置不同类型的商业模式。有些大型的港口客运站会结合城市设置大规模的商业服务设施，内部的商业设施不仅服务于港口客运站的乘客，同时也吸引外部人流。为避免外来购物人流与客运站内部流线交叉，会将商业的人车流线与客运站独立设置（图8-20）。

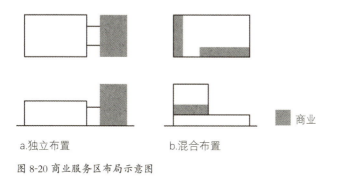

a.独立布置　　　　　　　　b.混合布置　　　　　▢ 商业

图 8-20 商业服务区布局示意图

二、设计要求

根据客运站的规模、城市功能要求，可结合站房设置适当的乘客服务设施或大型的城市商业服务建筑。

商业服务设施应附设相应的专用仓库、业务办公、辅助用房。

商业服务设施通道净宽应比一般商场增加20%左右。交通枢纽站房可设置与之相应的配套旅馆、宾馆，供中转旅客或暂住旅客休息。

可把站房视为城市多种商业服务设施与之统一组合而成的城市交通综合体建筑。

第七节 综合防灾

一、建筑防火防灾设计要点

一、二、三级站建筑物耐火等级不能低于二级，其他站级不能低于三级。客运站与其他建筑合建时，防火分区应单独划分。

候船厅及售票厅内的最远一点至最近疏散口的直线距离不宜超过 20m。候船厅及售票厅安全出口的数目均不应少于两个。

站房宜与海（水）岸有足够的距离和地面高度，避免受到海浪或水流的冲击。

设计前应充分了解站址周边环境资料，避免不良自然条件对建筑物的破坏和影响。

露天登船设施和通道地面应采取防滑措施。室外登船设施应坚固耐用。

严寒和寒冷地区，人员出入口和机动车出入口应避开主导风向。

应采取有效预防措施，加强建筑的防雷、避雷。

二、结构防灾设计要点

应选用抗风能力强的结构形式和耐腐蚀材料。同时，应避免污水对自然水体的污染。

三、机电设备防灾设计要点

电气设计应根据港口性质、建设规模和进出线等条件进行，同时要与港口的平面设计相适应，并且满足装卸工艺及生产管理要求，在总体设计上要正确处理近期和远期发展的关系。

第八节 案例分析

一、上海国际港客运中心

（一）项目概况

项目位置：上海北外滩沿岸区。

地上建筑面积：130 073 ㎡。

总面积：263 448 ㎡。

此项目位于上海市中心，具有便利的交通和良好的旅游资源，是一个新的国际化开放港口。上海国际港在设计中充分考虑沿河景观需求和城市绿化需求，将绿化带向南面延伸至世博会址，打造了一条沿黄浦江岸边的绿色长廊。在建筑设计中，将50%的面积放入地下，开敞所有场地作为城市公园。为消除地下空间的压抑感，让人感觉依然置身于地上空间，设计师将出入口设计为自然下沉的广场，将人从地上缓慢地过渡到地下。

上海国际港客运中心因为其优越的地理位置和旅游资源，考虑到城市的整体功能，将客运中心与商业和办公结合设计。商业项目设置在高40m的玻璃框架建筑物中，俯瞰整个外滩的风景。玻璃框架下是活动广场，将城市地面还给市民，以承载各种社会活动（图 8-21、图 8-22）。

（二）功能特点

客运中心的建筑共有3层（图 8-23）。一层为入境候检厅、入境登陆签证区、卫检区。

地下一层由出境大厅、登船牌置换区、出境安检区、出境海关查验通道、出境行李托运区、出境边检区、登船通道区组成。

地下二层由入境大厅、入境海关查验通道、入境卫检、入境行李提取区、地下停车场组成。

图 8-21 上海国际港客运中心

图 8-22 上海国际港客运中心卫星图

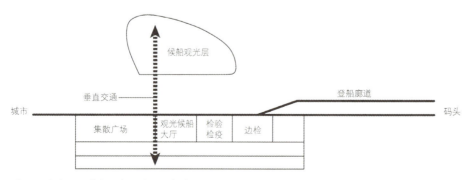

图 8-23 上海国际港客运中心剖面示意图

（三）流线设计

此项目位于城市的中心，所以在流线设计中，不仅要考虑场地内部与城市道路的连接，还要考虑地下的交通组织问题。在内部的道路交通组织上，应遵循加强内部功能组织和便利内外交通联系的原则。在场地的流线组织上遵循人车分流的组织原则，利用地下空间和不同的标高层数组织交通，让车辆在地下通行以降低机动车对地面环境的影响，将城市绿地归还给市民，保证地上行人的安全性。需要在场地内部通行的车流主要设计在地下二层和地下三层通过，设有多个出入口以方便车辆的通行。

1. 入境流线

下船→登船平台→候检厅（一层）→落地签证（一层）→卫检区（一层）→免税店（地下一层）→边检区（地下一层）→行李区（地下二层）→海关检查（地下二层）→迎送厅（地下二层）→车库（地下二层）→入境。

2. 出境流线

送宾厅（地下一层）→置换登船牌（地下一层）→安检（地下一层）→卫检区（地下一层）→海关旅验通道（地下一层）→行李托运（地下一层）→边检区（地下一层）→登船通道（地下一层）→登船离境。

二、厦门国际码头客运大楼

（一）项目概况

项目位置：厦门港东渡港区 6 号泊位。

建筑面积：81 274 ㎡。

建筑高度：23.90m。

厦门作为中国著名的旅游城市，近年来游客人数激增，厦门港的邮轮乘客数量近几年来一直居于国内前列。厦门国际码头客运大楼位于东渡港区 6 号泊位，是厦门国际旅游码头的配套项目。建筑北侧是 AAAA 级旅游景区，旅游资源丰富。建筑屋顶以"帆"为意象，起伏有致，如海边波浪，创造了独特的建筑艺术之美（图 8-24、图 8-25）。

图 8-24 厦门国际码头客运大楼

图 8-25 厦门国际码头客运大楼卫星图

（二）功能特点

厦门国际码头邮轮主要有两大航线，即金厦航线和国际邮轮出境航线。按照规划要求和城市环境，将客运大楼划分为中、北、南 3 个主要功能分区。

中央核心区包括码头的主要功能，即泊位和游客服务空间及其附属部分。附属部分的功能包括酒店和酒店式公寓以及商业和办公等。该区域提供了最方便旅客、最有效的交通设施，例如，乘公共汽车、出租车和私家车的旅客能够直接在酒店大堂前下车。

建筑的北边是大型的商业服务设施，南边是服务于城市的酒店和高档住宅区，中区为中央绿地和水景。动静分离，同时与自然景观和谐呼应，滨海通道与客运中心相连接，建筑形成良好的滨海景观界面，提高了码头的空间质量。

（三）流线设计

厦门国际码头客运大楼的出入境旅客流线均位于一层，包括金厦出境（港）候检大厅（厦门—金门）、国际旅客出境大厅、金厦入境大厅、国际旅客入境大厅等。其中，金厦入境大厅与国际旅客入境大厅合用边防海关通关设施及行李大厅。

1. 入境流线

下船→候检厅→落地签证→卫检区→边检区→提取行李处→海关旅验通道→迎送厅→入境。

2. 出境流线

安检→迎送厅→置换登船牌→卫检区→海关旅验通道→行李托运→边检区→候船厅→票检→登船离境。

CHAPTER

9

第 九 章

铁路客运站

第一节 铁路客运站的概念、建筑规模及站型发展

一、铁路客运站的概念

20世纪70年代，我国的铁路列车最高运行速度为120km/h。在之后短短40年间，我国的高速铁路开始创建，从量变向质变飞速演进，完成了从普铁到高铁的升级。京津高速铁路在2008年正式开通，列车运行速度达到300km/h，标志着我国高速铁路时代的到来。而后，相继建成并开通京广高铁武广段，克服湿陷性黄土地质条件困难的郑西高铁，以及解决严寒不良影响后开通的哈大高铁。连接主要城市的高铁线路的建成及极快的列车运行速度，极大地提高了运输效率，铁路客运站也从传统的车站模式不断更新，创造出高速铁路客运站多种多样的新形式和新空间布局。

伴随着高速铁路运行速度的提升和运营里程的延长，高速铁路客运站成为连接各城市之间重要的交通节点，高铁站房通过立体化布局组织旅客客流快进快出，使对外交通（包括航空港、客运港口、长途汽车站等）及对内交通（包括地铁、公交汽车、出租车、社会车辆）相互之间"零距离"换乘，实现城市交通体系的高效运转。

高速铁路客运站在为旅客提供出发、到达客运服务的同时，进一步复合多样化功能，成为容纳多种功能的城市场所。通过立体式等空间布局形态，建立快捷的核心交通功能，同时在客运站内引入餐饮、商业、文化等多样化功能，使铁路客运站成为提供便捷高效、丰富多元服务的城市交通枢纽，进一步拓展并衔接周边城市综合开发地块，形成站城一体的综合城市开发群。

二、铁路客运站建筑规模

客流量是确定铁路客运站规模的重要依据，客运站应满足远期到达及出发最高聚集人数的需要。按照高峰小时发送客流量的不同，铁路客运站分为小型站、中型站、大型站及特大型站。同时，铁路客运站按照运营组织方式的不同分为高速铁路客运站、城际铁路客运站和普速铁路客运站。

铁路客运站的区域包括三部分：车站广场、客运站站房和场站客运建筑。车站广场设置供旅客停靠的高架或平层平台、下沉广场、公交车站、社会车辆停车场及绿化景观等；客运站站房主要包括集散厅、候车室、售票用房、行李及包裹用房、旅客服务设施、旅客用厕所及盥洗间、客运管理及生活和设备用房；场站客运建筑包括站台及雨棚、站场跨线设施、站台客运设施和检票口。

我国特大型及大型高铁站主要分布在直辖市及省会城市，不仅站台线数量多，站房建筑规模也很大。例如，西安北站、郑州东站、上海虹桥站、北京南站等，其场站及站房规模如表 9-1 所示。

中小型高铁站如三亚站、太子城站、宣化北站、东花园北站等，其场站规模、站房规模如表 9-2 所示。

表 9-1 特大型及大型高铁场站规模、站房规模

铁路客运站	场站规模	站房建筑规模（m²）
西安北站	18 台 34 线	17.1 万
郑州东站	16 台 32 线	约 15 万
上海虹桥站	16 台 30 线	约 23 万
北京南站	13 台 24 线	约 22.2 万

表 9-2 中小型高铁场站规模、站房规模

铁路客运站	场站规模	站房建筑规模（m²）
三亚站	4 台 8 线	16 200
太子城站	3 台 4 线	11 998
宣化北站	2 台 4 线	9997
东花园北站	2 台 4 线	5000

三、铁路客运站站型发展

（一）第一代：交通门户型

中华人民共和国成立初期，是列车发展的初期，当时列车速度慢，通行车次少，受技术限制而经常晚点，因此，乘客需要提前到站等待火车。

北京火车站作为初期火车站的代表，在短短 8 个月内建成，将传统民族形式与技术相结合，采用预应力双曲扁壳屋盖覆盖中央大厅，连接主立面三大拱窗和两侧高耸钟塔及两侧延展翼楼，通过庄严的对称布局，营造出中国首都门户形象。

北京火车站功能平面串联，由站前集散广场衔接并进入以中央大厅为核心、连接各候车厅的站房，再由高架桥下行台阶抵达站台。

站房布局模式为线侧式，站房与场站平行布置，在场站一侧设置，如图 9-1 所示。旅客进入站房从中央大厅上至二层，进入候车室，候车厅围绕中央大厅四角分散布置，空间各自独立，旅客通过中央大厅进入候车大厅候车，进站时从候车室通过较长的乘车通道或折返回中央大厅走到尽端的天桥部分，下行至首层站台乘车，整体流线迂回冗长。由于乘客通道是固定宽度的线型通道空间，在客流高峰期易造成客流堵塞的瓶颈现象。站房二层平面布局示意如图 9-2 所示。

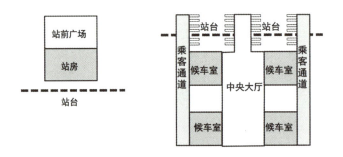

图 9-1 北京火车站功能布局示意图　　　图 9-2 北京火车站站房二层平面示意图

（二）第二代：站房向竖向立体探索

随着 1978 年改革开放，铁路建设发展迅速，全国各地建设了许多大型铁路客运站。

此时，客运站主要功能仍为候车，站房与场站的布局形式在 1987 年上海火车站的设计中出现了创新，以崭新的高架线上候车的形式取代了传统的线侧式布局。

上海火车站南侧及北侧均设置站前广场，旅客实现了从城市两个方向双向进站。站房设计将候车室举高，设置在站台上方，旅客可通过候车室直线抵达站台乘车，缩短了步行流线。上海火车站功能布局图如图 9-3 所示。

高架线上式候车的优势主要有以下几点：第一，穿越候车室即可直达站台，相比于线侧式候车大大缩短了旅客进站流线；第二，高架站房叠合站场集中布置，有效节约了城市用地；第三，通过设置南北两侧广场，再由高架站房衔接两侧广场，双向进站的模式满足了不同方向客源进站和离站的便捷性需求，同时减小了铁路客运站对城市的割裂。

上海火车站在站房设计上也进行了创新。进站客流通过楼扶梯上至二层候车室，直接连接地面站台，整合了传统的分布独立式候车厅，转变为集中候车空间，提高了候车空间利用率。旅客流线以最短的路径，快速直抵站台，有效疏解了大量客流。候车室高架至站场内铁路线上方，车站不再需要大体量的线侧站房。上海火车站站房二层平面示意图如图9-4所示。

此后，开通运营的天津站、北京西站、杭州站等都采用了线上式候车模式。1999年，开始运营的杭州站进一步创新，在进站广场设置高架车道，同时出站处设置地下综合换乘厅，实现了地上、地面、地下3个层次的立体式空间布局，并一体化组织火车站与城市公共交通衔接。

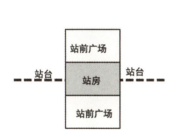

图9-3 上海火车站功能布局示意图

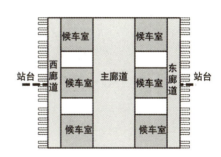

图9-4 上海火车站站房二层平面示意图

（三）第三代：综合交通枢纽成熟型

2004年，国务院审议通过《中长期铁路网规划》，引领我国铁路进行新技术革命，实现跨越式发展。此后，铁路规划进行了多次更新及铁路提速，同时站房开展了大规模建设，相继建设并开通扬州站、上海南站、北京南站、武汉站、西安北站等新客运站。

2006年开始运营的上海南站是汇集轨道交通、公交车等多种交通于一体的线上式综合枢纽。其主要创新点有：第一，组织环形高架车道引入客流进站，实现车流高架进站，客流从广场和地下出站，实现人车分流设计；第二，站房整合为一个开敞的大空间，车站大厅、候车等各种功能布置在一起；第三，进站候车集中布置在一侧，增加了通过大厅面积。

2008 年开通的北京南站，站房高架在站台上方，南北广场通过围绕车站的二层环形高桥与四周城市道路衔接，如图 9-5 所示。主体站房共 5 层，从地上到地下分别为二层高架候车厅、地面层站台轨道、地下一层换乘大厅、地下二层及地下三层，地下三层为地铁 4 号线及地铁 14 号线。铁路客运站功能把传统的候车厅与售票、商业等多种功能置入一个整体空间内，候车区没有隔墙将其与周边交通空间隔离，完全开敞设置，候车区域两端设置检票口和楼扶梯，旅客可以便捷地直接在二层检票进入地面层站台区，如图 9-6 所示。同时在地下一层换乘大厅内设置快速检票口，时间紧迫的旅客从地铁上至换乘大厅可直接快速接受安检进站。旅客出站口设置在地下一层换乘大厅，旅客可直接向下乘轨道交通，或从南北广场出站乘公交车或出租车离开，流线设计为典型的上进下出式。

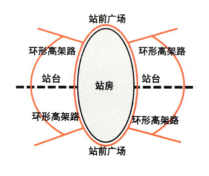

图 9-5 北京南站功能布局示意图　　　　　　图 9-6 北京南站站房二层平面示意图

线上一体复合式的站型，将轨道交通等多种交通形式与火车站复合，铁路客车站不再是单一的火车站，而是发展为趋向于立体化绿色换乘的高铁客运站枢纽。同时，复合商业等功能进入站房，站房也成为综合功能大厅，不仅为旅客提供快速便捷的出行服务，还增添了商业、餐饮等服务，丰富了旅客的出行体验。

（四）第四代：站城融合式

2016 年，国务院批准了新修编的《中长期铁路网规划》，此次修编规划要求，以零距离换乘为前提，同站规划建设以铁路客站为中心，衔接其他交通方式的综合交通体，形成配套便捷、站城融合的现代化交通枢纽。

新的建造目标是创建轨道上的都市圈、城市群，将铁路客运站与多种交通模式结合，通过屋面花园通道、地面层、高架层、地下层与周边城市功能空间形成多层次、多维度的交织融合，整体构成焕发活力的城市综合体。铁路客运站为城市发展汇聚人流、信息流、物流，依托自身交通场站建筑属性，同时整合融汇城市多种功能，进行城市综合开发，形成大 TOD 一体化开发。在建的杭州西站和北京城市副中心站等，都是以站城融合为理念，营造站城一体。

杭州西站站场规模为 11 台 20 线，站房及站城综合体地上总建筑面积约 1 700 000 ㎡（不含地铁），其中站房及站房配套工程面积约 360 000 ㎡，城市配套工程面积约 120 000 ㎡，雨棚上盖开发面积约 55 000 ㎡，云门地上建筑面积为 80 000 ㎡，围绕西站两侧城市开发建筑面积约 1 100 000 ㎡（图9-7、图9-8）。

图 9-7 杭州西站鸟瞰图　　　　　　　　　　　　图 9-8 杭州西站云门效果图

杭州西站实现了高铁枢纽与城市的交融，其创新点在于以下几点。

第一，杭州西站整体形象融入城市，周边城市道路从远端就开始交通分流，在城市尺度大范围内疏解交通，防止杭州西站周边交通拥堵（图9-9）。

第二，将场站向两侧拉开，中间没有轨道的位置设置阳光可以透入的光谷，阳光层层穿透，洒落到地下各层，照亮高铁、地铁、公交车、出租车，旅客在其中不会迷失方向，可以清晰地看到自己需要搭乘的交通工具，并快速抵达，如图 9-10 所示。

第三，在高架站房中间植入十字云谷型通道，围绕云谷通道架构田字交通网络，使站房与东、南、西、北 4 个方向的城市交通衔接为整体，突破传统高

图 9-9 杭州西站中路立交系统　　　　　　　　　图 9-10 杭州西站十字中央光谷交会点

铁站站房设置单通道、双向通行的限制。

杭州西站铁路线高架于室外地面，站房采取高架模式，共设置9层，其中地上5层，地下4层：五层为空中屋顶花园、连廊和候车室商业夹层，四层为高架候车室和高架落客平台，三层为站台层，二层为快速进站和城市服务设施层，首层为高铁出站层和综合交通设施层（包含公交、大巴、出租车、社会车辆），地下夹层为停车设施，地下一层为地铁站厅、停车设施和商业设施，地下二层为机场快线、地铁3号线站台层，地下三层为地铁预留南北通道站台层。

北京城市副中心站综合交通枢纽整体设置于地下，地下建筑规模共计约1 283 000 ㎡，地上预留商业及办公等城市开发地块，总体地上建筑规模约为1 390 000 ㎡。站场均为地下线，包括城际铁路联络线、京唐铁路，共计8台16线，以及远期京秦铁路，2台4线，同时衔接3条轨道交通线路（M6线、1条市域快线及1条副中心内部线路）。

北京城市副中心站共设置地下4层：铁路站台位于地下四层；地下三层的中部为候车室，两端为出站厅，出站厅连接出租车接驳区，并连通一处地铁站台；地下二层为检票进站厅，连接出租车下客区及社会车辆接驳区；地下一层设置4层通高的城市客厅，连接公交接驳区，并通过换乘轴连接3个地铁站厅。首层为地面人行层，设置枢纽出入口。

北京城市副中心枢纽设置下沉广场、地面层及2层空中连廊，3个层次的步行交通系统多维度地与周边城市功能衔接（图9-11~图9-14）。

图9-11 北京城市副中心站方案效果图

图9-12 北京城市副中心站剖面示意图

图9-13 北京城市副中心站进站厅效果图

图9-14 北京城市副中心站铁路站台效果图

第二节 铁路客运站规划与一体化设计

一、铁路客运站总平面布置原则

铁路客运站总平面布置应遵循"绿色零换乘"设计要求，设计原则如下。

◆ 以安全、高效、便捷、舒适、环保、节能作为换乘目标。

◆ 铁路流线与功能布局满足旅客乘降和快速疏解的需求。

◆ 铁路客运站顺畅衔接轨道交通、公交、出租车、社会车辆换乘及周边道路。

◆ 整体功能布局，标高设计、周边交通组织及景观设计与城市规划相衔接。

◆ 融合多种功能，复合化集约利用土地资源，为未来留有发展空间。

二、站前广场、站房、场站规划布置

铁路客运站主要由三部分组成，包括站前广场、站房和场站客运建筑。在早期设计的总体布局中，站前广场、站房、场站客运建筑各部分独立成区，平面上串联布置。后来，车站设计不断向立体复合化发展，场站、站房、站前广场竖向叠合设计。站房叠合在场站之上，能够大大缩短旅客进站至站台的交通流线，例如，北京西站，采用的是南北两端高架进站、大站房跨越站台、线上候车的整体布局形式。近年来，车站设计理念不断更新，站前广场、站房、场站在空间形态和使用功能上，不再相互独立、各自成区，而是逐步趋于融合，整合为满足旅客乘降和换乘、以交通功能为主的城市综合体。在武汉站的设计中，站房在场站上方，站房下方为换乘广场，地面层为出站层，出站广场下方为地铁车站，形成了多层次立体复合交通体系，通过竖向叠合，旅客可通过扶梯及电梯迅速实现出站及换乘，缩短了步行流线，提高了换乘效率。

三、铁路客运站与城市对外交通的一体化设计

铁路客运站与城市对外交通衔接主体主要包括航空客运站、公路客运站以及其他铁路站场。

（一）高铁站与航空客运站的一体化设计

在"空铁联运"模式中高铁与大型机场形成高度关联，不仅空间衔接紧密，信息也实时共享，实现了旅客一体化的交通接驳。高铁客运站与机场的航站楼之间通过连廊形成一体化快速连接，缩短了换乘距离，减少了旅客换乘的时间。实施"空铁联运"的高铁客运站与多个城市之间具有直接、高频次的联系，高铁部分提供与航空部分类型相匹配的服务水平，共同为旅客提供高效服务。

上海虹桥综合交通枢纽，汇集了高速铁路、航空、长途客运 3 种模式，远期年旅客吞吐量可达 3000 万人次。其中，虹桥机场西航站楼以国内点对点运营为主，国内至国内城市中转为辅，承担通用航空运营的功能，并保留国际航班的备降能力。高铁车站共有 30 股道；轨道交通 3 线，2 站；各种线路公交40~60 条；停车位 10 000 个。

虹桥综合交通枢纽建筑综合体由西至东分别是服务于铁路的西交通广场、高铁车站及虹桥机场西航站楼。铁路线路与机场跑道在同一城市地面标高，相互平行设置。综合枢纽采用串联式将各功能区一字衔接。总体综合枢纽在多层面、多通道、多车道边、多出入口形成整体接驳换乘布局。高铁和机场航站楼的客流组织均采用上进下出的模式，形成到发分层的清晰格局，利用到达及出发在不同标高层面，设计 3 个标高换乘模式：12.15m 标高为出发换乘层，以高架车行道为主衔接高铁及航站楼各功能单元；6.6m 标高设置到达换乘廊道衔接各功能单元；并在 -9.5m 设置换乘大通道。3 个标高的换乘体系实现了人行系统的连贯性，提供了舒适的换乘空间，避免大量旅客的拥堵。同时人车分行，人行流线在 12.15m、6.6m、-9.5m 层在建筑内部通行，车行在地面 0.0m 标高及 12.15m 高架车道连接周边道路（图 9-15、图 9-16）。

（二）高铁站与公路客运站的一体化设计

公路客运站的特点是机动灵活，网络覆盖面大，能高效补充高速铁路中、长途所欠缺的短途客运，将旅客的出行范围拓展到周边地县。公路客运站为高铁输送了更多的客流，进一步扩大了高速铁路的出行优势。

高铁站与公路客运站一体化设计模式，主要包括复合式、贴临式。

1. 复合式

长途客运站与高铁站房垂直竖向立体结合，综合设置在一栋建筑内，乘客利用层间的楼梯或自动扶梯在换乘大厅实现各种交通方式与铁路客运站的换乘。在美国旧金山跨湾站中，长途车站位于地上三层，有 24 辆长途汽车的车位。

图 9-15 上海虹桥综合交通枢纽功能布局示意图

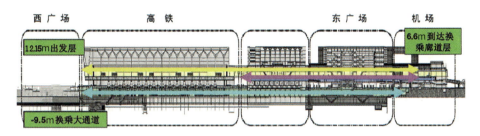

图 9-16 上海虹桥综合交通枢纽剖面示意图

长途车站上方屋顶为城市公园。地上二层是公交汽车层。地面一层是进站大厅。高铁和轨道交通位于地下二层，地上公共交通可以通过地下一层的换乘大厅换乘，进入地下二层高铁及轨道交通。长途汽车与公共汽车一起通过海湾大桥的专用斜坡通道进出跨湾站。在建筑内，"光柱"作为结构支撑及采光核心，让阳光穿过长途客运层和公交层，越过首层进站大厅，引入地下换乘大厅及地下二层高铁层，使旅客视线通透，能快速确定自己的位置并选择交通方式（图9-17、图9-18）。

2. 贴临式

南京南站是高架线线上候车，共5层，地上3层，地下2层。地上三层为候车厅及送站平台；地上二层是站台层；地面层是旅客换乘中心，连接长途客运、公交车站、社会停车场、出租车停车场及南北两侧城市广场；地下一层为地铁站厅层，地下二层为地铁站台层。长途客运站位于地面一层出站大厅西北角，站房出站大厅西侧，紧邻换乘大厅，方便换乘铁路的公路客运旅客快速疏散。在地铁站厅层，乘客可以不用进入地面大厅，从地下直接通过地面换乘中心进出长途客运站，公交乘客和火车站到站旅客可以从与地面大厅相通的通道进入公路客运站。这样的设计，使得不同方式进站的公路客运旅客和火车站旅客立体分离，减少人流在平面的冲突（图9-19）。

四、铁路客运站与城市综合交通一体化设计

铁路客运站与城市综合交通之间的衔接主要包括与轨道交通、常规公交、出租车、社会车辆等的衔接。通过空间序列有序组织，将铁路客运站与各种交通形式进行衔接快速进站，以及疏解快速离站。

（一）铁路客运站与轨道交通的一体化设计

城市轨道交通系统主要包括地铁和轻轨，运输效率高，运量大且拥有专属行驶线路，能够快速疏解到站客流，协同铁路客运站共同高效运营。同时，轨道交通将人流向地下及空中等不同空间层面疏解，能有效减小地面交通压力，防止地面交通拥堵。

铁路客运站与轨道交通按平面位置关系，有以下几种一体化衔接模式。

1. 在铁路客运站站房下方同层出站

北京西站及北京南站均为轨道交通站厅在铁路客运站站房下方同层出站，其特点为：客流量大，铁路客运站站房规模大；以铁路与地铁换乘为

图9-17 美国旧金山跨湾站剖透视示意图

图9-18 美国旧金山跨湾站"光柱"结构

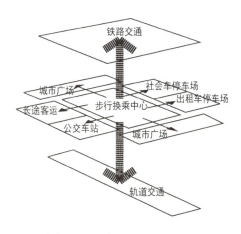

图9-19 南京南站交通布局示意图

主；铁路与地铁换乘距离近、高度小，地铁与枢纽综合接驳较长；流线交叉，地铁站厅层和换乘在同层设置，需要明确的交通导向标识引导；铁路客运站站房规模大，需要设置尺度适宜的共享大厅。在工程实施中，需要同期建设或预留条件。

2. 在枢纽广场下方同层出站

石家庄站及青岛北站，轨道交通站厅均设置在铁路客运站一侧的枢纽广场下方。从石家庄站地下一层出站后，沿地下东西走廊东行，下至地下二层换乘地铁 2 号线及地铁 3 号线，通过地下廊道衔接高铁站及轨道交通换乘，通过延长换乘距离引导换乘流线组织，换乘高度小。

3. 在铁路客运站站房下方分层出站

杭州东站、南京南站、杭州西站，这几个站的特点为：客流量大，铁路客运站站房规模大；以地铁与铁路换乘为主；地铁与铁路换乘近；流线交叉小，大厅视觉和导向性较好；可以形成换乘交通层，连接城市地下空间。在工程实施中，需要同期建设。

以杭州东站为例：杭州东站引入了地铁 1 号线和 4 号线，地铁 1 号线、4 号线平行布置，地铁站台层位于地下三层，地铁站厅层位于地下二层，地下一层结合铁路出站形成换乘大厅，下行至地下一层进入地铁站厅层进出站，实现旅客高铁与地铁的"零换乘"（图 9-20）。

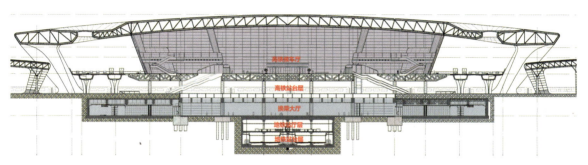

图 9-20 杭州东站地铁与铁路客运站剖面示意图

4. 在枢纽广场下方分层出站

天津站、郑州东站、深圳北站、沙坪坝站、青岛红岛站、合肥南站、北京朝阳站、南宁东站，都是在枢纽广场下方分层出站的。其特点为：以综合枢纽接驳换乘为主，形成综合枢纽换乘中心，满足枢纽综合交通需求，服务城市发展功能；形成交通层，打造枢纽地下空间，打通城市地下通廊；流线组织无交叉，主次分明，空间导向性强；创造下进下出或上进上出的空间条件，提高换乘出行效率。

在工程实施中，可实施性强，灵活性大，空间发展余力大。

北京朝阳站铁路站房共 3 层，地上 2 层，地下 1 层，采用上进下出，以及下进下出的流线组织模式，地下一层为出站层，连通枢纽广场下方枢纽换乘大厅，衔接地下二层地铁换乘大厅，并可下行至地下三层地铁站台层(图9-21)。

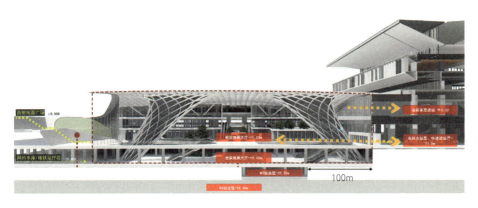

图 9-21 北京朝阳站地铁与铁路客运站剖面示意图

（二）铁路客运站与常规公交的一体化设计

常规公交是铁路客运站的主要接驳方式之一。在没有开通轨道交通的城市中，它是旅客客流主要的转运交通工具。

1. 水平分离式站前广场换乘

水平分离式布局是指公交车场水平布置在站前广场两侧的地面上，常用于中、小型铁路客运站，广场同时为进站客流及出站客流提供服务。公交车场在平面上分离落客区和上客区，防止进出站流线交织混合而降低换乘效率。例如，济南西站便是采用这种水平分离式布局。

2. 竖向立体式站前广场换乘

北京南站、杭州东站和天津西站等特大型、大型高铁客运站均采用竖向立体式布局换乘公交车场。杭州东站将公交车场设置在与站前广场连接的大的下沉广场内，与高铁站房上进下出或下进下出的流线形式相匹配，在地下实现换乘高铁进出站与公交的无缝接驳和零换乘。公交上客站和落客站分开设置，公交的落客站对应设置在各个进站口处，旅客下公交后可快速直接进站。上客站对应设置在出站口处，使出站旅客能够快速通过公交离开。北京南站的公交落客站布置在地面层进站大厅入口前，乘公交车进站的旅客可以在下车后直接进站。上客区的公交站台通过楼梯连接枢纽换乘大厅，离站乘客在高铁站内经换乘厅到达公交站台后乘车离开，缩短了旅客步行的距离。

（三）铁路客运站与出租车的一体化设计

出租车是公共交通的有机组成部分，出租车在运输组织模式方面灵活自由，能够帮助出站旅客随到随离，直接抵达目的地，也能帮进站旅客抵达进站口附近，快速进站。出租车在道路状况良好的条件下覆盖城市内大范围面积的旅客出行需求，其运输模式能给旅客带来快捷高效、舒适的感觉。

1. 地面层换乘

中、小型铁路车站在站前广场站房与城市道路之间集中设置出租车上客区、落客区，出租上下客区贴临站前广场结合设置。这种方式适合规模较小、客流量少的铁路客运站。

2. 立体换乘

大型及特大型铁路客运站采取高架桥落客，旅客快速进站的方式，地下层设置上客区，出站旅客可直接由地下乘车驶离。北京西站采取上进下出式立体布局，出租车也结合进出站口，贴临设置。

第三节 铁路综合枢纽交通组织设计

一、铁路综合枢纽交通组织设计原则

铁路综合枢纽主要客流进出方式为轨道交通和道路系统。铁路综合枢纽周边的道路基础设施系统的规划设计是保障枢纽高效换乘的重要环节。道路系统包括对外交通和对内交通，对外交通主要是铁路客运站与周边联系最紧密的城市快速路之间的城市路网，对内交通主要是铁路综合枢纽与周边城市开发区域之间的空中、地面及地下交通衔接。

对外交通的设计原则主要为：路网层次分明、快慢分离、枢纽"快进快出"以及多通道疏解。

对内交通设计原则主要为：枢纽与开发交通组织相互独立，上落客和停车设施鼓励共享，以人为本，人车分流。

二、铁路客运站对外交通设计

（一）路网层次分明

枢纽车站周边路网等级分别为快速路、主干路、次干路和支路，从高等级至低等级道路建立层次分明的路网系统，确保高铁客流集疏顺畅，高效运转。

以佛山西站为例，在其路网设计组织中，红色道路为外围快速路、主干路环路，分离过境实现枢纽和区域的对外快速抵达和离开。内部蓝色道路为服务高铁车站的内部主干路环路，服务站城一体区交通集散。

粉色交通节点为全互通式立交桥，蓝色交通节点为部分互通式立交桥，绿色交通节点为菱形立交桥（图9-22）。

图 9-22 佛山西站周边路网规划

（二）快慢分离

高铁枢纽与城市高效联系，枢纽的交通流量大，要在枢纽站周边区域提前分流，疏导不同的交通流，防止枢纽交通与城市交通相互冲突和干扰。具体措施为：第一级利用高等级城市快速路分离过境交通，第二级利用高架集疏通道连接枢纽落客区及快速路，第三级利用城市主、次干道疏解枢纽开发地块内的交通，以此实现枢纽站与城市交通快慢分离。

以杭州西站为例，黄色交通线表示枢纽站区域周边过境通道，通过东西大道（中环快速路）、留祥快速路和良睦路等高等级道路可直达周边城市区域，保证集疏路网的快捷高效，疏解分离交通流，防止造成对杭州西站枢纽的交通压力。

粉色交通线主要表示东西两侧枢纽集疏运系统，围绕杭州西站形成"东进东出、西进西出"双向快速进出站高架集散疏解通道，通过跨线式高架连接周边快速路与杭州西站东西两侧落客平台。

蓝色交通线表示片区内抵离通道，通过在杭州西站枢纽综合开发地块内及周边建构网络化横向、纵向地区性干路网，提升枢纽及周边开发区域的可达性（图9-23）。

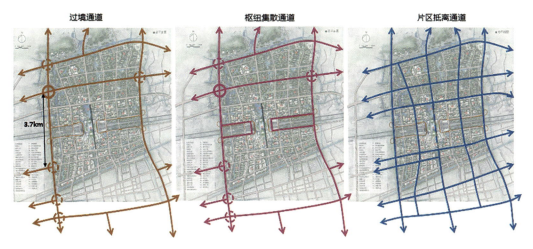

图 9-23 杭州西站对外交通组织

（三）枢纽"快进快出"

在道路负荷允许的情况下，充分利用城市主干道构建"快进快出"的综合交通体系，通过交通组织最大限度地减少车辆和旅客的绕行距离。机动车客流与高铁车站同样采取"上进下出"的方式，通过高架桥实现出租车及社会车辆落客，旅客无缝衔接高铁候车大厅。出租车接客和社会车辆从地下一层接出站旅客驶离（图 9-24）。

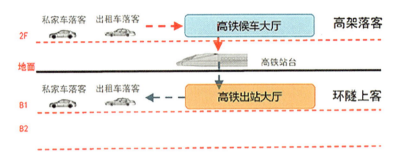

图 9-24 机动车客流"上进下出"，与高铁站平层进入

（四）多通道疏解

将铁路客运站枢纽与城市路网多点、多方向衔接，分散交通压力，减少干扰，避免各类车流之间的交叉和干扰。均衡分散布置道路接口，并依据接口的交通量选择合适的接口形式，进行多通道疏解。

三、铁路客运站内部交通要点

（一）枢纽与开发区域交通组织相互独立

在高铁枢纽与周边城市开发区域的道路组织上，同一平面的交通组织，其不同功能的出入口尽量分离设置在不同的城市道路界面，如图 9-25 所示，橙色道路为枢纽进出城市道路界面，蓝色道路为城市开发进出城市道路界面，两者分离设置，避免城市开发交通与枢纽交通相互干扰。

（二）上落客和停车设施鼓励共享

在"站城融合"新高铁枢纽站的内部交通组织中，枢纽地块以人行为核心，设立的立体步行网络通过垂直交通核衔接枢纽及周边城市开发。

车行交通不再进入枢纽地块内，枢纽与周边城市开发的上落客区及地下停

车等交通设施共享。车行交通停在周边城市开发区域，整个高铁枢纽形成步行
网络系统（图 9-26、图 9-27）。

图 9-25 枢纽及城市开发区域交通组织分离设置

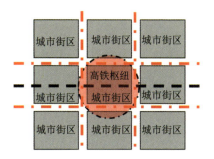

图 9-26 步行网络衔接高铁与城市

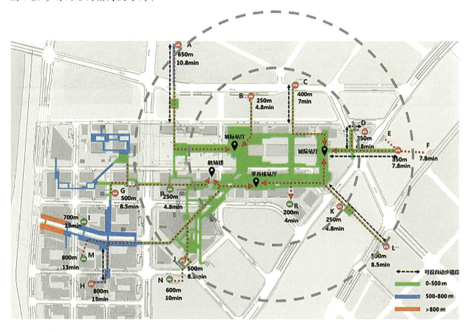

图 9-27 步行网络时距图

（三）以人为本，人车分流

在"站城融合"新高铁枢纽站的核心区域，通过立体贯通的步行网络，串联周边多个垂直交通核，衔接周边城市开发共享停车设施与高铁站及轨道交通等，实现枢纽与各地块的便捷联系，同时可激活地下商业。

四、端部进站到腰部进站的转变

（一）端部进站

端部进站是指车道通过单侧或双侧从站房端部抵达进站层。车道边长度约150m。

端部进站有单侧式和双侧式。大、中、小型线侧式站房常采用单侧式匝道，在主要集散广场一侧设置匝道进站，如南京站、昆明站等。

双侧式端部进站适用于设置双侧广场的站房，如南京南站、广州南站等均采用双侧高架端部进站模式。

端部进站的匝道较短，工程造价低，但是匝道横切高铁车站主立面，割裂了高铁站的城市形象，同时，旅客需从地面层上至候车层，单侧进站到尽端站台步行距离较长（图9-28）。

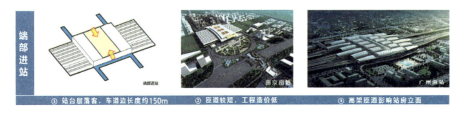

图9-28 端部进站案例

（二）腰部进站

腰部进站是指高架车道跨线从高架站房腰部抵达候车层，高架车道长度约250m。

腰部进站垂直于铁路线，结合站房长边，直接抵达候车层，平层进站候车。同时，在长边设置多个进站口，均匀分散人流，缩短旅客进站至站台的步行距离。

腰部进站的高架匝道较长，工程造价高，高架匝道利用大铁长边两侧空间，高铁站房主立面与城市界面融于一体，如合肥西站、杭州西站均采用腰部进站模式（图 9-29）。

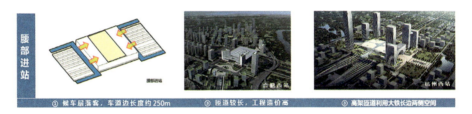

图 9-29 腰部进站案例

第四节 铁路客运站站前广场及站房设计

一、铁路客运站站前广场

铁路客运站站前广场是联系铁路与城市的重要节点，是旅客由城市公共交通系统换乘并有序进出铁路客运站的重要交通场所。同时，伴随城市与高铁枢纽新城的共同发展，站前广场为城市新活力中心助力，通过高客流量、高可达性、高吸引力带动城市生长，成为城市的交通中转节点、城市景观节点和城市活力功能复合节点，将高铁枢纽与周边城市开发区域融为一体。

（一）城市交通中转节点

铁路客运站站前广场承载的交通换乘方式包括轨道交通、公交、出租车和社会车辆。通过减少旅客的换乘时间和换乘距离，实现绿色换乘。站前广场设计人车分离，分为步行区与车行区。在中小型铁路客运站中，步行区与车行区在地面层平面式衔接。大型铁路客运采用立体式车站广场，在地上、地面、地下 3 个层面设置高架车道、地面停车场和地下停地车场等。高架车道使车辆可以将旅客直接送到站房入口或地下停车场，旅客出站后可便捷搭乘出租车、公交车或地铁等。

深圳北站设置东西两个广场，深圳北站枢纽总体布局为十字结构，高铁立体站房为十字结构纵轴，东西广场为十字结构横轴。

东广场是以公共交通为主的主广场，在东广场的东北角设置公交场站，在东南角设置出租车场站，轨道交通 5 号线在地下二层下方换乘。西广场是以社会车辆为主的辅广场，西南角设置出租车场站、社会车场站，西北角设置长途汽车站、旅游大巴车场。周边道路新区大道南北向下穿过高铁枢纽区地下二层，北侧地面道路为留仙大道，南侧为玉龙路，东侧为民塘路，西侧为规划道路。由于轨道交通 4、6 号线从高铁屋盖下方穿过，深圳北站站房采用上进上出的流线组织形式，东西广场通过高架步行平台进站。

东广场采用立体式竖向布局形式，设置一层（标高 78m）、二层（标高 84m）、三层（标高 90m）平台，建构多层次的步行平台，通过步行网络将中轴步行广场与东南、东北侧多层立体公交、出租车衔接成为一体。东北侧公交站的二层和三层提供长距离交通服务，三层为公交站的上客区，二层为公交站的下客区；一层设置短距离公交站，为高铁组团内提供公交接驳服务。东南侧出租车场站利用不同层提供远程及近程交通服务，其中，二层及三层的主要服务由玉龙路进出枢纽的远距离出租车提供，三层场站为下客区，二层场站为上客区及车辆排队等候区；一层场站的主要服务由新区大道地面辅道和上塘路方向进出的短距离出租车提供；同时，在同层内设置"人行天桥 + 多岛"式上车式结构，实现人车分离。

西广场也设置三层立体布局，在地面层（标高 90m）设置长途客车站，社会车辆及出租车围绕下沉天井在地下一层、二层立体设置（图 9-30~ 图 9-35）。

图 9-30 深圳北站功能布局示意图

图 9-31 深圳北站北广场鸟瞰图

图 9-32 深圳北站地铁站

图 9-33 深圳北站长途公交站

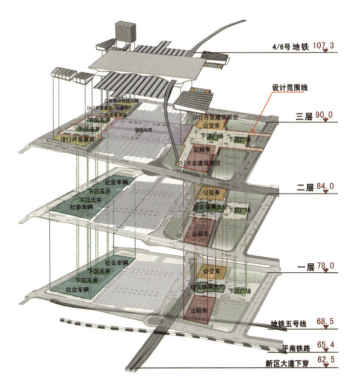

图9-34 深圳北站出租车换乘层　　　　图9-35 深圳北站站前广场竖向功能示意图（单位：m）

（二）城市景观节点

深圳北站的东西广场均为多层立体设计，通过楼扶梯衔接各层，抵达站场上方的高架连廊，实现东西广场之间的步行连通网络。

东广场设置中轴景观带，在下沉广场设置绿化景观、水景连桥、形象雕塑作为多个景观节点，并通过两侧商业形成退台，点缀绿化，同时设置屋顶花园，形成竖向多层次景观系统，在水平延展及竖向空间两个维度塑造整个景观结构和空间序列。水景的设置能形成视觉引导，并起到降温、调节微环境的作用，绿植的多层次搭配、丰富大尺度的广场空间，创建步行适宜的尺度。

西广场设置两个下沉庭院，为地下停车引入绿植景观与阳光，形成开敞、多层次的景观序列（图9-36~ 图9-39）。

（三）城市活力功能复合节点

站前广场以深圳北站为中心形成市级客运交通枢纽，优化城市结构，促进次中心的形成。次中心的主要功能为交通、商业服务及居住生活配套。深圳北站从东广场向东延伸建设商业、办公、酒店等城市综合体，城市综合体通过二层和三层的空中步行平台与北站东广场连接，四至六层集中设置商业，高层设置以办公为主，辅以酒店，服务性住宅等功能。利用公共交通便捷性，形成新城市节点（图 9-40、图 9-41）。

图 9-36 深圳北站东广场扶梯

图 9-37 深圳北站连接东西广场高架连廊

图 9-38 深圳北站东广场下沉广场两侧商业

图 9-39 深圳北站西广场下沉庭院结合多层停车

图 9-40 深圳北站东广场综合开发

图 9-41 深圳北站东广场综合开发与广场步行网络

二、站房功能组成及进站集散厅

站房是旅客办理乘降业务、候车和通过的空间，是为旅客提供旅行乘车服务的功能核心。铁路客运站的功能主要包括进站集散厅、售票用房、旅客服务设施（问询、邮电、商业、卫生间）、出站厅、候车室等。

进站集散厅联系着站前广场与候车室，是旅客进入车站的入口大厅，承担进站客流平面引入的作用。集散厅内设置问询、小件寄存等各种服务功能。

在小型线侧式站房，集散厅和候车室常合并设置，如图9-42左图所示。

在中大型站高架式站房的集散厅，其空间特征是上下贯通的开敞空间，多采用无柱或少柱的大跨度空间。集散厅设置车次信息指示牌及标识，引导旅客通过垂直扶梯或直接穿行快速抵达候车室，如图9-42右图所示。

安全检查设施及车票实名制验证设置在集散厅的主入口或集散厅贴临候车室处。大中型站房问询服务台设置在集散厅明显的位置，方便旅客问询。小件寄存在400人以下的小型客运站中不单独设置，而是与问询服务、行包房等合并设置。单独设置的小件寄存处可采用窗口式、柜台式，于夜间封闭。

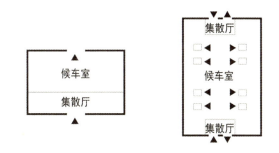

图9-42 线侧式及高架式站房集散厅位置示意图

三、售票用房

售票用房由售票厅、售票室、票据库、办公区等组成，为旅客提供预售车票、办理中转签证和退票等服务，如图9-43所示。中小型铁路站房售票用房贴临进站集散厅，设置在候车室附近，如图9-44左图所示。在特大型、大型铁路客运站，售票用房设置在站房进站口附近，如图9-44右图所示。同时，为了给没有带身份证的乘客提供票务服务及进站服务，售票厅需要设置公安制证窗口，为旅客提供办理临时身份证服务。

随着铁路电子售票的普及，售票

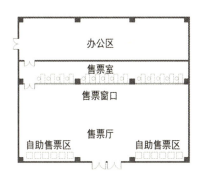

图9-43 售票厅平面布置图

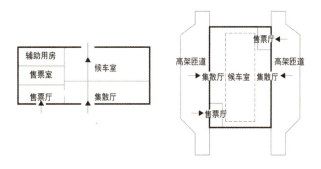

图9-44 中小型及大型售票厅平面位置示意图

厅常设置成组的自动售（取）票机，或设置独立的自动售（取）票厅，或者结合候车厅在站房内分散设置多处人工售票点及自动售票机，并在换乘大厅内设置自动售票机，方便旅客快速取票乘车，如北京南站。

四、候车室

新建铁路站房候车室采用开敞大空间，空间开敞明亮，视线通透，候车环境舒适、宽敞。小型站房候车室设置普通候车区、轮椅候车席位，如图 9-45 左图所示。特大型、大型候车室设置普通候车区、软席候车区、无障碍（老、弱、孕和残障人士）候车区、商务贵宾区等，且单独设置吸烟区。无障碍候车区邻近进站检票口及无障碍电梯；商务贵宾区单独设置出入口及独立的实名制验票和安检设施，并设有直通车站广场与基本站台的车行道。候车室附近配套设饮水处、盥洗间和厕所，为旅客提供服务，如图 9-45 右图所示。

为了给旅客提供良好的候车服务，维持候车秩序，候车厅应在进站检票排队位置两侧设置候车座椅，方便旅客按车次进站顺序就坐，候车休息，检票时就近在检票口前排队，减少旅客步行流线，实现候车与快速进站的联系。

五、出站厅

出站厅是旅客检票出站快速通过的空间，连通站台与站前广场或者换乘大厅。在铁路站房"上进下出"和"下进下出"的流线组织方式中，出站厅在站房的底层或地下，通过下行楼扶梯从站台抵达出站通道。

特大型、大型站房出站厅设置集散厅，衔接换乘大厅，出站旅客可快速出站换乘地铁等公共交通，如图 9-46 所示。中小型站规模小，设置出站口直接衔接站前广场。

出站厅功能包括检票、补票、签票，配套设置公共卫生间、公安处和服务商业设施、行李提取及寄存处。

出站厅位置设置明显，与站台、跨线设施、站前广场直接连通，避免空间的转折和流线的迂回，同时需与地铁站、公交车站、长途汽车站等交通空间形成良好的联系。

在客流量小、规模小的中小型站中，进站厅和出站、候车室、售票用房合并在一个综合空间内使用，通过功能分区，提高空间的使用效率。

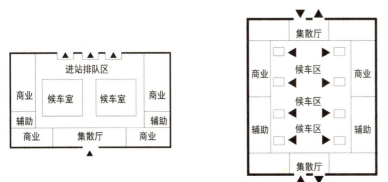

图 9-45 中小型及大型候车室位置示意图

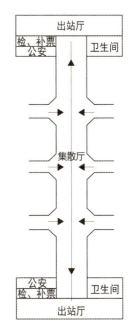

图 9-46 出站区平面布置示意图

六、商业服务用房

商业服务用房在站房的设置中主要有 3 种形式: 上部式、围绕式及分散式。

例如, 上海虹桥综合枢纽采用的是上部式, 在位于 12.15m 标高的换乘大厅设置通道商业, 上部集中设置 4 层购物中心以及 1 层餐饮, 通过共享中庭将各层连通, 实现旅客视觉贯通, 引入自然光, 创建良好的公共空间。

围绕式是围绕换乘中庭周边设置商业。例如, 德国柏林中心火车站, 共 5 层玻璃钢建筑, 最上层和地下底层有两条轨道线, 是旅客主要乘降区, 在中间 3 层换乘中庭的四周设置了 80 多家商店, 购物面积共计达到 15 000 ㎡, 岛式商业服务与主题式大型商业依据旅客进出站流线的不同特点结合布置, 符合车站商业需求。

分散式是商业与候车室结合设置。例如, 北京南站, 在候车区的南北两侧结合售票厅, 辅助卫生间、软席候车室, 设置以餐饮为主的商业; 利用餐饮商业空间拓展候车休息区, 增加旅客候车的等候空间, 不仅通过商业给车站增加了经济效益, 同时还能提高了旅客的候车品质, 为旅客提供多元服务。

七、客运作业及附属用房

客运作业用房根据使用需要设置客运值班室、检补票室、公安值班室、综控（广播）室、上水工室、卸污工室、开水间、安检室及与运营有关的其他房屋。

铁路客运站根据需要设置交接班室、间休室、更衣室、职工活动室、浴室、就餐间、清扫室（含工具间）等。

客运服务人员一般采用多班制工作，上班前在交接班室进行点名，传达有关事项。同时，客运服务人员、售票人员及行包作业人员允许值班期间轮流休息，设置间休室。

客运管理办公用房包括站长室、车站会议室、办公室、备班室、备品室等。

设备用房主要包括通信设备用房、信号设备用房、信息设备用房、电力设备用房、暖通设备用房和给水设备用房。

八、行包房

行包房是为旅客办理行包承运、保管、中转、交付手续的场所，包括行李、包裹的托运及提取处和行包仓库两部分。行包房应有防火、防盗、防水、防鼠、安全消防设施设备，配备安全检查仪，电子衡器，装卸搬运机具和维修、包装工具及材料。

特大型、大型站的行李托运和提取分开设置；行李托取处靠近售票用房；行李提取处宜设置在站房出站口附近。中型和小型站的行李托、取处可合并设置。

行包房的主要功能房间有：包裹库、包裹托取厅、办公室（含计划、主任、安全）、票据室、总检室、装卸工休息室、牵引车库、微机室、拖车存放处。

第五节 铁路客运站站台区设计

站场客运设施包括站台、站场跨线设施和站台雨棚等。站台和站台雨棚方便旅客有序登车和下车疏解，跨线设施作为旅客通道将站台和站房紧密联系在一起。

一、站台区

铁路站台是供旅客上下列车的基础设施，一般分为基本站台和中间站台两种。基本站台一般是指靠近线侧站房或广场一侧不经跨线设施（天桥、地道、高架候车室等）即可直接进出的侧式站台，一个车站一侧只有一个基本站台。中间站台是指通过跨线设施与站房或广场相联系的岛式站台，一个车站可以有多个中间站台。

传统的站台由于造价和方便列检作业等原因，一般都设置为低站台。当列车停靠站时，旅客需要借助列车放下几级台阶，才能下至站台，给携带行李的旅客出行造成不便，现在的高速铁路旅客站台要求高度高出轨面1250mm，高站台的设计使旅客可以从列车水平步行至站台，极大地提高了旅客上下车的便捷和舒适度。

基本站台由于有贴近侧站房和广场的特点，站房内可以单独配置平层的基本站台候车室和基本站台出站口，用以减少旅客竖向步行流线。

铁路客运站的站台宽度：岛式站台宽度一般不小于12m（无柱站台不小于11.5m），侧式站台不小于8m。站台上设置的天桥或地道出入口等构筑物，其边缘至站台边缘的距离不小于3m；当有速度超过120km/h的列车邻近站台通过时，该距离不小于3.5m。在列车停靠一侧站台边缘1m处设置安全警戒线，安全警戒线宽度为100mm，线内地面设置提示盲道线（点状）宽度为600mm，站台铺面选用耐磨、防滑、抗污染的材质。

二、场站跨线设施

站场跨线设施包括平过道、天桥、地道。

在特大型站中，旅客进出站通道最小净宽为 12m；在大型站中，旅客进出站通道最小净宽为 8~12m；在中、小型站中，旅客进出站通道最小净宽为 6~8m。地道在特大型及大型站中最小净高为 3.0m，在中、小型站中的最小净高为 2.5m。封闭天桥在特大型及大型站中最小净高为 3.5m，在中、小型站中的最小净高为 3m。北京南站、武汉站等高架式候车站房，由于高架候车室兼具天桥的作用，通过直梯及扶梯可直接抵达各站台。

旅客天桥，地道出、入口按车站客流量、站场条件、无障碍设计合理布置，通向各站台宜设置双向出入口，宽度不小于 4.5m，当条件受限且出入口处有交通指示保证时，其宽度不应小于 3.5m。

当旅客天桥、地道出入口在站台上时，其外边缘至站台边缘距离如下：特大型和大型站不应小于 3m，中型和小型站不应小于 2.5m。当有速度超过 120km/h 的列车邻近站台通过时，靠近正线一侧的站台边缘至旅客天桥、地道出入口外边缘如下：特大型和大型站不应小于 3.5m，中型和小型站不应小于 3m。

三、站台雨棚

站台雨棚可有效为旅客遮雪挡雨，防止夏日暴晒，在铁路客运站应设置与站台同长度的站台雨棚。雨棚形式包括有柱雨棚及无柱雨棚。其中，有柱雨棚布置方式包括单臂悬挑、站台单柱双侧悬挑和站台双柱双侧悬挑。

单臂悬挑有柱雨棚，立柱设置于基本站台外侧，站台面无立柱影响旅客行进，但悬挑大，造价略高于单柱雨棚。

站台单柱双侧悬挑有柱雨棚，立柱设置在站台中部，所占站台面积少，旅客和搬运车辆在柱两侧通行方便，站台内部空间开敞，适用于宽度不大的站台（图 9-47）。

站台双柱双侧悬挑有柱雨棚，两个立柱设置在站台中部，适用于站台台面较宽，跨线设施出入口较多的站台。

无柱雨棚是指站台无立柱型大跨度钢结构雨棚。设立无柱雨棚，旅客行进不受立柱影响，无柱雨棚跨度大、空间高，为旅客提供良好的视线条件，塑造明确、舒适的乘车环境。无柱雨棚不宜做成全覆盖形式，在柱跨之间要设置一定面积的透空，利用自然采光和通风排烟。无柱雨棚的结构形式轻盈简洁，能够显露结构自身构件的韵律美。对于有列车通过的无柱雨棚，通过加大列车线路上方的透空面积，将噪声和气流压力释放出棚内空间（图 9-48）。

无柱雨棚内的接触网悬挂系统与无柱雨棚统一设计，保证形式的轻巧美观，利用雨棚柱、高架候车室梁柱等兼作悬挂，减少采用粗壮的硬桁架等形式破坏整体的空间效果。

图 9-47 站台单柱双侧悬挑有柱雨棚

图 9-48 无柱雨棚

第六节 铁路客运站流线组织设计

铁路客运站的流线组织设计将"以人为本、以流为主"作为设计核心理念，为旅客提供便捷出行服务。"以人为本"是从旅客使用角度出发，为旅客提供优质空间体检，优化功能组织结构。"以流为主"是以流线组织设计为主，流线组织明确清晰、短捷通畅、互不干扰，优化整体功能，合理布局，创建铁路客运站内部功能间的步行可达性、便捷性，并能与其他交通方式快速换乘，实现高铁客运站客流的快速疏解和运转。

一、铁路客运站流线组织原则

◆ 旅客进站、出站和换乘流线应短且快捷。

◆ 进站流线与出站流线分开。

◆ 旅客流线与机动车流线分开。

◆ 旅客流线与行包流线分开。

◆ 一般旅客与贵宾旅客流线分开。

◆ 一般旅客与出入境旅客流线分开。

◆ 大型站应设置独立的工作人员出入口。

二、基本流线组成

铁路客运站的流线分为旅客流线和行包流线（图 9-49）。

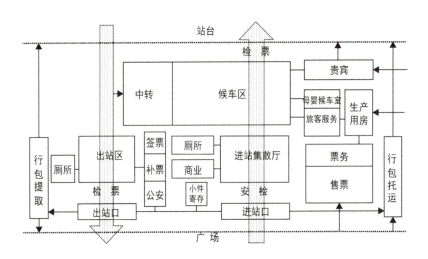

图 9-49 大型站进出站流线示意图

1. 旅客进站流线组织

长途汽车、地铁、公交、出租车、私家汽车将旅客带至铁路客运站站前广场，经售票、买票，由进站口通过验票、安检进入候车区等候，再通过检票进入基本站台上车，或者通过地道或天桥进入中间站台上车。贵宾进站流线为通过站前广场抵达贵宾入口，通过安检、验票进入贵宾厅，再进入基本站台上车。

2. 行包进站流线组织

行包由站前广场进入，通过行包地道抵达基本站台及中间站台。

3. 旅客出站流线组织

普通旅客由中间站台下车，由天桥或地道抵达基本站台，检票后到出站口，进入站前广场或换乘大厅，通过地铁、长途汽车、公交车、出租车、私家汽车等交通工具换乘离开。贵宾出站流线为旅客由基本站台下车，进入贵宾室，检票后出站，通过出租车或私家车离开。

4. 行包出站流线组织

行包由中间站台及基本站台运下，通过行包地道到达行包用房，衔接站前广场。

三、流线设计的要求

按旅客进出站的顺序，流线设计要求便捷、顺畅，避免相互交叉、干扰和迂回，能够满足瞬时大流量通行的需求，并最大限度减少旅客的行走高差和行走距离。铁路客运站功能流线主要由售票区、进站区、进站门厅、进站口、候车区、出站区组成。

站房设计呈现向通过式候车模式发展的趋势，体现为进站门厅与候车厅一体化，候车厅整体化，进、出站功能空间与其他换乘空间相融合。

四、流线组织模式

我国幅员辽阔，各地域的地貌条件大相径庭，不同地形地貌条件下铁路的线路接入城市的相对高度不同。根据各城市的地形条件、站房规模及与铁路线的相对位置关系，可以分为线侧平式、线侧下式、线侧上式、线下式、线上式、复合式、尽端式、地下式等多种车站类型。相应的旅客流线组织模式有"上进下出""下进下出"等。

（一）线侧平式

铁路线路引入的高度与城市地面基本相同，将车站站房布置在线路一侧，中、小型规模的铁路客运站房常采用线侧平式站型。进站流线：旅客由站前广场进入站房，上至二层通过跨线天桥下行至站台乘车，或由站房平进侧边基础站台乘车。出站流线：站台下车乘客下行至出站地下通道，进入站房出站厅检票离开，出至站前广场。整体流线组织模式为"上进下出"，通过天桥组织进站旅客流线和地下通道组织出站旅客流线。南平市站就是一座典型的线侧平式铁路客运站，采用了"上进下出"客流进出车站的形式，如图 9-50 所示。

（二）线侧下式

铁路线路引入的高度大大高于城市地面，车站站房布置在线路一侧，铁路客运站房采用线侧下式站型，进站流线：旅客由站前广场进入站房，通过进站地下通道，上行至站台乘车。出站流线：站台下车乘客下行至出站地下通道，进入站房出站厅检票离开，出至站前广场。整体流线组织模式为"下进下出"，通过地道组织进出站旅客流线。哈大高速铁路的四平东站就是线侧下式站型，通过跨线地下通道实现"下进下出"的进出站形式，如图 9-51 所示。

（三）线侧上式

铁路线路高度明显低于城市地面，当站房位于线路的一侧时，铁路客运站房采用线侧上式站型。进站流线：旅客由站前广场进入站房，通过进站天桥，下行至站台乘车。出站流线：站台下车乘客上行至出站天桥，进入站房出站厅检票离开，出至站前广场。整体流线组织模式为"上进上出"，通过天桥组织进出站旅客流线，如图 9-52 所示。

（四）线下式

铁路线路以高架桥梁的形式进入城市，且高架桥下方有足够的空间（通常高度在 10m 左右）时，高铁站房或可设置在高架桥下方，这一类型的车站称为线下式（高线位车站）。

无锡东站就是典型的线下式车站，整体地下两层、地上两层。地下二层为地铁 2 号线及规划预留线站台层，地下一层为地铁站厅层，地面层为小汽车落客平台及站房，地上二层为高铁站台层。站房设置在高架高铁站台下方，整体采用拱形的索网结构形成袖筒状外观，将站台雨棚和站房包裹为一体。线下式车站可以充分利用高铁线高架桥下部空间节省用地，同时也方便城市的地面交通穿越铁路线。旅客流线组织简捷，旅客进站房候车通过扶梯及楼梯上行至二层站台乘车，出站旅客由二层站台下行至站房出站，如图 9-53 所示。

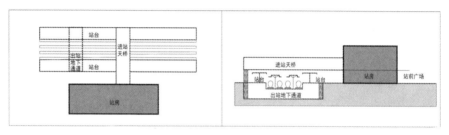

图 9-50 线侧平式平面、剖面示意图

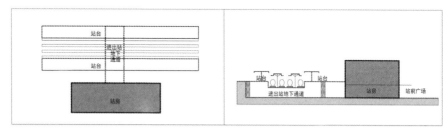

图 9-51 线侧下式平面、剖面示意图

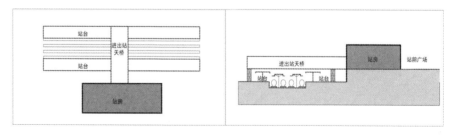

图 9-52 线侧上式平面、剖面示意图

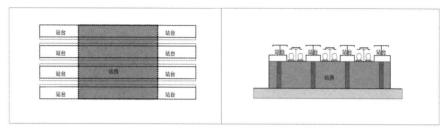

图 9-53 线下式平面、剖面示意图

（五）线上式

铁路线路引入的高度与城市地面基本相同，将铁路车站站房设置于线路上方时，称为线上式站型。线上式站房通常与线侧式站房结合，将线路上方高架站房部分设置为候车厅功能，线路两侧的侧式站房部分设置为进站集散厅功能。旅客流线组织简捷，旅客进站房通过进站集散厅上至二层候车室，通过扶梯及楼梯下行至一层站台乘车，出站旅客由一层站台上行至二层站房，由出站厅下行至一层出站，如图 9-54 所示。

（六）复合式

复合式站房规模较大，流线复杂（图 9-55）。流线组织包含"上进下出"及"下进下出"。

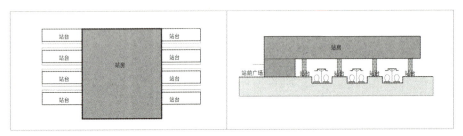

图 9-54 线上式平面、剖面示意图

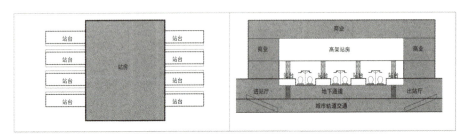

图 9-55 复合式平面、剖面示意图

北京朝阳站采用"上进下出"和"下进下出"相结合的多种进出站模式，多方向立体进站，实现高铁与地铁、公交车、出租车、社会车的快捷换乘（图 9-56、图 9-57）。

进站客流组织：车站西侧地面南北高架 3 个方向均可进站，可以根据旅客乘坐交通工具及进站方向的不同，建立多方向、多层面的立体进站模式，旅客

图 9-56 北京朝阳站鸟瞰示意图

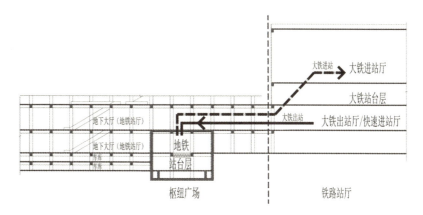

图 9-57 北京朝阳站 "下进下出" 部分流线组织

可以从不同的标高层面进站。"上进"：乘出租车、小汽车和部分公交车来的旅客可以直接上到高架落客平台，从高架层进站；乘公交车、大巴车、共享单车及步行来的旅客通过西站房地面层进站。"下进"：乘地铁来的旅客可以从地下快速进站厅直接快速进站，或通过西侧垂直交通上至高架层进站候车。站房西侧及南北侧设置多组贯通地下、地面、高架的垂直交通设施，满足各层面旅客进站需要。

出站客流组织：铁路旅客出站层设在地下一层，那里也是铁路旅客换乘其他交通工具的换乘层。乘坐地铁和公交的旅客可以向西进入西广场地下市政换乘大厅，换乘地铁 M3、R4 号线及公交车；选择乘坐出租车的旅客可到地下通廊南北两侧的出租车上客平台乘车。铁路客运站在高架层和地下一层实现了人行层面的贯通，旅客可在各个换乘空间内快捷顺畅地换乘。

铁路内部旅客换乘采用"下进下出"模式，大大缩短了旅客换乘的步行距离，避免了原来通过进站楼梯逆向进入高架候车厅，路线冗长的弊端。换乘铁路其他车次的旅客，可通过地下南侧的出站通廊，经专用闸口进入地下快速进站厅，实现站内快速换乘。

（七）尽端式

尽端式车站是指铁路线路在站内结束，站房则设置在铁路线的端头。尽端式车站是铁路线路的起点和终点，例如北京北站、青岛站、重庆站、珠海站等。整体流线组织"平进平出"。进站流线：旅客通过站前广场进入站房，安检验票后在站房候车室候车，然后检票进入站台乘车。出站流线：旅客下车由站台进入站房出站厅，检票后出至站前广场（图9-58）。

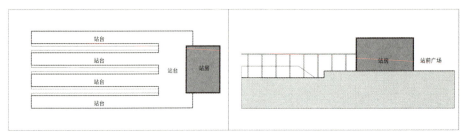

图9-58 尽端式平面、剖面示意图

（八）地下式

地下式铁路客运站是指铁路客运站及铁路线路建造在地下，塑造完整城市形象界面，建立地面街区路网，节省城市土地，铁路运行安全、无噪声、无污染、少干扰。地下车站的建造成本高、难度大、周期长。我国目前建成的铁路客运站中地下车站数量较少，如天津滨海新区的滨海站和深圳的福田站。

京津城际延伸线工程起自天津站，沿津秦客运专线经塘沽站至滨海站，线路全长约45km。滨海站是京津城际延伸线的终点站，为地下尽端式车站。其总建筑面积为86 200 ㎡，站房共计3层，地上一层，地下两层（局部三层）。地上一层中部为站房出入口，一层东部为出租车上客及落客区，一层西侧为商业区；地下一层为城际铁路站厅层，包括候车大厅、售取票厅、站台出入口；地下二层为城际铁路站台层及社会车辆地下停车场，地下三层为地铁Z1线站台。

滨海站作为大型地下铁路客运站，建立了以地下铁路客运站为中心，连接整个滨海新区中心商务区的城市地下空间，旅客可以从车站便捷地进入该区域地下步行系统。同时，城际地铁等交通竖向无缝接驳换乘，为旅客提供了舒适、便捷的交通环境（图9-59、图9-60）。

图 9-59 滨海站夜景　　　　　　　　　　　　图 9-60 滨海站站房钢结构天窗屋顶

第七节 铁路客运站空间形态设计

一、文化特色

表达地域文化特色是我国铁路客运站设计的主要内容之一。通过对城市文化原型的抽象与再现，提取具有代表性和典型性的形象，并简化、抽象、分离出独具特色的建筑元素，与铁路客运站功能布置结合，表现出对地方独特的历史文化、传统习俗、意识形态的尊重以及对城市肌理的延续。

（一）宣化北站

宣化地处华北平原与内蒙古高原之间的过渡地区，自汉代以来，一直是中原民族抵御北方游牧民族南侵的军事重镇。明代设立宣化古城，作为明代长城九镇之首，守卫北京的军事安全。

宣化北站设计理念为"古城文化，新韵新宣"，重现大明古城古朴庄重的韵味。建筑主体提取古城墙的城楼、城台及城墙作为设计元素，屋顶采用庑殿顶形式，简化的柱头斗拱造型、清晰的屋脊及曲面的檩条勾勒出威武的庑殿形式屋顶。屋顶以红色为主色调，搭配米色石材主体，建构了高铁客车站新形象。

站房内部空间围绕建筑外轮廓周边设置红色柱结构，支撑整体屋面，室内空间为无柱开敞空间，旅客视线通达，可在站内快速步行引导乘车（图9-61、图9-62）。

图 9-61 宣化北站主入口　　　　　　　　　图 9-62 宣化北站内部

（二）潍坊北站

潍坊市别名鸢都，是举世闻名的世界风筝之都。潍坊北站立面造型汲取展翅高飞的盘鹰风筝"鸢飞翼展"的形象，用简洁有力的多折线勾勒出雄鹰昂首展翅欲飞的动态。支撑大屋面的结构稳定而纤细，形似牵引风筝的丝线。屋顶边缘钢构架和采光屋面相结合的设计象征着风筝的骨架和鹰翼的薄羽。整体形象以磅礴的造型语言表现了潍坊如雄鹰般展翅翱翔的稳健和高度，同时也以精致的建筑细部处理表现了潍坊自古作为手工业城市的工匠气质和对技艺的坚守、传承（图9-63）。

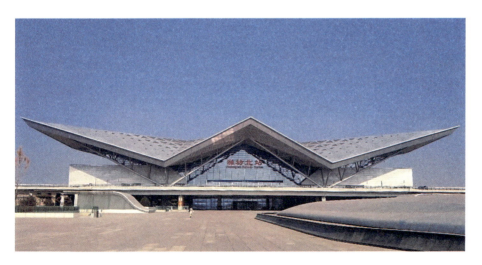

图 9-63 潍坊北站主入口

（三）苏州站

苏州地处江南水乡，城市中处处是曲桥水网，随处可见细碎的粉墙黛瓦、斑驳的花光水影，整体城市肌理尺度亲人。苏州站铁路客运站体量巨大，为了将大体量客运站融入传统城市风貌中，苏州站的扩建工程设计提取了具有强烈地方建筑色彩的菱形作为基本构形要素，形成富有地方特色的屋顶桁架体系，化解了巨大的建筑体量，使站房、雨棚如同闹市中的一片街区。苏州站作为一座现代化的交通枢纽，兼容了地域的历史文化，成功地镶嵌在这座有千年古韵的城市之中。

建筑整体以灰、白、栗三色为主，深灰色铝板屋檐是灰瓦的寓意；白色穿孔板吊顶敷以栗色骨架组成的连续折板造型，是传统木构建筑的语言；外墙部分采用栗色的金属格栅幕墙，则是传统民居中"窗棂"的再现；广场前两组菱形灯笼柱撑起大跨度的屋架，栗色的结构杆件呼应着粉墙黛瓦，在吴门烟雨中讲述着水巷船家的故事，站前尺度宜人的粉墙将站房各部分空间连成整体，藏藏露露，缥缥缈缈，古朴、时尚而静谧。

站房的室内风格与室外高度统一，白色菱形天花板嵌着栗色结构杆件，形成了丰富的表情，粉墙黛瓦、栗色花窗格栅、灰色的墙踢脚和窗框，共同构成了苏式韵味十足的室内界面和肌理。

全新苏州站以新颖、细腻、现代的建筑手法以及新的技术和工艺，塑造了一座"苏而新"的车站建筑（图 9-64、图 9-65）。

图 9-64 苏州站主入口

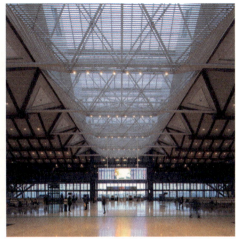

图 9-65 苏州站二层候车大厅

二、地域表达

建筑要融入周边城市环境及自然环境，一起构筑城市形象，塑造空间秩序。铁路客运站在中国辽阔而各具特色的地域条件下，产生了建筑空间与自然环境的不同对话，充分利用环境特点与优势，通过对周边山体、水系、林木等自然景观的分析，使铁路客运站消融其巨大体量，更好地融入自然环境，成为大地景观的一部分。

流畅的屋顶、充满热带风情的夸张出挑，一座热情奔放的铁路客运站坐落在祖国的"天涯海角"——三亚市。三亚站连绵的坡屋顶给人强烈的视觉冲击，优美的曲线寓意"波浪"，与背景连绵的群山和谐地融为一体。延绵的屋顶向两侧出挑，这并非完全出自美学的考量，也是对原先精致小巧的三亚火车站的致敬。由于三亚的纬度很低，全年大部分时间太阳高度角都较高，三亚站屋顶的轮廓线是根据太阳角度来设计的，屋檐的出挑长度在脊顶处最长，而在曲线中点处最短。这样的设计减少了首层直射的阳光，并遮蔽了立面上的玻璃幕墙，大大降低了用于室内制冷的能耗负荷。

三亚站的外墙体采用了玻璃幕墙，使整个建筑无比通透。幕墙选用木色金属，坚挺且疏密有致，自然、温馨，富有节奏和韵律。内部空间以候车大厅、进出站大厅和售票厅等通高空间为中心，结合功能用房左右延展，一字排开，交通辨识度较高。流畅的曲面屋盖延绵起伏，形成连续的空间，产生轻松活泼的氛围。整体的木纹暖色和金属冷色形成对比，搭配浅色的大理石地面，营造出契合三亚自然环境的清新淡雅的基调（图 9-66）。

图 9-66 三亚站主立面

三、站城融合

站城融合、协同发展已成为新时代车站建筑的发展趋势。车站的建筑设计仅仅满足基本交通功能是不够的，它与城市设计紧密结合，以车站为载体复合多种功能，创造出更舒适、宜人、便捷的城市公共空间，为城市生活增添一个亮点，激发并提升城市功能的活力。

（一）美国旧金山跨湾站

美国旧金山跨湾站将火车道设置在地下二层，将公共交通立体复合，将屋面打造为多功能城市公园，设置露天剧场、咖啡店、阅读区、水景、社区公园，周边的居民、乘客和游客都可以通过廊道从周边建筑或下部换乘至屋顶花园，整体建筑将交通功能与公共空间及景观结合，创建丰富多彩的体验。

美国旧金山跨湾站沿街立面采用镂空幕墙将建筑覆盖，在道路通行处架空抬起，腾出空间，让道路从建筑中间穿过，延续城市路网的连贯性。

建筑外立面是具有连续的起伏流线的幕墙结构，镂空图案的建筑表皮不仅将建筑的巨大体量过渡到宜人的尺度，使建筑焕发轻盈活力，并塑造出连续、延绵的城市形象，还结合屋顶开设玻璃天窗，让自然光进入，照亮每层空间，使室内空间与室外景色相互渗透（图9-67~图9-70）。

图 9-67 美国旧金山跨湾站鸟瞰

图 9-68 美国旧金山跨湾站沿街立面

图 9-69 美国旧金山跨湾站表皮细部　　　　　　　图 9-70 从美国旧金山跨湾站室内看室外

（二）日本京都火车站

在日本京都火车站中，既有基本的火车站和交通枢纽，又有大型开敞式露天舞台；既有商业设施，又有空中城市；既可以休闲会友，又可以观赏城市全景，多种功能的公共空间与交通核心相结合，促进城市焕发活力。

日本京都火车站的沿街立面是消隐于城市的综合体形象。其设计理念是城市之门，新车站内设置了一座巨大的厅，横向布置的大厅进深 27m，最高处达 60m，横向宽 470m，且呈两端高、中间低的谷状，大厅两端开敞，顶部覆以曲面的金属网架和玻璃，大厅西面呈台地状往上逐级抬升，与户外城市文化展演平台及时尚百货相连接，通过高差促进各功能区相互融合（图 9-71~ 图 9-73）。

图 9-71 日本京都火车站主入口　　图 9-72 日本京都火车站内露天舞台　　图 9-73 日本京都火车站内楼扶梯

（三）沙坪坝火车站

重庆沙坪坝站通过垂直交通核从上至下串联多种功能：上盖 TOD 综合开发，地面设置铁路客运站站房，地下一层设置公交车站台，地下二层设置出租车站台，地下三层设置地下停车，地下四层设置高铁换乘大厅，地下五层设置停车车库，地下六层设置票务大厅，地下七层设置地铁站厅，实现多种交通方式高效换乘（图 9-74、图 9-75）。

图 9-74 沙坪坝站主入口

图 9-75 沙坪坝站功能示意图

第八节 案例分析

一、特大型站：西安北站

西安北站属于特大型站，总建筑规模 332 000 ㎡，其中站房面积占 171 000 ㎡。整体功能涵盖高铁及公交、地铁、小汽车停车等多种交通方式。

功能布局采用地上两层、地下两层的立体化布局模式，地面二层为旅客候车区域和商业夹层，主体长度约 550m，宽度 184m；地面一层为站台层；地下一层为出站通道、换乘大厅及设备用房；地下二层为地铁 2 号线。旅客流线为上进下出，车站各种流线便捷、顺畅，实现了客流的"零距离换乘"。

（一）设计特点

旅客流线便捷高效。西安北站是我国六大枢纽性客运中心之一，站房采取高架候车的形式，车站功能分为高架候车层、站台层、出站层、地铁站台层 4 个主要层面。旅客流线为"上进下出、立体分离"，与城市地铁、公交、出租车等多种交通方式无缝接驳，实现了客流的"零距离换乘"。西安北站采用先进的"航空港"安检模式：不同于以往旅客在安检后才可进入进站大厅的传统，该车站将安检区设于进站厅内、候车厅入口处，允许旅客自由出入综合进站厅，并在室内进行安检。该模式在气候寒冷的西安切实体现了"以人为本"的设计原则。同时，西安北站拓展了综合进站大厅的功能和空间，使售票、商业、休闲、进站等多种功能空间融为一体，更高效便捷。

建筑形态充分体现了地域文化和大型交通场站建筑的时代特征。西安是十三朝千年古都，承载着汉唐盛世之气。西安北站的建筑风格寓意为"唐风汉韵、盛世华章"，其建筑形态融合了唐朝大明宫含元殿和西安城墙的元素，整个建筑朴素庄重、壮美雄奇。折板网格钢屋盖，既有中国传统建筑大屋顶的神韵，又是现代新型大跨结构技术的体现，达到历史文脉与现代科技的完美统一。

建筑形态与结构逻辑有机统一。建筑形态在体现地域文化特色的同时，兼具结构受力的合理性。充分利用符合结构力学规律和力学原理的元素，体现结构自身的形式美、韵律美。屋盖由 11 个折板钢网格结构单元体组成，每个单元体在中间高起的屋脊处开以梭形天窗，既通过梭形遮阳百叶实现良好的自然通风与采光，取得具有视觉冲击力的室内空间效果，又在立面上形成弧形屋脊，与舒展的两翼相得益彰，体现 "唐风汉韵" 庑殿顶大挑檐的意向。树杈形钢柱细部精细，体现了中国传统木构建筑的特点（图 9-76、图 9-77）。

图 9-76 西安北站鸟瞰

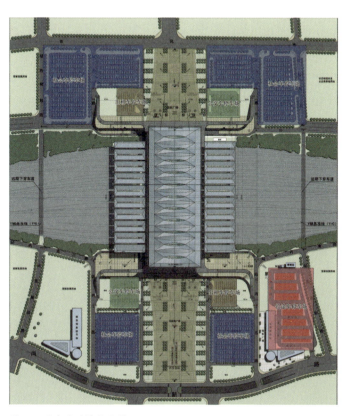

图 9-77 西安北站总平面图

（二）外部交通流线组织

站区动态交通组织体现了"方便、快捷、畅通和互不干扰"的原则，合理组织社会车、出租车和公交车的进出站流线，使其与城市道路快速衔接。所有交通换乘设施均尽量靠近站房布置，缩短旅客换乘距离。

高架道路系统主要完成尚新路、站前北路与西安北站南北高架道路的连接，提供出租车和社会车辆快速进出西安北站的交通功能，通过高架道路系统完成出租车和社会车辆从西安北站上客流向和大部分下客流向离开车站。南广场设计两条高架匝道（一进一出），对外与尚新路连接，对内与西安北站南高架平台连接；北广场同样设计两条高架匝道（一进一出），对外与站前北路连接，对内与西安北站北高架平台连接。

地面道路系统与西安北站周围地面道路连接，主要提供公交车进出北站，空出租车、空社会车辆、空大客车进入西安北站候客的功能。南广场进出站主要依靠尚新路组织交通，地面交通系统分为东、西两块，东为公交车上下客区，西为出租车等候上客区。尚新路与站东规划道路、站西规划道路间设有进出交叉口，进出南广场地面的交通可通过尚新路与站东规划道路、站西规划道路交叉口进出，并通过广场内部道路绕行和进入指定的区域。

北广场进出站主要依靠站前北路组织交通，在北广场东侧设一个出租车候车站，在广场东侧规划站内道路上设进出口；在北广场西侧设一个公交汽车站，在广场西侧规划站内道路上设一个进出口。在广场西侧规划站内道路以西，广场东侧规划站内道路以东，各设一个社会车停车场。

结合场站的布置形式，西安北站车站建筑设计采用高架候车与线下出站的布局方式，旅客流线采取"上进下出"的设计构思，将车站分为高架候车层、站台层、出站层 3 个主要层面和 2 个辅助夹层（图 9-78~ 图 9-80）。

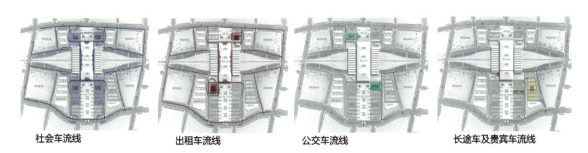

社会车流线   出租车流线   公交车流线   长途车及贵宾车流线

图 9-78 西安北站流线组织图

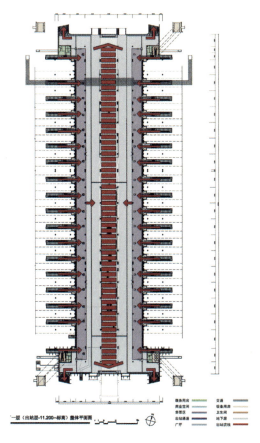

图 9-79 西安北站出站层平面图

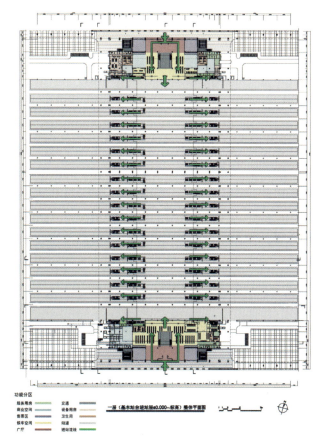

图 9-80 西安北站进站层平面图

出站层站房公共空间的主要功能用房为旅客到达的出站厅及出站广场。出站厅在南北方向均开设出站口。出站厅及其外的地下人行通道及广场为 – 11.200m 标高。

出站旅客可通过大台阶及自动扶梯上至相对标高 – 0.095m(绝对标高 378.600m) 的公交车、社会车辆及出租车停车场，将来城市地下广场建成后，也可由平层进入广场地下层的社会车停车场。

站台层位于出站层和高架候车层之间。车站采用横列式站型，按 10 台 18 线布置，南侧设基本站台 1 座，450m×20m×1.25m；中间岛式站台采用 450m×12m×1.25m，其中正线侧岛式站台采用 450m×12.5m×1.25m；北侧设基本站台 1 座，450m×15m×1.25m。站台中部为高架候车层覆盖区，站台东西两翼为无站台柱雨棚覆盖区。

各站台设两处楼扶梯下行至线下的出站厅。站台层设南北站房，站房内设置综合进站集散大厅、基本站台候车厅、贵宾候车厅及售票厅。站台层平坡连接站前广场地面层。

　　站台层集散大厅中设有相应的旅客服务设施，有问询处、小件寄存处、邮政电信书报等。基本站台候车厅与基本站台平层衔接。

　　9.500m 标高的高架候车层位于站台层上方，为铁路旅客的进站层，其公共空间主要功能为进站集散厅及候车室（图 9-81）。

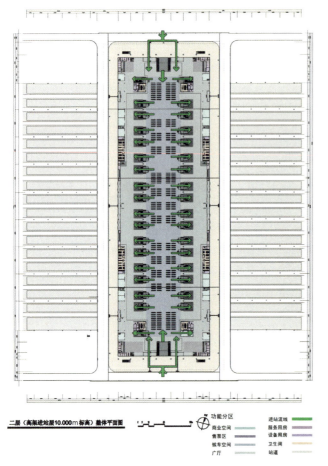

图 9-81 西安北站高架候车层平面图

　　高架候车层平面大致呈南北向的矩形，南北面为与 ±0.000m 标高集散大厅贯通的共享空间，并且有自动扶梯与 ±0.000m 标高联系。站房内部功能围绕集散大厅展开，由中间向东西两侧对称布置候车厅、设备间及进站楼梯口、客运管理用房及旅客卫生间、进站集散厅。

　　高架候车层按需设置旅客服务设施，集散厅设有问询处、吸烟处、医务室、自助银行等。候车室设有无障碍候车区、小商亭、书报亭、小卖部等。进站楼梯口间设有厕所、盥洗间、饮水处以及进站检票口，东西两侧进站楼梯口均设人行楼梯和下行自动扶梯，西侧进站楼梯口设无障碍电梯下至站台层各站台。

二、中型站：和田站

和田站位于新疆维吾尔自治区最南端的和田市，为喀和铁路的终点站，线侧平式站房，最高聚集人数为 800 人。站房主体为 3 层，总建筑面积为 11 920.9 ㎡；建筑主体最高点距地面 24.5m，总长 155.4m（轴线）。

建筑形象借鉴新疆地区传统民居建筑，提取汉族、维吾尔族、回族等多民族建筑形式，融合并创造出具有地域特色又兼备时代特色的现代交通场站建筑。

站台前设高架桥宽 9m，站前小广场宽（东西向）72m，长（南北向）210m；站前小广场南侧为市政道路，宽 9m。

和田站的流线组织为典型的上进下出型，通过室外高架桥进入，乘扶梯至二层候车厅，进站乘车；出站层位于地下（图 9-82~图 9-87）。

图 9-82 和田站鸟瞰图

图 9-83 和田站进站大厅

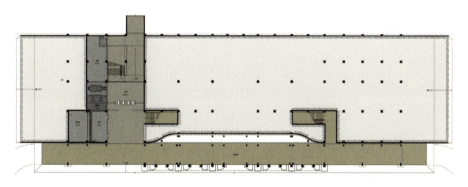

图 9-84 和田站地下出站层平面图

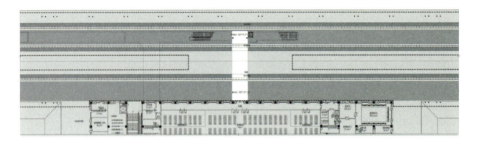

图 9-85 和田站站台区天桥及地下通道

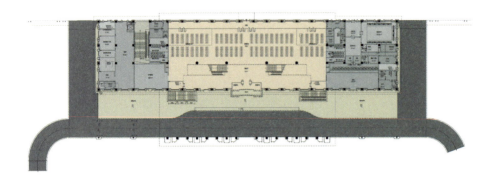

图 9-86 和田站首层进站平面图

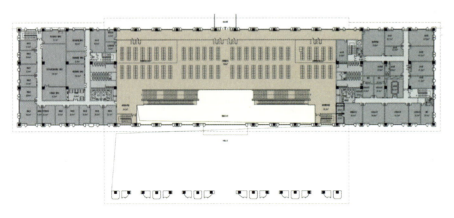

图 9-87 和田站二层候车厅平面图

民用机场

第一节 概述

民用机场，一般不包括临时机场及专用机场，是专供民用航空器起飞、降落、滑行、停放以及进行其他活动使用的划定区域，包括附属建筑物、装置和设施，民用机场各系统构成如图 10-1 所示。

一、分类

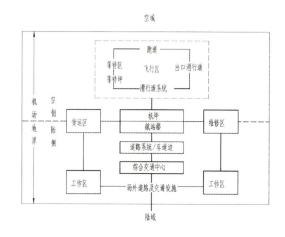

图 10-1 民用机场系统图

根据《国际民用航空公约 附件 14——机场》，民用机场飞行区等级技术标准采用飞行区等级指标Ⅰ（数字代号）和等级指标Ⅱ（字母代号）的方式，使机场设施的标准与在机场上运行的飞机性能相互匹配。

飞行区等级指标Ⅰ：根据机场飞行区使用的最大飞机的基准飞行场地长度，分为 1、2、3、4 四个等级。飞行区等级指标Ⅱ：根据机场飞行区使用的最大飞机的翼展和主起落架外轮外侧间的距离，从小到大分为 A、B、C、D、E、F 6 个等级，详见表 10-1。

根据《民用机场工程项目建设标准》，民用机场可划分为 6 个等级，详见表 10-2。

民用机场根据航线的布局类型可分为枢纽机场、干线机场、支线机场，详见表 10-3。

表10-1 民用机场按飞行区等级分类表

指标 I		指标 II		
代码	跑道长度（m）	代字	翼展（m）	主起落架外轮间距（m）
1	＜800	A	＜15	＜4.5
2	800~1200	B	15~24	4.5~6
3	1200~1800	C	24~36	6~9
4	≥1800	D	36~52	9~14
		E	52~65	9~14
		F	65~80	14~16

表10-2 民用机场按旅客吞吐量规模分类表

民用机场等级	年旅客吞吐量（万人次）
1	＜10
2	10~50
3	50~200
4	200~1000
5	1000~2000
6	≥2000

表10-3 民用机场按航线布局分类表

民用机场类型	定义	实例
枢纽机场	国内外航空运输的枢纽，运输业务特别繁忙的机场	北京大兴国际机场、北京首都国际机场、上海浦东国际机场
干线机场	以国内航线为主，可以建立全方位跨省、跨地区的国内航线，运输业务量较为集中的机场	武汉天河国际机场、南昌昌北国际机场
支线机场	短途航线机场，运输业务较少的机场	广元盘龙机场

二、术语

旅客吞吐量：报告期一定时间内到港和出港的旅客数量，单位为"人次"。

货邮吞吐量：报告期一定时间内到港和出港的货物邮件量，单位为"千克"或"吨"。

高峰小时旅客吞吐量即"典型高峰小时旅客吞吐量"，是指将机场一年内每个小时的旅客进出港人数按大小排序，第 30 个高峰值的旅客进出港人数。

三、选址

民用机场应结合城市国土空间规划，与市区通过高速公路、轨道交通等形成方便的联系，同时兼顾防洪、场地竖向、土方、地质、电磁、基本农田、水源等因素，处理好机场与生态保护的关系，此外，还应注意以下方面。

机场规划跑道的方位设计应考虑满足风力负荷要求。

机场附近的地形、地物应满足机场净空的要求，特别是跑道两端的要求。

规划的飞机航线应避免经过城市中心区或禁区。

机场选址应与城市或地区间保持适当距离，通过高速公路、轨道交通或高铁进行衔接，单程的时间以不超过 30 分钟为宜，距离过近，飞机的噪声或净空限制会影响城市的规划建设，限制城市的发展，过远会影响乘客的出行舒适度，来往不便，进而影响机场的运行效率。

机场选址应协调与相邻机场的矛盾，符合机场的总体规划。

机场选址应避免与广播电台、电视台及超高压架空线路之间的电磁干扰。

机场选址时，应在综合分析所有限制条件的基础上，权衡轻重利弊，尽可能选取符合城市总体规划、适应机场未来发展的最优方案。

第二节 总体规划

随着人民生活水平的提高及城镇化的提升，都市圈内及都市圈之间通行已成为人们生活和工作的主要部分。因居民生活水平提高及消费能力升级，航空出行逐渐成为人们重要的出行方式，且都市圈之间各个机场的空间关系越来越密切，联系程度也逐步加深。因此，机场在做总体规划时，要结合服务城市的规划定位及发展目标，对标城市国土空间规划，与城市发展构建新型互动关系，使机场规划内容与总体规划相协调，为城市及地区发展提供持续的原动力。以北京大兴国际机场为例，规划选址与北京丽泽、雄安新区通过轨道交通及高铁半小时可达，与京津冀中心城市一小时通达，大兴机场将这些都市圈城市紧密地联系在一起。且北京大兴国际机场的规划与北京市总体规划相协调，打造以航空物流、科技创新、服务保障功能为主的国际化、高端化、服务化临空经济区，促进南部经济崛起。

总体规划是机场发展和建设的设计依据文件，也是机场审批的依据。机场建设除与城市国土空间规划衔接外，机场内部应按照规划的内容分期建设，满足近远期发展的要求。机场总体规划在安全运行的前提下，应按照以提高服务水平及遵循功能分区为主、行政区域为辅的原则，各设施系统应合理布局，容量均衡，从而满足航空日益发展的需要。机场的总体规划主要包括飞行区规划、航站区规划、货运区规划、航空器维修区规划、空中交通管理系统规划、工作区规划、供油设施规划、公用设施及交通系统规划、环境保护工程规划、土地使用规划、专业技术培训设施、公务航空飞行等通用航空设施的规划，同时，机场的总体规划应合理规划近远期关系，提出合理的机场建设方案。

一、飞行区规划

飞行区规划主要包括跑道系统、滑行道系统、机坪、跑道端安全地区、升降带、目视助航系统设施、机场围界及巡场路、净空障碍物限制等设施的规划。这里主要介绍跑道系统、滑行道系统和机坪。

（一）跑道系统

跑道是供飞机起飞与降落的设施。跑道长度应满足使用该跑道的最大机型的起降要求。跑道基本构型有单条跑道、平行跑道、交叉跑道和开口V形跑道等，详见图 10-2。

单条跑道：一般在空港容量不大的情况下，大多采用这种构型。

平行跑道：跑道中心线间距满足要求时，可实施独立平行仪表进近模式。

交叉跑道：可满足不同风向的起降要求。

开口 V 形跑道：跑道呈 V 形布置，散开但不相交，可满足不同风向的起降要求。

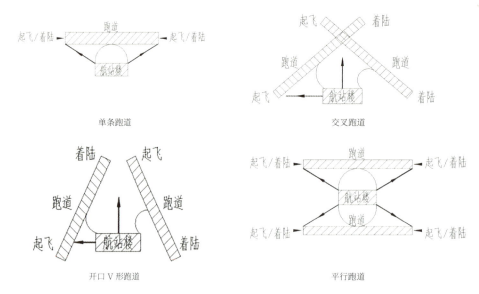

图 10-2 跑道构型图

（二）滑行道系统

滑行道系统主要包括平行滑行道、快速出口滑行道、端联络滑行道、旁通滑行道、绕行滑行道等，主要供飞机由跑道滑行至机位或从机位滑行至跑道口，如图 10-3 所示。

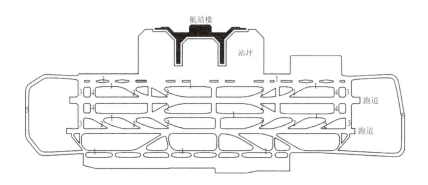

1.平行滑行道　2.快速出口滑行道　3.端联络滑行道　4.旁通滑行道　5.绕行滑行道

图 10-3 滑行道系统图

（三）机坪

机坪是民用机场运输作业的核心区域，是飞机停放、上下旅客、装卸货物、对飞机进行检查及清洁服务等的场地。航站楼前的机坪是为乘客提供上下的站坪，较远的机坪除提供上下客服务外，还兼容其他功能。

二、航站区规划

航站区规划主要包括航站楼构型、站坪机位布置、陆侧交通系统、综合交通中心、机场宾馆等设施的规划。

（一）航站楼构型

航站楼构型设计可理解为其总平面设计，是每个机场甚至每个地域特有的建筑特征，同时也是规划和建筑设计的结合体，不但能展示机场形象，还可以提升机场知名度，具有城市名片的重要作用。

（二）站坪机位布置

站坪机位布局应根据航站楼总平面、飞机类型、数量、停放方式、飞机进出机位方式等各项因素确定。

（三）陆侧交通系统

广义上的航站区陆侧交通系统包括旅客进出场和机场后勤辅助区两大系统。旅客进出场系统是与旅客联系最紧密的系统，主要包括大客车、出租车、社会车辆、轨道交通等交通方式和出港车道边、到港车道边、社会停车场、轨道车站等交通设施。机场后勤辅助区系统主要指服务机场行政配套及后勤、维修等办公区域的道路系统。在实际规划设计时，根据旅客交通场站的功能及规模，一般按分道分区、逐级分流的方式进行组织，并与机场后勤辅助区系统相衔接。

（四）综合交通中心

综合交通中心主要适用于规模较大的机场，在实际项目中，由于机场与城市衔接的方式较多，进出机场的换乘方式较为复杂，如轨道交通，长、短途公交巴士，出租车，各类社会车辆等，航站楼前道路系统无法满足各种交通方式的接驳，因此综合交通中心应运而生，它是一个与航站楼紧密结合、有序组织各种交通换乘方式的场所。

（五）机场宾馆

机场宾馆主要为机场的住宿配套，供等候值机或值机延误的旅客使用，满足过夜旅客就近休息的要求，主要有住宿、会议、娱乐、餐饮等功能。从配套服务上讲，机场宾馆的位置也反映了一个机场的服务水平。

三、其他规划

空中交通管理系统规划主要涉及导航、航道、气象、通信等各种设施的规划。

货运区规划，主要涉及停车场、集装箱库、货运机坪、业务仓库、生产用房等设施的规划。

维修区规划，包含修理车间、维修机坪、外场工作间、机库、仓库等设施的规划。

工作区规划，主要包括各管理机构、各联检单位、武警、航空公司、公安、安检等驻场机构的办公和业务设施，以及机上供应、消防及安全、地面专用设备、应急中心、旅客过夜等规划。

供油设施规划，包括储存、接收、中转、加油等。

市政规划，主要包括水、电、气、暖、制冷、排水、防洪、通信等设施规划以及场内外道路交通规划。

环境保护工程规划，主要包括噪声控制、鸟害防治、垃圾处理、环境监测、景观绿化规划。

土地使用规划，主要包括近远期机场建设用地使用规划、拆迁情况及机场周围地区的土地使用规划等。

第三节 航站楼设计

一、指标测算

（一）概述

依据前期工作所得到的分析预测结果，提供机场飞机、车辆、旅客等各项基础数据，并在基础数据的基础上，针对各个机场的具体情况选取适当的标准和调整系数，对航站楼的旅客流量、主要设施布置数量、主要使用功能区面积指标等进行测算，从而量化航站楼各个功能分区及设施的需求，明确各个分区的规模，指导航站楼建筑设计。

（二）旅客流量测算

根据前期预测的基础数据和拟定的旅客流程，将总的高峰小时旅客吞吐量转化为进/出及中转单向流程中各关键节点的高峰小时旅客流量，高峰小时旅客流量是测算航站楼中主要流程设施数量和主要功能区域面积的基础。

（三）流程设施数量测算

1.测算内容

测算设施数量时，应以满足高峰小时旅客通行为目标，测算内容主要有办票柜台数量、检查通道数量、行李转盘数量、各功能区座位数量等。

2.测算方法

测算的公式为"高峰小时通过某类设施的人数 ÷ 设施处理速度 = 设施数量"，同时需考虑设施开放率、旅客排队时间等管理因素。行李提取转盘数量应以高峰小时到港航班架次为基础进行测算。

测算应考虑按使用人员的构成以及不同种类设施的使用比例进行细分并分别测算。

（四）座位数测算

候机区应提供不少于飞机平均载客人数 70% 的候机座位数量，对于同时服务多个停机位的集中候机区，可考虑周边登机口的同时使用率而适当下调候机座位数量比例。航站楼内各主要功能区域，应按区域内高峰小时人数的一定比例提供座位。航站楼内各主要功能区域座位数量比例如表 10-4 所示。

表 10-4 航站楼内各主要功能区域座位数量比例

功能区	提供座位比例：座位数 / 高峰小时人数 ×100%
入口大厅	10%
办票大厅 *	5%
行李提取厅 *	5%
中转过厅	5%
迎客大厅 *	20%

注：* 标注的陆侧功能区域的面积和座位数量，需同时考虑旅客和迎送人员

（五）主要功能区域面积测算

按照使用类型，航站楼各功能区域可分为排队区、等候区、通行区等，区域面积以高峰小时旅客流量为基数，并选取适当的单人面积标准进行测算。

功能区域面积＝高峰小时人数 × 单人面积 ÷ 最大占用率。

航站楼内各流程处理速度如表 10-5 所示。

表 10-5 流程处理速度参考数据表

设施种类	处理速度 人 /（h·位置）
国内传统办票	60
国际传统办票	30
自助办票	90
登机牌检查	450
安检通道	144

设施种类		处理速度 人 /（h·位置）
检疫	普通旅客	240
	携带物者	12
海关	绿色通道	240
	红色通道	30
边防	出境通道	80
	入境通道	60
中转手续		160

二、构型设计

航站楼是机场内标志性的建筑，在功能的基础上具有一定的艺术性，富于变化。机场不同的规划条件、管理模式及设计理念，会产生不同的构型。根据航站楼与空侧机位的衔接方式，可分为前列式、指廊式和卫星式 3 种基本构型，在具体方案中可组合使用，如表 10-6 所示。

表 10-6 航站楼与空侧机位衔接方式分类表

分类	特点	举例
前列式	在航站楼空侧的边线为直线，机头朝向航站楼一字排开，旅客通过登机桥上下飞机	 呼和浩特白塔机场
指廊式	在航站楼空侧向外延伸若干个支廊、指形廊道，飞机在指廊两侧停放	 武汉天河机场
卫星式	在航站楼主体空侧一定范围内布置一座或多座卫星式建筑物，飞机成组地围绕着卫星建筑物停放，卫星厅和主楼、卫星厅之间通过地下、地面或地上的通道相连接	 美国亚特兰大机场

根据航站楼单元组合方式可分为集中式和单元式两种，如表 10-7 所示。

表 10-7 航站楼单元组合方式分类表

组合方式	特点	举例
集中式	民用机场全部旅客和行李都集中在一个航站楼内处理	香港机场
单元式	一个民用机场设若干个航站楼单元，每个航站楼服务的旅客类型相对单一	美国洛杉矶机场

航站楼构型的选择主要包含 4 个因素：航站楼建筑功能、航站区空侧站坪、航站区陆侧交通及近远期建设。

（一）航站楼建筑功能

航站楼建筑的设计目的，主要是在建筑内部形成合理的功能布局、便捷的乘客流线、合理的建筑体量以及良好的空间组合框架。对于规模较大的机场来说，建立便捷的乘客流线、清晰的方向感是需要着重考虑的方面。向心型指廊在乘客流线上具有引导性，能帮助旅客明确自己的方位，较快地接驳乘客至目的地。同时，机场作为重要的枢纽型交通场站建筑，选择集中式更能够体现出枢纽交通的特点。

（二）航站区空侧站坪

航站区空侧站坪的设计目的，主要是满足机坪停机和滑行的要求。随着人们经济水平及消费水平的增长，机场的客流量也越来越大，机场的规模及飞机的数量越来越多，合理的机坪布局能使飞机与各指廊联系方便，节省飞机的滑行时间，进而实现机场的顺畅运行，减少晚点等。

（三）航站区陆侧交通

航站区陆侧交通的设计目的，主要是满足各种交通设施的接驳、完善配套实施的开发及景观绿化的规划设计，从而形成便捷的交通组织，满足充足的车辆停靠边长度。例如，有些机场以机场巴士、出租车、私家车接驳为主，因此道路系统需要较大的面宽；有些机场与高铁、轨道交通衔接，对道路系统需求较低，仅在轨道交通停运后才会对陆侧交通造成较大的压力；规模较大的机场还会设置综合交通换乘中心（GTC），将轨道交通、城际铁路、公交车及私家车等各种交通方式同时纳入一个大的换乘系统，将综合交通换乘中心与航站楼紧密结合，形成一种更便捷的处理方式。

（四）近远期建设

近远期建设的设计目的，主要是在航站区及站坪方面，不仅应体现近远期航站楼之间的相互关系，还应体现相互独立的布局。例如，向心型的指廊式航站楼具有较为便捷的优点，同时可以设置双跑道，极大地提高了机坪飞机进出机坪的效率，因此在近远期规划时，可以将其镜像布置，使两个或多个航站区之间既能保证相互联系，又能保证相互独立。另外，镜像的航站楼之间，在建筑单体的内部功能布局、流线组织、建筑体量及空间效果上与近期基本吻合，风格统一，这也保证了机场在近远期实施的整体性，从陆侧交通的接驳来讲，也都可以与 GTC 实现完美的衔接。

因此，航站楼构型设计是灵活多样的，除了要满足内部功能流线组织及机场当前需求外，还应该结合规划及未来的发展，合理选择航站楼的构型，与运行模式良好结合，做好陆侧、空侧两者之间的交通衔接，形成良好的平衡关系。

三、功能流程设计

机场航站楼是机场内部的主要建筑，处于主体地位。它位于陆侧和空侧之间，负责衔接空侧及陆侧交通，平衡两者之间交通衔接的关系。旅客利用航站楼实现地面和空中两种交通方式的转换，或两段空中交通之间的转换，开始、结束或中转航空旅行。航站楼内设有各种手续办理、通关检查、停留等候、公共服务、后勤支持设施，用以保障各类旅客的旅行流程，并提供良好的服务。根据航班的性质或服务对象的不同，航站楼可分为国内航站楼、国际航站楼、国内和国际混用航站楼等。

（一）功能流程设计

航站楼内的功能流程可分为旅客流程、行李流程、后勤流程3种类型。其中，旅客和行李流程又可分为出港流程、到港流程和中转流程；后勤流程主要包括员工流程、货物配送流程以及垃圾清运流程等。航站楼最基本的建筑功能是组织好各种人流和物流，实现均衡有序、便捷高效的运转。各种流程组织设计要点如下。

◆ 各种流程简捷顺畅、方向清晰，避免不同流线的交叉。

◆ 尽量缩短旅客的步行距离，减少楼层转换。

◆ 保证航空安全，严格分隔安检前后的非隔离区与隔离区；严格分隔国际与国内旅客；对进出港旅客进行必要的分流。

◆ 依据旅客数量和服务标准，为主要公共区提供适宜的空间。在人流集中的候检区，应设置足够的检查通道和旅客排队等候空间，避免滞留、拥堵。

◆ 结合旅客流程，合理、充分、全面、系统地设置商业和服务设施。

◆ 行李流程和后勤流程力求简捷、高效，保证航空安全，合理配置相应空间。

◆ 流程设计应具有适当的弹性，以适应机场运行过程中可能的调整。

1. 主要旅客流程

在不同规模、不同类型的航站楼中，旅客流程的具体布置方式会有差别，但通行程序要求是大体一致的。一般来说，航站楼旅客流程主要包含以下类型。

出港流程：国内出港、国际出港。

到港流程：国内到港、国际到港。

中转流程：国内中转国内、国内中转国际、国际中转国内、国际中转国际。

除上述主要旅客流程外，还包括其他如下旅客流程类型。

国内经停流程：在始发站和终点站之间经过第 3 个城市上下旅客的国内航班旅客流程。

国内和国际技术经停流程：航班因技术原因降落机场，如旅客需暂时离机，则须进入航站楼内封闭区域等候，待航班再次起飞前再登机的旅客流程。

国际航班国内段经停流程：一是由国内某机场始发的国际航班，中途降落在另一个国内机场上下旅客后，再续航出境的航班；二是由境外机场始发的国际航班，中途降落在另一个国内机场上下旅客后，再续航抵达国内终点城市的航班。对于联程飞行的旅客，他们须在中间站接受人身和随身物品行李出入境检查，他们的托运行李须在始发或终点站接受出入境检查。

2. 行李流程

根据航站楼旅客流程的不同，行李流程主要包含以下类型。

出港流程：国内出港、国际出港。

到港流程：国内到港、国际到港。

中转流程：国内中转国内、国内中转国际、国际中转国内、国际中转国际。

在大型枢纽机场航站楼中，国内和国际相互中转的流程，推荐采用在后区对行李进行监管的模式，以避免旅客先提行李再二次交运的不便。

3. 主要后勤流程

航站楼主要后勤流程包含员工流程、货物配送、垃圾清运及行李手推车回放。

在员工流线设计中，员工区域、设施、流线等应与旅客分开，避免交叉；不同人员、工作区应统一规划；同时其流线应简捷，办公、生活设施与工作地点联系方便。

在货物配送流线设计中，应区分空陆两侧货物，合理组织货物流线和检查点设置；库房、厨房应与餐饮联系方便；国际免税商品配送、库存等，需由海关全程监管。

在垃圾清运流线设计中，应区分空陆两侧区域，合理组织清运流线和设施设置；大型航站楼宜采用分级收集方式。

在行李手推车回放设计中，应对行李车流量进行测算，留出适当的推车领取和弃置场地，不同楼层之间的输送应提供货梯、坡道等条件。

（二）航站楼分区

按照安全控制和运营管理范围进行划分，航站楼内部区域主要包括以下几部分。

安全控制区：指旅客或工作人员经过人身及随身物品安全检查后才能进入的区域。

国际控制区：指必须经过各出入境管理部门检查和人身及随身物品安全检查后才能进入的区域。

公共区：指旅客或接送人员可以进入的区域。

后勤区：指只有工作人员才能进入的区域。

贵宾区：具有特殊身份资格或经过特殊允许才能够进入的区域。

其他独立的安全控制区域：经过特殊允许和检查的工作人员、车辆才能够进入的工作区域，如站坪区、行李区、航站楼核心控制机房、塔台等。

（三）旅客流程参数

1. 单个旅客面积和移动速度（表 10-8）

表 10-8 旅客面积和移动速度参数表

区域	面积	行进速度
办票前区域（大量行李车）	2.3 ㎡ / 人	0.9m/s
办票后区域（少量行李车）	1.8 ㎡ / 人	1.1m/s
空侧（无托运行李车）	1.5 ㎡ / 人	1.3m/s

2. 距离指标控制

距离指标主要包括流程最长步行距离指标、服务设施间距等，国际航空运输协会（IATA）建议，主要旅客流程中的步行距离应控制在 250~300m；当增设自动步道时可增加到 750m，其中无自动步道段不宜超过 200m；超过 750m 时建议增加旅客捷运设施。航站楼主要功能设施之间的距离不宜大于 300m，如停车场到航站楼入口、办票到安检、行李提取到航站楼出口等。出港区域的卫生间间距不宜超过 120m，到港通道内卫生间应分段集中布置，提供充足厕位。

3. 时间指标控制

出港：从旅客在航站楼内办理登机手续起至旅客登机，国内出港不超过 30 分钟，国际出港不超过 45 分钟。

到港：从旅客的飞机着陆到离开机场的时间不超过 45 分钟，等候大客车时间不超过 10 分钟。

中转：使用最短连接时间控制。

（四）剖面设计

1. 楼层高度控制因素

室内空间净高不宜小于 2.5m ，较大的公共空间应有合理、舒适的空间高度。

进出港车道边应满足大客车 4.5m 的净高要求。

室内楼层应与近机位飞机舱门实现顺畅连接，坡道满足最大坡度要求。

登机桥固定端下的站坪服务车道净高不宜小于 4.0m，满足消防车通行要求。

若上部有行李系统穿行，应考虑行李系统夹层高度。

2. 剖面流程

航站楼剖面流程包含多种形式。

一层式：陆侧道路以及航站楼内离港和到港旅客区域均在同一楼层。出发和到达流程在同一平面上进行分隔。旅客通过站坪和飞机舷梯登机。

一层半式：陆侧道路是单层的，为使用登机桥接驳近机位，出发候机区和到达走廊设在二层。出发旅客在一层办理手续后上到二层候机、登机；到达旅客通过登机桥下机后经过二层到达走廊，下到一层提取行李。出发办票、安检和到达行李提取均在一层。

两层式：陆侧道路为上下两层，上层出港、下层到港，相应的旅客出发和到达流线也形成上下分流。出发旅客在二层下车后，经同层的办票、安检、候机，由登机桥登机；到达旅客通过登机桥下机后，到达一层提取行李，再经出站楼去往港车道边。

两层半式：为进一步使进出港旅客分流，在两层式基础上增加一个夹层，将到达走廊从出发候机层分离出来。到达夹层可设置在出发候机层之上或之下，到达和出发旅客通过不同的通道连接飞机。两层半式旅客流程一般适合于中型以上机场。

多层式：少数大型机场航站楼为解决复杂的内部功能或外部交通连接需求而产生的多楼层布局。如北京首都机场 T3 航站楼多楼层主楼、上海浦东机场

T2 航站楼的多楼层指廊、深圳宝安机场 T3 航站楼的双层行李提取厅、迪拜机场独立的贵宾候机楼层等。

（五）主要功能区设计

1. 办票大厅

办票大厅处于航站楼出发流程的最前端，一边连接着陆侧交通设施，另一边连接着国内安检和国际联检。办票大厅主要功能是为出发旅客办理乘机手续及托运行李安检（国际出发行李还需经海关检查）和交运，可分为国内、国际 / 地区、贵宾、专线航班等几个可相互连通的区域或相互独立的厅堂。

为了更加方便旅客，还可考虑在机场轨道车站、停车场、车道边、机场商务楼、市中心等处设置办票点作为集中办票的补充，但分散办票的运营管理和行李系统将更为复杂且需要更多的办票设施和员工。

办票柜台（也称值机柜台）通常成组布置，主要有岛式和前列式两种布置方式，并形成不同的办票厅形状、客流和行李流组织形式。在柜台前方需要留出旅客办票、排队等候和通行的空间，并据此确定办票岛间距等控制尺寸。

2. 安检区

为保证航空安全，出港人员在进入安全控制区域之前需接受人身及随身行李、物品安全检查。根据安检区在航站楼的位置，通常可分为集中安检、分区安检和登机门安检等方式。

集中安检：安检区集中设于一处，所有旅客在该处经安检后进入候机区。主要优点是设施集中，管理高效，旅客导向较为明确，利于集中商业。但旅客步行距离可能增加，且需要提供充足的安检现场。

分区安检：对于候机区分区明显的航站楼，可考虑分区设置安检。采用此种方式可减少人员集中压力、减少旅客步行距离，但不利于集中商业，且人流导向要清晰，以免旅客走错方向。

登机门安检：安检设在每个登机门处，或每个机位候机区围界处。此方式被称为安检后移，能最大限度地保证飞机安全，安检前区域大增，且多为进出港混流区，可汇集更多商业客源，减少到港楼层，便于中转连接。但安检点完全分散后置，登机前需要留出充足的安检时间，员工 / 设施数量、管理难度都有较大增加。

3. 国际联检区

国际联检区是指国际旅客出境或入境时接受的海关、检验检疫、边防等检查程序的区域。国际出发安检一般结合出境联检区设置。

国际出发旅客联检程序：检验检疫→海关（红色和绿色通道）→边防→安检。

国际到达旅客联检程序：旅客人身检验检疫→边防→（行李提取）→行李检验检疫→海关（红色和绿色通道）。

4. 候机厅

结合航站楼线性布置的停机位，旅客候机厅多为带状布置，可分为单侧候机和双侧候机。候机厅主要包括登机口、座位区、通行区、商业服务等区域。对于岛式停机或指廊端部停机的环绕区域，可形成集中的尽端式候机厅。远机位候机厅为通过站坪摆渡车登机的旅客服务。

候机厅的公共卫生间设计应充分体现人性化的服务。建议采用迷路式卫生间入口设计，方便旅客携带行李出入。洁具隔间尺寸适度放大，便于随身行李的放置。洗手盆、小便器间距适度，镜面、烘手器等设施齐全。考虑到配有无障碍卫生间、母婴间和清洁室，卫生间内女厕数量应适当提高比例。

5. 登机桥

登机桥是近机位的飞机与航站楼之间的联系通道，供旅客上、下飞机之用，一般由固定桥和活动桥组成，固定桥通常属航站楼建设工程，活动桥则是机场专用设备，直接接驳飞机舱门，可以水平转动、前后伸缩、高低升降。机舱门与进出港层的高差可通过登机桥转换，还可通过航站楼内的坡道、扶梯转换。

6. 行李提取大厅和迎客大厅

行李提取大厅是到达旅客提取交运行李的区域，分为国内厅和国际 / 地区厅，基本设施包括到港航班行李转盘分配信息显示器、行李手推车、行李提取转盘、大件行李提取处、行李查询，以及休息座椅、卫生间、吸烟室、更衣间等辅助服务设施，在国际行李厅附近可考虑安排免税品商店。

迎客厅主要服务于到达旅客和接站人员，主要功能设施包括到港航班信息、接站口、城市交通连接，以及零售、餐饮、旅游、酒店、行李寄存、银行等服务设施。此外，迎客大厅与出发大厅之间须有连通条件。

7. 行李系统

行李系统是在机场航站楼内，对旅客托运行李进行称重、安全检查、输送、识别、分拣、监控等处理的一套机械化输送系统。

行李系统一般由若干子系统组成：始发系统、到达系统、中转系统、分拣系统、早到行李储存系统、大件行李系统、自助值机系统、安检系统、控制系统、信息系统等，可分为全自动、半自动、人工等 3 种分拣形式。

四、陆侧交通

陆侧交通主要包括动态交通线路组织和静态交通设施布置，机场陆侧交通一般由一家设计单位牵头，几家单位共同协作完成，主要包括规划、市政设计、建筑设计等方面。

（一）道路系统设计

道路系统设计原则是简捷顺畅，实现出港、到港分流，不同类型场站分开，机场道路系统应形成回路以适应各种使用模式，并提供折返条件。

航站楼道路系统结合外部交通联系以及航站楼布局模式，基本可分为尽端式和贯穿式，其中道路系统中车道边设计是交通接驳的重点，详见表 10-9。

航站楼进出港车道边是在航站楼前提供旅客上下车的到港或者出港车辆停靠区，进出港车道边长度需经过交通分析进行测算。

表 10-9 陆侧交通模式分类表

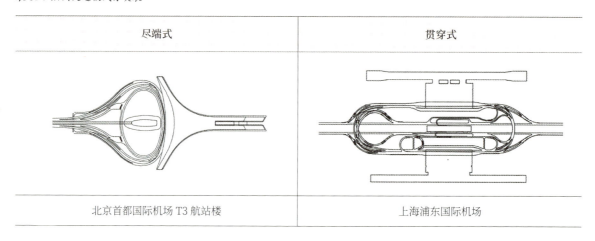

尽端式	贯穿式
北京首都国际机场 T3 航站楼	上海浦东国际机场

车道边设计宜按照车型或车辆使用性质进行分流；楼前车辆停靠道边一般不超过 3 条，距楼较远的道边计算长度应折减。

合理利用最内侧车道资源，建议优先顺序为大客车、出租车、社会车。

考虑高峰时段车辆集中率，如按高峰小时有 40% 的旅客在 20 分钟内抵达进行测算。

多数情况下，所有出港车均可使用出港车道边。根据交通部门要求，为减少对楼前到港车道边的占用时间，可要求接人的社会车进入停车场，不允许在到港车道边接人。

（二）综合交通中心

陆侧交通方式的多样化是提高机场接驳能力及服务水平的重要保证，为了快速服务不同交通接驳的旅客，机场倾向于将多种交通方式集中布置在一起，如集中设置城际站、轨道交通站及各类公共交通接驳场地，旅客可通过综合交通中心进行各种交通方式的集中换乘，从而大大缩短换乘时间，提高运营效率。

1. 综合交通中心布局

集中换乘大厅设置在枢纽的中心，从而保证处于主体地位的交通设施与其余各种交通形成便捷的换乘条件，使各种换乘距离处于较为均质的状态。

大运量的主体交通设置在换乘中心，同时与主体设施进行便利的联系。结合现状场地布置交通换乘综合体、开发综合体等，从而达到土地利用一体化、资源利用集约化，在此基础上统筹规划、功能互补、提升枢纽品质。

2. 综合交通设计原则

人车分流，提供安全独立的步行系统，将航站楼与各交通工具换乘点相联系。

不同交通方式的换乘应体现"公交优先，大容量优先"的原则，合理分区布局。

对旅客的交通引导流程及标识系统均应便捷直观，考虑到旅客携带行李的不便，应尽量少换层，或采取电梯、自动扶梯、自动人行道等人性化的代步工具。

根据节约用地以及减少旅客步行距离的要求，对综合交通中心内的出租车、公交车等交通换乘提倡"接蓄分离、远端场蓄、调度衔接"的方式。

五、商业开发和无障碍设计

（一）商业开发

航站楼商业区比一般商业区的辐射面大，客流单一，如在国际机场设置的免税店商业区，其布置一般具有以下特点。

1. 布点

商业设施一般应结合旅客动线，在不影响旅客主流程的情况下设置；商业应秉承集中和分散相结合的原则，集中商业区应考虑连续有节奏的布置，分散布置的商业则充分考虑所处区域的旅客类型和旅客心理。

2. 可见度

旅客的购物方式需简便、直接，商业店面能清晰呈现内部的商品信息。

3. 灵活性

由于机场内的商业需求经常变化，因此商业布局需具有一定的灵活性，同时应考虑未来扩容的可能。

4. 风格

航站楼内商业设计应结合航站楼室内设计，同时还应体现商业特有的氛围。

（二）无障碍设计

航站楼设计应结合相关规范在不同区域设置无障碍设施，主要包括以下方面。

出发及到达车道边应设计无障碍停车位；航站楼楼内盲道设计应引导至问询服务中心；服务台局部应留出为残疾人服务的位置，其高度应方便乘轮椅者使用。

联检区域应有联检通道可供乘轮椅者通行。

设置残疾人专用或带残疾人功能的客梯、卫生间、坡道，使残疾人士无论出发、到达、中转还是使用公用设施都通行无阻。

候机区、行李提取厅设置轮椅席位，旅客登机桥固定端坡度不应大于1：10，条件允许的情况下宜不大于1：12，由专人负责帮助旅客登机。

饮水处、问询处、公用电话、旅客求助设施等公共服务设施的设计考虑方便残疾人的使用；各出入口、通行通道、检查通道等均需满足残疾人士通行条件。

六、内部空间设计

室内设计应结合建筑的设计理念，整体形象应体现交通场站建筑的建筑性格，做到简洁、大气，同时应注意室内设计中标识系统的布置，秉承安全、方便、绿色的设计原则。

公共区为普通旅客直接使用的各个功能区域，公共区的模式通常有连续贯通的整体空间，以及相对独立的功能区连接为系列空间等，需综合研究空间的形态、色调、光照、环境控制等设计要素。

非公共区为工作人员使用的区域，通常配有普通装修的各类功能化房间和通道。

贵宾区为各类贵宾使用的区域，以休息区或休息室为主体，按管理方要求进行室内设计。

室内设计要点如下。

突出统一性，色调统一、模数统一、材料统一，强调内部空间整体感。

强调识别性，通过空间导向、场所识别、功能提示、标志标识等强调空间识别性，增强空间可读性。

节点空间的个性化，强调细部的设计、细化室内光线的营造、注重材料的搭配利用、营造特殊空间氛围。

材料和构造体现室内设计原则，综合控制材料构造的种类和造价，以及使用维护、调整改造的便利条件。

七、标识系统

标识系统设置的主要目的就是运用一套简单、易懂的图文符号指示系统，引导各流程人流通过航站楼内的各类流程设施、通廊，最终到达目的地，如登机口、到达厅或中转处等。在航站楼设计的初期就应该对标识进行系统设计。

（一）设计要点

◆ 统一使用一套标准的术语、图形、符号，以及标牌式样、字体、色彩。

◆ 区分信息的重要级别，突出重要信息。

◆ 结合流程，精选点位布置，使整个系统简明、清晰，避免歧义，并保证流程引导的连续性。

◆ 主要工作内容包括设施命名、点位布置、标牌形式设计、标牌版面设计、各标牌信息内容添加等。

（二）版面和文字的原则

字体的高度与观察距离有关。3m 的观察距离对应不小于 1cm 的英文小写字母高度，即字体的高度为观察距离的 1/300。建议中文字的高度与英文小写字母的高度之间的比例是 20∶11，最小字高不小于 1.6cm。文字字体一般采用无衬线字体，例如，中文的黑体或华康黑体 W5-A 等，英文的 Frutiger 或 Univers 等。

（三）色彩

IATA 推荐 3 类常用标识色彩搭配方式。

组合一：黑色字体／背景，黄色背景／字体。

组合二：深蓝色字体／背景，白色背景／字体。

组合三：红色字体／背景，白色背景／字体。

应在国标和国际常用做法的基础上进行设计和选择。国内通常的做法是深蓝色背景和白色字体。标识色彩只用两种配色方案以区分机场导向系统内重要的流程信息与次要的非流程信息。应避免使用《图形符号安全色和安全标志》规定的安全色中的红色和黄色。

所有颜色方案应考虑当地传统、用色习惯或敏感事物。

（四）重点位置标识

1. 入口大厅

航站楼入口标识，航站楼平面示意图及出港流程图，航站楼导向印刷品，出港航班信息、票务、问询等标识。

2.办票大厅

办票岛（区）及办票柜台的位置与编号，出港航班信息，超规行李托运、出港导向标识。

3.候机区

候机区平面图，登机口导向标识，专用候机室位置及导向标识，航班信息显示屏。

4.到港通道

出口和行李提取导向标识，中转导向标识。

5.行李提取厅

行李提取位置标识，行李转盘编号，各个转盘到港航班行李信息显示屏，超规行李提取、行李查询标识，行李提取厅出口标识。

6.迎客大厅

接站口标识，到港航班信息，市区交通图，公共交通站、停车场导向标识，航站楼出口标识。

（五）典型做法

除特殊要求外，标识牌一般应使用光源发光或自发光材料。标识亮度应与环境协调，并经过测算以满足清晰度要求，且不应过亮，避免光污染和能源浪费。

标识安装和灯箱构造应提供光源电源和信号线路由，并具备方便的检修、更换条件。

第四节 防火防灾

一、公共区与非公共区

规模较大的航站楼基本与轨道交通、城际、公交场站等多个交通设施接驳，功能分区复杂，人流量较大，因此，它的安全性是防灾中重点关注的因素。航站楼主要分为公共区和非公共区，公共区是供旅客使用的区域，主要包括出发到达区、行李提取区、安检区、候机区、大厅、迎客区、商业区等；非公共区主要包括设备区及后勤办公区等。

二、防排烟

航站楼区域应按照规范进行防排烟设计。当需要进行防烟分区划分时，防烟分区应按照规范，不应跨越防火分区，其中公共区的大空间区域建议采用自然排烟。防烟分区应采用高度不低于 500mm 的挡烟垂壁分隔，挡烟垂壁宜采用隔墙、顶棚下凸出不小于 500mm 的结构梁等不燃烧体。

三、商业消防

每家商店的建筑面积不应大于 200 ㎡，并宜相隔一定距离分散布置。餐饮等其他服务设施的建筑面积不应大于 500 ㎡。当商店或休闲、餐饮等服务设施连续成组布置时，每组的总建筑面积不应大于 2000 ㎡。

房间之间应采用耐火极限不低于 2h 的防火隔墙分隔。

房间与其他部位之间应采用耐火极限不低于 2h 的防火隔墙和耐火极限不低于 1h 的顶板分隔。对不能设置墙体的部位，应采用耐火极限不低于 2h 的防火卷帘或防火玻璃等分隔，且在房间与其他部位的分隔处两侧应设置总宽度不小于 2m 的实体墙。门应采用 C2.00 防火门。

当房间的建筑面积小于 20 ㎡且连续布置的房间总建筑面积小于 200 ㎡时，房间之间可采用耐火极限不低于 1h 的防火隔墙分隔或保持不小于 6m 的间距，商店与公共区内的其他空间之间可不采取防火分隔措施。

连续成组布置的商店或休闲、餐饮等服务设施，组与组的间距不应小于9m。

四、防火分区

由于公共区与非公共区的火灾特点不同，须制定不同的防火策略。非公共区应独立设置防火分区。防火分区的允许建筑面积应符合现行国家标准《建筑设计防火规范》有关一、二级耐火等级公共建筑的规定。航站楼公共区按其功能用途划分不同的功能区，指廊与航站楼主楼划分为不同的防火分区，行李机房应单独划分防火分区。当航站楼采用人工分拣托运行李时，应按照多层丙类厂房的要求划分防火分区；采用机械分拣托运行李时，可按工艺要求确定防火分区；当国际、国内使用两套独立分拣设施时，应划分为两个防火分区。

五、安全疏散

疏散距离建议遵循以下原则：公共区内任一点均应有条不同方向的疏散路径，公共区内任一点至最近安全出口的直线距离不宜大于40m。当公共区的室内净高大于15m时，其内部任一点至最近安全出口的最大直线距离可为60m。

公共区疏散人数计算方式：根据不同功能区内高峰小时人数计算各区域人员数量及出口疏散宽度，计算应遵循现行国家标准《建筑设计防火规范》有关公共建筑的规定。

六、消防给水

航站楼的消防用水量应符合下列规定。

航站楼在同一时间内的火灾次数可按次考虑，当建筑面积大于 500 000 ㎡ 时，应按 2 次考虑。

室外消防用水量应按同一时间内的火灾次数和一次灭火用水量确定，一次灭火的室外消火栓用水量为30L/s。

室内消防用水量应按需要同时开启的消火栓系统、自动喷水灭火系统和水喷雾灭火系统等消防系统的用水量之和计算。

七、防恐设计

恐怖袭击方式一般包括爆炸、纵火、动能性袭击（如车辆撞击等）、生化袭击、电子袭击等。对于空港项目的防恐设计，首先需通过防恐安全风险评估，确定工程防恐设防标准；然后通过总体规划提供安全分区防护和保证安全距离、布置避难场地、预留临时车辆安检场地和人员安检空间；最后通过具体的技术措施提高项目的防恐能力，包括监控系统、门禁系统、安检系统，防撞墩、防撞墙、防撞门等车辆进入阻挡装置，爆炸物开包检查间和防爆桶，结构抗爆能力评估与防护设计，结构防连续性倒塌设计，玻璃幕墙抗爆防护，安全照明系统，空气监测系统和进风口的防护等。

第五节 塔台设计

塔台是设置于机场中的航空运输管制设施，主要用来监看以及控制飞机起降的建筑物。塔台作为空港的"眼睛"，指挥着该机场进出港范围内空中和地面的飞机活动。因此，塔台必须处在较高的位置，超越机场内其他建筑，方便管制员看清楚跑道、滑行道以及机坪的动态。完整的塔台建筑的顶楼四面皆为透明的窗户，以保证四周清楚的视野。

塔台主要功能一般分为三部分：下部是辅助用房，主要有入口门厅、值班室、倒班室、塔台准备室、卫生间、讲评室等用房；中部主要为交通空间，包括电梯及疏散楼梯；上部为主要功能用房，包括指挥管制室、塔台讲评室、塔台带班主任办公室、管制员休班室、塔台设备机房、气象观测室、塔台值班休息室、UPS机房、配电小间、卫生间等。具体设计可以与相关需求专业的技术人员相互配合进行。

塔台指挥室的平面布置一般根据所在的位置和跑道的数量来确定，一般有双跑道布置、单跑道布置，也分环形布置和靠窗布置。

航管楼是机场的指挥调度中心，是实施航行调度，空中交通管制和航空通信、气象的综合建筑物。在机场的总体布局中，塔台和航管楼一般是组合在一起，作为一个整体服务于机场的，也可以根据设计需要分开设置。塔台在总体规划中的位置既要便于观察机坪、跑道和飞机进近空域，又要根据该机场的最终发展规模，与航站楼保持一定的位置关系。

第六节 案例分析

一、项目概况

郑州新郑国际机场位于河南省新郑市和中牟县交界，按照飞机型号及旅客吞吐量的标准，为 4F 级机场。郑州新郑国际机场是一个集国际航空、货运为一体的枢纽机场，同时也是我国重要的八大区域性枢纽机场之一。

T2 航站楼位于新郑国际机场航站区东侧，T1 航站楼的东北象限，通过角部的支廊与 T1 航站楼衔接，近距离约 27m，位于机场陆侧交通迎宾大道的端部，与进场道路垂直设置。航站楼总建筑面积约 485 000 ㎡，是既有 T1 航站楼的 3 倍多。T2 航站楼、T1 航站楼及远期规划的 T3 航站楼相互围合，形成一个完整的站前广场，同时在站前广场的一侧设置 GTC 换乘中心，如图 10-4 所示。

T2 航站楼呈 X 形布置，由主楼、4 个指廊以及内部连廊组成，主楼地上 4 层，地下 2 层，为国内及国际旅客共同使用的集中式航站楼，剖面设计上，离 / 到港分层设置。航站楼东西约 407m，南北约 1128m；主楼部分面宽 306m，中间进深约 192m，两侧进深 232m；指廊进深约 40m，建筑高度约 38.7m。

图 10-4 新郑国际机场现状鸟瞰图

二、航站区规划

新郑国际机场是郑州航空港经济综合实验区的核心部分，在机场前期规划中，已经与城市总规划部分做了很好的衔接，机场内部也形成了一套完整的规划体系。其中土地专项规划为其中的一个重要组成部分，合理利用土地，提高其利用率是实现机场战略发展和长远规划的关键性目标。因此，新郑国际机场在前期规划过程中，总结经验教训，认真研究国内外成功案例，充分结合郑州市交通区位的核心优势，结合"国际航空货运枢纽、国内大型航空枢纽、中部地区核心枢纽"，精准定位，按照"一次规划、分期实施、实时优化"的原则，建立了以 5 条跑道系统为远景规划的目标，综合分析了枢纽一体化开发、土地综合利用及高效的空陆规划，并对其进行分析总结以确保方案的前瞻性及合理性。

航站区规划采用了双尽端的结构形式，西侧 T1、T2、规划 T3、中部卫星 S1、东侧 T4，由西向东依次布置，设置在两条主跑道之间，三期以最终实施规划为准。陆侧交通部分，东西两侧均采取尽端式交通布局，通过贯穿中央的地下通道衔接，且在东西向通道下，设计了一条城际线及一条地铁线，分别在两个航站区设置场站。航站楼布局及与交通相互衔接的模式，不仅有利于机坪的布局，分摊陆侧交通，提高空侧及陆侧的高效运行，同时也有利于分期建设，提高机场土地的利用率，如图 10-5 所示。

图 10-5 新郑国际机场规划鸟瞰图

机场本期建设了第二跑道、T2 航站楼及 GTC。建设跑道位于航站区北侧，4F 级，长 3600m。利用集约型布局，将 T2 航站楼设置在道路的尽端，与既有的 T1 航站楼、规划 T3 航站楼形成 U 形布局，GTC 位于站前广场的西侧，通过地下空间与 3 个航站楼衔接，形成西航站区的片区综合体。

西航站区集约的布局利于楼内各功能的衔接，陆侧配套设施集中设置，便于一体化运营管理，提高航站区的服务水平，同时集约利用机场土地资源，为陆侧、空侧预留发展用地，有利于机场的可持续发展。

三、构型设计

新郑国际机场与郑州东站城际通行时间约为 12 分钟，根据其位置及周边接驳设施，未来会有一大部分客流为过境旅客，因此在前期设计时，航站楼构型将高近机位配比和缩短旅客步行距离作为重点研究方向。航站楼全部采用近机位设置以提高站坪机位的运行能力，满足机场停机位高周转率的要求。同时，X 形的航站楼布局 + 步道的布置，使旅客进出港步行距离及时间相对缩短，提高了舒适度，另外引入了国际 / 国内可转换机位设计理念，最大限度地提高了近机位使用效率，更灵活地适应未来航空市场的发展变化。T2 航站楼构型设计如图 10-6 所示。

四、流程设计

（一）公交优先，立体复合

GTC 的规划设计秉承了绿色出行、公交优先、集中设置的设计理念，在规划设计时将大运量的地铁、城际铁路等设置在航站区地下空间内，采用竖向换乘的手法，将多种交通方式在 GTC 内通过上下叠合、垂直布局的方式提高了土地的利用率，使地上、地下一体化开发，同时又提高了换乘效率，大大缩减了步行距离。新郑国际机场的 GTC 规划设计，是我国机场设计中换乘距离最短、舒适度最高、方向感最强的交通枢纽设计之一，为后续机场交通接驳设计指明了方向（图 10-7、图 10-8）。

（二）枢纽运作，以人为本

以人为本、舒适便捷是航站楼设计的主要目标，一个好的航站楼设计，应采用简单、高效的方式解决航站楼换乘问题。首先，应减少换乘方向和楼层的改变，旅客通过标识或其他指引能较快地识别出自己的方位及目的地，做到方向及目的明确；其次，大运量交通必然会有大断面的客流，因此方案在前期规划设计时要充分解决大断面客流的疏导问题。新郑国际机场 T2 航站楼规划设计方案将行李提

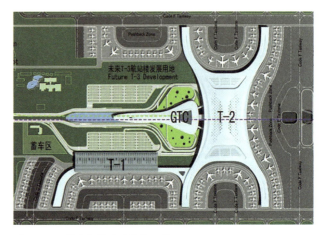

图 10-6　T2 航站楼构型设计平面图

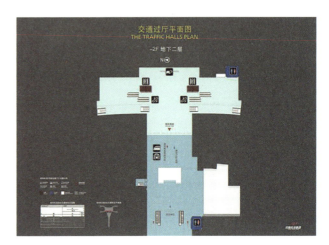

图 10-7　GTC 地下二层平面图

图 10-8　GTC 二层衔接部分平面图

取厅抬升，空侧与到达登机桥平层衔接，陆侧与 GTC 平接。方案将出租车到达车道边规划设置在到港层平台上，到港旅客下飞机后可直接到出租车区域，全程平层衔接，避免了人车混流的现象。

以人为本的设计理念不仅提高了旅客换乘的舒适度及可达性、安全性，还真正做到了枢纽站一体化设计的"零换乘"的概念，极大地方便了旅客的出行，为旅客换乘创造了一个安全、舒适的步行系统，提高了机场枢纽的高效运作。

（三）全面灵活，可持续发展

新郑国际机场的设计，以功能布局为导向，以方便旅客、运行高效为核心，对机场流程进行了详细的设计划分，各流程也采用了弹性设计的方式。除了设置国内出发、国际出发、国内到达、国际到达外，还为其他流程预留了弹性空间，满足国内、国际所有流程的运作。在出发厅设有行李托运柜台及自助办票机，在 GTC 换乘大厅设有行李托运柜台，在 GTC 及航站楼地下交通厅等部位设有自助办票机，这些细节及设施的布置极大地方便了旅客办理登机手续。

方案的设计中也充分考虑了未来发展，对各流程的设备、设施也都考虑了一部分弹性，使机场在未来的发展中有极大的灵活性。航站楼各层平面如图 10-9~ 图 10-12 所示。

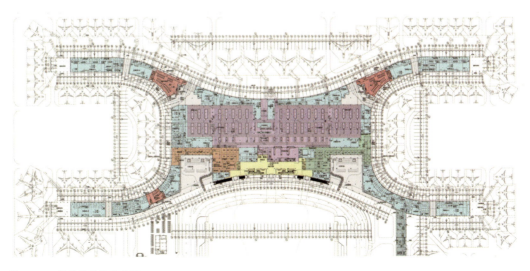

图 10-9 T2 航站楼首层平面图

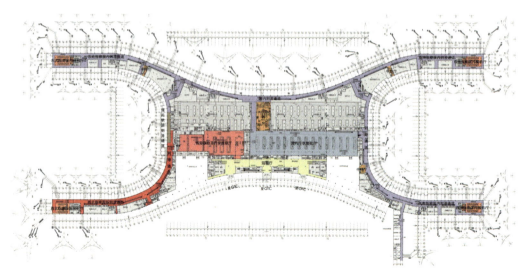

图 10-10 T2 航站楼二层平面图

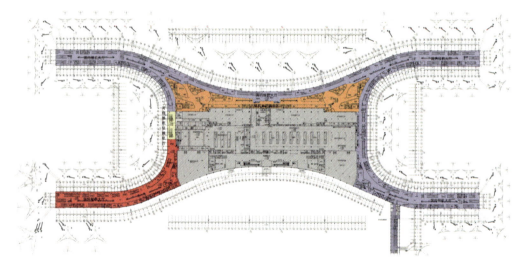

图 10-11 T2 航站楼三层平面图

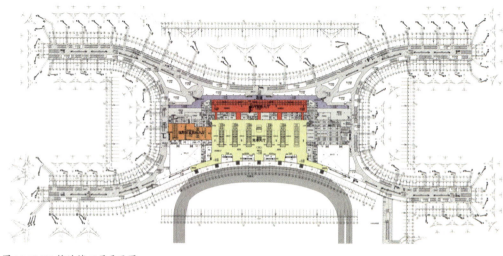

图 10-12 T2 航站楼四层平面图

五、陆侧交通

新郑国际机场根据综合空港区周边交通系统的规划及机场的发展定位和需求，在机场核心区域规划了四横五纵路网，同时将城际和轨道交通引入地下，为机场实施一体化枢纽换乘带来可能。机场设计在对综合换乘中心、航站楼、空侧站坪一体化研究的基础上，提出分期实施方案，使机场能够在未来发展的基础上有序建设。

机场的陆侧交通组织，结合近远期的规划，在航站区采用立体交通组织的模式，使人车分离，各行其道。近远期航站楼之间的道路系统自成体系，方便、简捷，互不干扰。同时，各航站楼均可按照一体化换乘的理念，与GTC无缝衔接。航站楼和GTC功能相互衔接，空陆融合，为旅客提供舒适、高效、便捷的体验，实现航空、铁路、公路多式联运。

六、人性化设计

新郑国际机场的设计以功能布局为导向，以方便旅客、运行高效为核心，对机场流程进行了详细的设计划分，各流程也采用了弹性设计的方式，以满足不同类型旅客的需求，如候机厅内增设中转旅客休息室、延误航班旅客休息区、旅客睡眠区、活动区、急救、餐饮、购物中心等。在特殊人群需求方面，如在问询、值机、安检、国际联检区等区域均设有无障碍柜台、通道，公共区域设置无障碍卫生间及哺乳室。同时，卫生间隔断采用大开间、迷路式设计，方便有行李的旅客使用。卫生间采用下排风的方式，废气从最下部排出，保证上部为适宜的室内环境。对于进深超大的内区房间，采用模拟的方式，以确定室内空调的设计方案。

七、公共空间设计

机场航站楼方案和GTC建筑设计，均采用了流线型手法，简捷、大方。航站楼立面利用曲面的效果将主楼及指廊连为整体，在入口挑出雨棚再延伸成指廊的立面，使整个建筑体量形成一个完整的整体，使功能、建筑完美结合，形成强有力的雕塑感。

航站楼的外围护设计延续了绿色、节能的理念。外围护实墙部分采用陶板作为装饰材料，陶板具有可循环、降噪、阻燃等特点，色彩柔和，同时还为航站楼提供了不少人文气息。为了达到立面效果，围护还采用了大面积的玻璃幕墙，幕墙采用双银 Low-E 中空玻璃，双银中空的玻璃具有较低的隔热系数和良好的保温隔热性能。同时，考虑到建筑单体的朝向，建筑的底部采用大尺度透明玻璃，并在上部增设部分遮阳措施，既能满足室内空间的视觉需求，又能避免日晒，提高室内空间的舒适度。天窗部分结合翻转板吊顶，层层叠叠，不仅能解决遮阳、排烟问题，还在一定程度上提升了室内空间的效果，打造出一场光影的视觉盛宴，如图 10-13、图 10-14 所示。

图 10-13 室内实景图（一）

图 10-14 室内实景图（二）

　　航站楼设计非常重视大空间的室内效果。出发大厅的室内创造性地采用了渐变式间隔翻转板的吊顶形式，其灵感来源于森林，形似叶片的方形吊顶板，可根据室内采光需要进行有序的翻转。白天，当缕缕阳光透过变化的吊顶板缝隙倾泻而下时，给人以沐浴阳光的感受；而在夜晚，错落有致的翻转叶片，随着人们行走位置的不停变化，形成移步换景的空间体验，加上广告、灯箱等反光的融合，产生了丰富多彩的梦幻效果。翻转板吊顶的采用最大限度地避免了眩光，使阳光变得柔和温馨，营造出一种自然、惬意的室内环境，极大地缓解了旅客旅途中的疲惫，同时也巧妙地解决了采光、通风、排烟等诸多技术问题。这种吊顶方式与传统吊顶相比，所需的材料面积是一样的，但装配更易于操作。室内设计采用多种新材料、新工艺，结合建筑内部空间，形成了独特的室内视觉效果。例如，采用新型材料 GRG（特殊玻璃纤维强化石膏板），该材料可塑性强，同时具有无缝拼接、吸音、防火、环保等性能特点。商业部分采用白色的 GRG，流线型的设计结合多彩的橱窗，现代感、新颖感十足。商业地面采用整体地面的敷设方式，在地面上设计了自然的曲线，灵感来自母亲河黄河，在大地流淌，相互交融，生生不息。室内公共区墙面为超白玻璃，色泽清新自然。

机场内部的室内景观也进行了系统化的设计，结合旅客流线及建筑空间，在不同的区域设置绿植以点缀空间，不仅美化了室内环境，增强了空间的层次感，同时也为旅客创造了一个绿色宜人的空间，使人赏心悦目。

● 参考资料

[1] 张丰繁 . "七问"机场总规：未来机场怎么规划？ [J]. 中国民航报，2020，05.

[2] 王晓群 . 大型机场航站楼设计要义探究 [J]. 建筑创作，2012，24 (6): 24-39.

[3] 刘肖波 . 机场航站楼总图设计研究 [D]. 北京：北京建筑大学，2016.

[4] 任炳文 . 空陆一体化综合交通枢纽设计实践——郑州新郑国际机场 T2 航站楼及 GTC 工程 [J]. 建筑学报，2019.

[5] 龚旺，张庆顺 . 我国大型机场航站楼设计构型研究——以中建西南院的机场设计作品为例 [J]. 四川建材，2019.

[6] 罗焕，黄泽龙 . 基于旅客体验及新技术应用的航站楼发展趋势 [J]. 建筑学报，2019.

[7] 付小飞 . 当代大型机场航站楼规划设计的 5 个新趋势 [J]. 建筑与文化，2020，06.

[8] 郭其轶 . 枢纽机场航站楼旅客候机大厅空间形态设计研究——以广州新白云国际机场 T2 航站楼为例 [J]. 建筑技艺 .2020，10.

[9] 徐萱 . 机场航站楼的建筑设计研究 [J]. 江西建材，2016，5.

[10] 王晓群 . 5 个机场航站楼的放射构型设计 [J]. 建筑技艺，2017(12):20-27.

[11] 徐平利 . 中小型航站楼建筑设计研究 [J]. 建筑技艺，2017(12):86-95.

[12] 邱小勇 . 城市视野下对航站区规划与航站楼设计的思考 [J]. 当代建筑，2020，07.

[13] 郭锦龙 . 城市轨道交通枢纽综合体换乘与商业衔接空间设计研究 [D]. 北京：北京建筑大学，2018.

[14] 郭锦龙，张克霞 . 轨道交通枢纽综合体公共空间整合设计探讨——以北京西直门轨道交通枢纽综合体为例 [J]. 建筑与文化，2017(06).

[15] 张克霞，郭锦龙 . 轨道交通枢纽综合体步行节点可识别性设计探讨 [J]. 建筑与文化，2017(05).

[16] 张克霞 . 轨道交通枢纽综合体步行系统节点空间设计研究 [D]. 北京：北京建筑大学，2018.

[17] 过秀成 . 城市客运枢纽规划与设计 [M]. 北京：人民交通出版社，2018.

[18] 何世伟 . 城市交通枢纽 [M]. 北京：北京交通大学出版社，2016.

[19] 牟振华 . 现代交通港站枢纽规划与设计 [M]. 北京：人民交通出版社，2019.

[20] 孙立山，姚丽亚 . 城市客运交通枢纽规划设计 [M]. 北京：人民交通出版社，2018.

[21] 李旭宏，徐永能 . 城市客运交通系统 [M]. 北京：人民交通出版社，2011.

[22] 周爱莲 . 交通枢纽规划与设计 [M]. 北京：人民交通出版社，2013.

[23] 布罗（Blow, C.）. 交通枢纽——交通建筑与换乘系统设计手册 [M]. 田轶成，杨小东，译. 北京：机械工业出版社，2011.

[24] 贾洪飞. 综合交通客运枢纽仿真建模关键理论与方法 [M]. 北京：科学出版社，2011.

[25] 金广君. 图解城市设计 [M]. 北京：中国建筑工业出版社，2018.

[26] 徐循初. 城市道路与交通规划 [M]. 北京：中国建筑工业出版社，2008.

[27] 深圳市建筑配建公交首末站设计导则（2020 年修订版）[S]，2020.

[28] 深圳市民用建筑配建公交场站设计导则（试行）[S]，2017.

[29] DG/TJ08-2057-2009，公共汽车和电车首末站、枢纽站建设标准 [S]，2009.

[30] 胡映东，张欣然. 城市综合交通枢纽商业设计研究——以上海虹桥综合交通枢纽项目为例 [J]. 建筑学报，2010(1).

[31] 孙俊. 大型公交场站布局规划 [J]. 城市公共交通，2004(03).

[32] 张诗富. 浅谈平面交叉口与公交车站之间的距离关系 [J]. 城市道桥与防洪，2011(03).

[33] 马路阳，李晓峰. 上海虹桥综合交通枢纽模式研究 [J]. 郑州大学学报（工学版），2009(02).

[34] 建筑设计资料集（第三版）第 7 分册 [M]. 北京：中国建筑工业出版社，2017.

[35] 王晶. 高铁客运枢纽接驳规划与设计 [M]. 北京：中国建筑工业出版社，2016.

[36] 郑健，贾坚，魏崴. 高铁车站 [M]. 上海：上海科学技术文献出版社，2019.

[37] 曹阳，李松涛. 高铁站区空间形态与规划策略 [M]. 北京：中国建筑工业出版社，2018.

[38] 中华人民共和国住房和城乡建设部. 交通客运站建筑设计规范 JGJ/T60—2012[M]. 北京：中国建筑工业出版社，2013.

[39] 陈凌. 港口客运站交通流线设计研究 [D]. 北京：清华大学，2013.

[40] 金梦潇. 沿海港口国际客运站建筑空间设计研究 [D]. 哈尔滨：哈尔滨工业大学，2012.

[41] 钟诚，陈凌. 现代国际港口客运站设计探究 [J]. 水运工程，2011(S1):129-132.

[42] 范亚树，邵峰. 上海港国际客运中心城市与交通流线设计 [J]. 建筑技艺，2009(05):74-81.

[43] JT/T200-2004，汽车客运站级别划分和建设要求 [S]，2004.

[44] 中华人民共和国交通运输部. 汽车客运站建筑设计规范 JGJ60—99[M]. 合肥：安徽科学技术出版社，1999.

[45] 梁晓丹. 现代长途汽车客运站前广场景观的研究初探 [D]. 重庆：重庆大学，2008.

[46] 陈苏娜. 当代交通建筑无障碍设计研究 [D]. 北京：北京交通大学，2016.

[47] 柴鑫. 城市长途汽车客运站候车厅出入口空间设计研究 [D]. 重庆：重庆大学，2016.

● 后记

　　城市的发展离不开交通的发展，离不开交通体系的支撑和完善。城市客运交通作为城市交通的重要组成部分，是保证市民日常出行、有效促进经济发展的基础。城市客运交通系统的发展完善，离不开交通场站设施的优化和提升。在城市中，人们的出行方式有很多种，现代化的城市发展又为人们的出行提供了众多交通方式，提高人们出行效率和舒适度需要借助交通的有效组织和客运站的合理规划设计。本书结合实际工程案例，系统地介绍了各种不同交通方式的交通场站规划与设计的基本原理和常用设计方法，力求图文并茂、简明实用、通俗易懂。

　　本书由金路主编，各章编写人员分别是：金路（北京城建设计发展集团教授级高级工程师，撰写第一、三、五章）、孙静（北京城建设计发展集团教授级高级工程师，撰写第四章）、郭锦龙（北京城建设计发展集团工程师，撰写第六章）、徐轶男（北京城建设计发展集团教授级高级工程师，撰写第七章）、夏梦丽（北京城建设计发展集团高级工程师，撰写第九章）、胡小雨（北京城建设计发展集团工程师，撰写第十章）、任珂欣（北京建筑大学硕士研究生，撰写第八章）、金意欣（北京交通大学硕士研究生，撰写第二章），张克霞（北京基准方中建筑设计公司工程师）和刘志方（廊坊市公路工程质量安全监督处工程师）参与了稿件的整理工作。

　　感谢北京城建设计发展集团建筑院领导和同事、北京建筑大学和北京交通大学的领导及老师对本书编写工作的大力支持。书中的部分案例、资料和图片采用了由北京城建设计发展集团承担、本书主编金路负责的实际设计项目和研究成果，还有部分图片和资料源于参考文献，在此向相关作者表示敬意和衷心的感谢。

　　本书涵盖了各种交通方式的交通场站规划与设计的多方面内容，较为全面地介绍了交通场站建筑规划及设计的基本理论、设计理念、设计思路和设计方法，可作为高等院校建筑学专业本科生及研究生的教学参考书，也可为城市规划、城市设计、交通建筑设计和研究等部门从事交通场站建筑设计的技术人员提供参考。由于时间和篇幅所限，书中难免会存在一些不足和疏漏之处，欢迎各位读者，尤其是业内专家和同行批评指正。

图书在版编目（CIP）数据

交通场站建筑设计 / 金路主编 .—桂林 ： 广西师范大学
出版社， 2023.5
ISBN 978-7-5598-5825-2

Ⅰ . ①交… Ⅱ . ①金… Ⅲ . ①交通运输中心 − 建筑设计 Ⅳ .
① U412.38

中国国家版本馆 CIP 数据核字 (2023) 第 029291 号

交通场站建筑设计
JIAOTONG CHANGZHAN JIANZHU SHEJI

出 品 人：刘广汉
策划编辑：高　巍
责任编辑：孙世阳
装帧设计：六　元
广西师范大学出版社出版发行

（广西桂林市五里店路 9 号　　邮政编码：541004）
（网址：http://www.bbtpress.com）

出版人：黄轩庄
全国新华书店经销
销售热线：021-65200318　021-31260822-898
凸版艺彩（东莞）印刷有限公司印刷
（东莞市望牛墩镇朱平沙科技三路 邮政编码 ：523000）
开本：787 mm × 1 092 mm　1/16
印张：24　　　　　　　　字数：420 千字
2023 年 5 月第 1 版　　2023 年 5 月第 1 次印刷
定价：168.00 元

如发现印装质量问题，影响阅读，请与出版社发行部门联系调换。